dtv

In Sachen Haushalt und Küche ist Oma Eberhofer einfach die Beste! Und jetzt hat sie alles aufgeschrieben, ihre Rezepte und Tricks von früher, damit auch jemand, der mit so was sonst gar nix am Hut hat, seinen eigenen Haushalt führen kann. Jede Menge Tipps zur Vorratshaltung, fürs Einmachen, zum Putzen und gegen Flecken, für die Schönheit und Gesundheit. Mehr braucht es nicht für den perfekten Haushalt. Wenn nur der Franz, die Susi, der Simmerl und der Papa nicht immer überall reinreden würden ...

Rita Falk, 1964 in Oberammergau geboren, ist ihrer bayerischen Heimat treu geblieben. Sie ist Mutter von drei erwachsenen Kindern und hat in weiser Voraussicht damals einen Polizeibeamten geheiratet. Mit ihren erfolgreichen Provinzkrimis um Franz Eberhofer in Niederkaltenkirchen hat sie sich in die Herzen der Leser geschrieben – weit über die Grenzen Bayerns hinaus. Mehr unter www.rita-falk.de

Die Fotografen:
Tanja Bischof ist gelernte Köchin und arbeitet seit 1994 als Food-Stylistin und Fotografin.
Harry Bischof ist gelernter Fotograf und liebt das Kochen. Seit 1985 fotografiert er alles Essbare und porträtiert berühmte Köche und Genussmenschen.

Rita Falk

ARNIKA UND BOHNERWACHS

Oma Eberhofers bewährtes Wissen
für Haushalt und Küche

dtv

Ausführliche Informationen über
unsere Autoren und Bücher
www.dtv.de

Alle Angaben in diesem Werk wurden von den Autoren sorgfältig recherchiert
und auf den aktuellen Stand gebracht sowie vom Verlag geprüft.
Für die Richtigkeit der Angaben kann jedoch keinerlei Haftung übernommen werden.
Für Hinweise und Anregungen sind wir jederzeit dankbar.
Bitte richten Sie diese an:
Christian Verlag
Postfach 400209
80702 München
E-Mail: lektorat@verlagshaus.de

Die medizinischen Informationen, die in diesem Werk enthalten sind,
dienen als reine Informationsquelle, nicht als Ersatz für einen Arztbesuch.
Bitte beachten Sie hierzu auch die weiteren Hinweise auf Seite 184.

Ungekürzte Ausgabe 2017
dtv Verlagsgesellschaft mbH & Co. KG, München
© 2013 Christian Verlag GmbH, München
Konzept und Idee: Annemarie Heinel und Florentine Schwabbauer
Produktmanagement: Annemarie Heinel
Rezepte und Tipps: Karin Eisenblätter, MCS Schabert/Christina Zacker, Annemarie Heinel
Fotografie: Tanja und Harry Bischof
Styling und Foodstyling: Tanja Bischof
© 2013 dtv Verlagsgesellschaft mbH & Co. KG
Begleittexte: Rita Falk
Layout und Satz: Elke Mader
Umschlaggestaltung: dtv unter Verwendung eines
Fotos von gettyimages/Oliver Lantzendörffer
Gesamtherstellung: Druckerei Kösel, Krugzell
Gedruckt auf säurefreiem, chlorfrei gebleichtem Papier
Printed in Germany · ISBN 978-3-423-21674-6

Mein Dank geht an:

Tanja und Harry Bischof wieder einmal natürlich für die erstklassigen Fotos. Aber auch für die liebevolle Unterbringung und Verpflegung auf eurem traumhaften Hof. Ich freue mich auf jedes Treffen mit euch!

Florentine Schwabbauer für dieses gemeinsame Projekt. Genieße deinen Ruhestand, bleib gesund und mach, was immer du möchtest!

Annemarie Heinel für die Zusammenarbeit. Du passt sehr gut in Florentines Fußstapfen und das ist wirklich nicht einfach!

Dem dtv für das Vertrauen, mich immer mal wieder etwas ausprobieren zu lassen. Mit so einem Team macht das Arbeiten einfach unglaublich viel Spaß!

Dem ganzen Team von copywrite, allen voran Georg Simader für die langen Gespräche, die mich erheitern, trösten, ermahnen, ärgern, aufmuntern, beraten oder auch einmal zur Weißglut bringen. Aber genau so was brauche ich!

Und natürlich dem Christian Verlag, ohne den dieses herrliche Buch gar nicht erst entstanden wäre.

Rita Falk

Unser Dank geht auch an:

Die Kinder der Familie Bayer, Nina, Julia und Oli. Und an Martin Resch für die Oma-Requisiten.

Inhalt

Einführung	10

Für die Küche — 12

Selber machen – vom Kartoffelbrei bis zum Holunderwein	14
Haltbar machen – vom Rotkohl bis zu getrockneten Apfelringen	38
Vorratskammer – vom Einkellern bis zur richtigen Lagerung im Kühlschrank	68
Reste verwerten – vom Fleischsalat bis zum Brotauflauf	71
Küchentipps – von geplatzten Eiern bis zum angebrannten Kuchen	77
Den Tisch decken – von der richtigen Tischdecke bis zur passenden Dekoration	80

Fürs gepflegte Zuhause — 84

Textilpflege und Wäsche – vom Tipp für die Handwäsche bis zum Mottenmittel *mit Flecken-ABC*	86
Pflege von Möbeln und Accessoires – von der Holzpolitur bis zum Silberputzmittel	104
Putzen – vom Mittel gegen Kalkflecken bis zum sauberen Wohnzimmerteppich	110

Für Gesundheit und Schönheit — 126

Natürliche Heilmittel – vom Erdbeertee gegen Eisenmangel bis zur Zwiebelpackung bei Kopfschmerzen	128
Schönheit und Kosmetik – von der Orangenblütenlotion bei trockener Haut bis zum Rosmarin-Minze-Mundwasser	156
Register	180

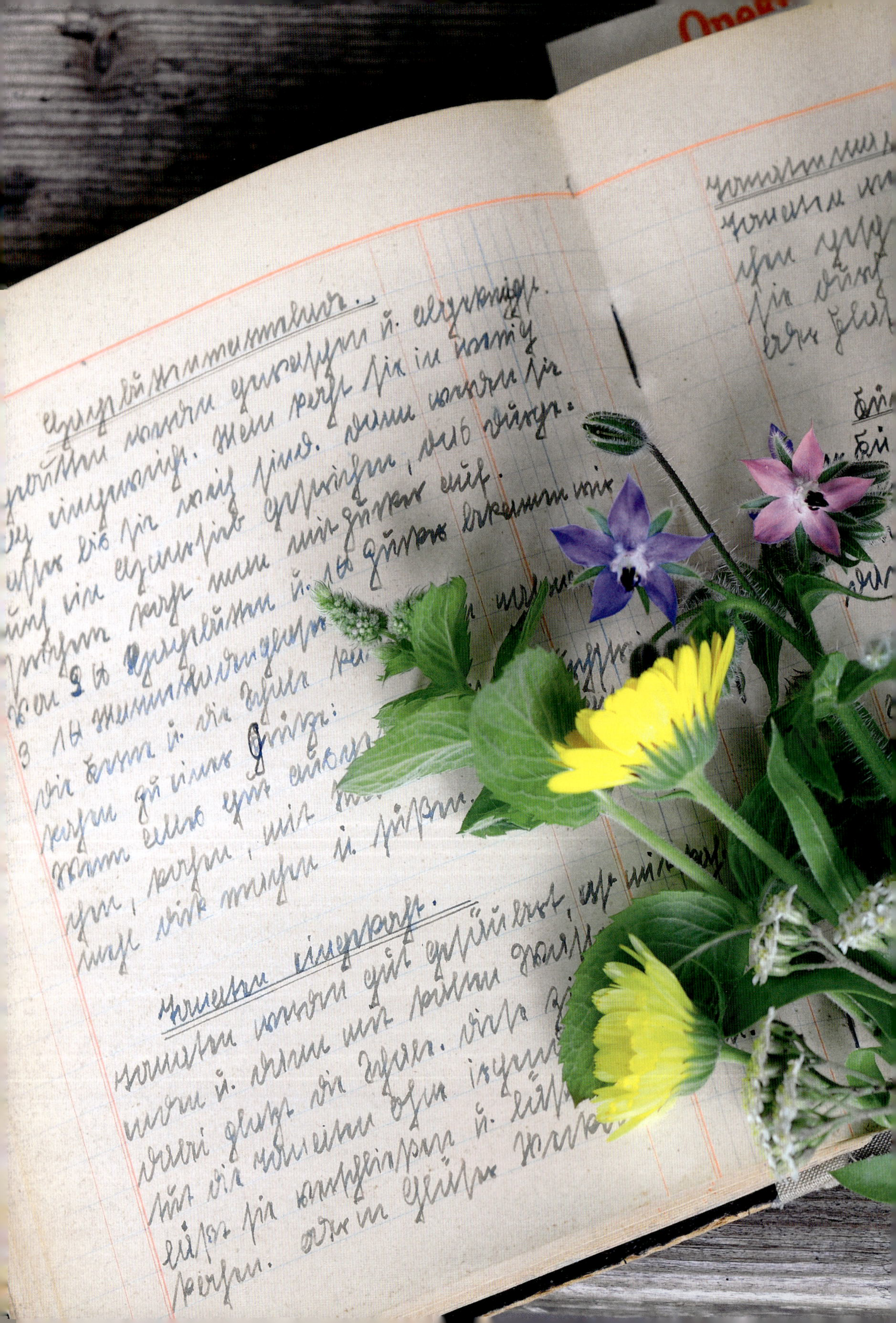

Grüne Walnüsse kann man wunderbar einlegen (siehe Seite 57). Im Sommer findet man sie an und unter jedem Walnussbaum.

Einführung

Seit fast siebzig Jahren kümmere ich mich um einen mehr oder weniger großen Haushalt und genauso lange verwende ich dazu meine alten und – wie ich glaube – wunderbaren Rezepte und meine ganz eigenen Methoden. Einen Teil meiner Kochrezepte hab ich ja auch schon aufgeschrieben. »Knödelblues« heißt das Kochbuch und ist bei den Lesern und Kochbegeisterten prima angekommen. Jetzt ist es an der Zeit, ein Haushaltsbuch zu machen. Weil das Leben ja nicht ausschließlich aus Kochen besteht, gell.

Und es gibt sie ja auch nicht nur in der Küche diese Dinge, die Jahrhunderte lang wichtig waren, unser Leben bereichert oder ganz früher vielleicht sogar das Überleben gesichert haben. Und dennoch sind sie mehr und mehr verloren gegangen. Man denkt, man braucht sie einfach nicht mehr. Wozu sollte man Gurken einlegen oder Kartoffeln schälen, zurechtschneiden und anschließend in heißem Fett ausbacken? Warum sollte man sich die Mühe machen, eine Creme selbst anzumischen? Gibt's doch alles verbraucherfreundlich und keimfrei verpackt im Supermarkt um die Ecke, oder? Und trotzdem wird das Interesse daran ganz allmählich und glücklicherweise wieder größer. Gerade bei jüngeren Menschen heißt es doch heute öfters: »Oma, wie hast du das denn gemacht?« Oder: »Bei Oma hat das alles irgendwie besser geschmeckt.« Höchste Zeit also, sich ein wenig Muße zu gönnen und die guten alten Anleitungen ganz behutsam vom Staub der Jahrzehnte zu befreien. Dabei spielt es auch gar keine Rolle, ob es um simple Kochrezepte geht, um Haushaltsratschläge oder Gesundheits- und Schönheitstipps.

Gerad für den Haushalt hab ich unglaublich einfache Tipps, wie man zum Beispiel aus natürlichen Mitteln wie Essig, Salz oder Öl ein ganz hervorragendes Putzmittel zaubern kann. Beinahe jeder Fleck kann so problemlos entfernt werden, und zwar ohne irgendeinen Zusatz von »Chemie«. Und was die Körperpflege und Schönheit betrifft, da hab ich so das eine oder andere Geheimrezept, das garantiert hervorragend funktioniert, ohne dass man rote Pusteln kriegt oder tränende Augen. Und ich weiß, wovon ich rede, ist es doch noch nicht allzu lange her, dass mir wildfremde Männer hinterhergepfiffen haben. Und auch wenn es einem mal nicht so gut geht, muss man nicht gleich zu harten Mitteln greifen. Nach Heerscharen von kränkelnden Familienmitgliedern weiß ich eine aufkommende Grippe durchaus zu bekämpfen, ehe sie einen wochenlang ans Bett fesselt –, und zwar mit allem, was die Natur so zu bieten hat.

Was mir bei der ganzen Sache ganz besonders wichtig ist, ist, dass man tatsächlich fast alles aus der Natur kriegen kann und noch dazu kaum etwas wegwerfen muss, weil's halt für alles doch noch irgendeine Verwendung gibt. Außerdem ist mir immer wohler, wenn ich was selber mache, weil ich weiß, wer da seine Finger im Spiel hatte. Und ob diese gewaschen waren oder nicht. Weil, seien wir doch einmal ehrlich, wer weiß schon, was so ein Metzger zuvor gemacht hat, ehe er bis zu den Ellbogen im Fleischsalat mantscht? Da bin ich mir noch nicht einmal beim Simmerl sicher, und der ist der Metzger meines Vertrauens.

Das Wichtigste aber ist der Spaß, den es bereitet, etwas selber zu machen. Allein schon die Vorfreude darauf, die beim Sammeln, Ernten oder auf dem Markt entsteht. Nicht zu vergessen das Geld, das man sich dabei spart. Und letztendlich freilich das fertige Ergebnis, das einfach Freude bereitet. Laden Sie doch einfach mal Ihre lieben Freunde ein zu einer schönen Feuerzangenbowle. Erinnern wir uns an Heinz Rühmann – ach, was war ich verliebt in den Mann! Aber ich schweife ab ...

Vieles von meinem Selbstgemachten verschenk ich auch, was immer gut ankam. Meist findet sich ja doch für jeden das Richtige. So mag zum Beispiel die Susi meine Hautcremes besonders und die Liesl kann von meiner Marmelade nicht genug bekommen. Da muss ich allerdings immer narrisch aufpassen. Kein einziges Marmeladenglas wäre bei uns je zum Geschenk geworden, wenn ich's zuvor nicht gründlich versteckt hätte.

Wie meine Enkelbuben noch klein waren, haben sie mir mit der Marmelade sogar immer geholfen. Sind überm Kochtopf gehangen oder waren mit mir beim Beerensuchen. Mittlerweile sind sie ja längst schon erwachsen. Und trotzdem bleibt der Franz gern mal bei mir in der Küche, wenn ich meinetwegen Pflaumen einkoche. »Gib noch ein Stamperl Schnaps dazu, Oma«, sagt er dann immer. Und dann geb ich halt noch ein Stamperl Schnaps dazu.

»Herzlich willkommen!« sagen diese Türkränze. Aus selbst gesammelten Materialien selbst gemacht wirken sie noch einladender.

Für die Küche

Wie gut hat's doch bei meiner Oma immer geschmeckt! Und wie toll war es, in der Vorratskammer zu stöbern und all die Köstlichkeiten zu sehen und zu erschnuppern, die da so schön aufgereiht, bunt und verlockend standen. Heute sehen Küchenregal und Speisezettel ein wenig anders aus und die hausgemachten Marmeladen, der köstliche selbst gemachte Kartoffelbrei oder der Johannisbeersaft fehlen uns. Doch Omas Wissen ist noch nicht verloren und mit einfachen Anleitungen und Rezepten wird die Vorratskammer schnell verführerisch wie damals.

Gut aufgeräumt sehen auch die praktischen Dinge des Haushalts hübsch aus und schmücken Küche oder Diele.

Wann haben Sie denn das letzte Mal mit einem stolzen Lächeln im Gesicht zu einem guten Essen eine selbst gemachte Soße gereicht? Also richtig selbst gemacht, ohne dabei ein Päckchen aufzureißen, meine ich. Oder Pommes frites aus richtigen Kartoffeln? Ist schon eine Weile her? Was, noch nie?! Das ist freilich schade, kann man aber ändern. Denn selbst gemachte Speisen sind in gar keinem Fall zu vergleichen mit irgendeiner Art von Fertigprodukten. Einmal völlig abgesehen vom Geschmack, der um ein Vielfaches besser ist, so kommt noch hinzu, dass man weiß, was im Topf drin ist. Weil man's ja schließlich selber gemacht hat, gell. Und darum ist halt auch kein so unnatürliches Zeug drin wie etwa Geschmacksverstärker, die ohnehin nur dick und krank machen.

Bei der Rezeptauswahl gibt es kaum Grenzen. Da ist es völlig egal, ob Sie Ihren eigenen Senf machen wollen oder lieber einen feinen Essig. Meinetwegen aus frischen und getrockneten Beeren oder auch aus Kräutern. Oder ob Sie einfach liebe Freunde einladen möchten. Selbst zu kochen, zu backen und einzumachen, macht nicht nur Spaß, es ist noch dazu ausgesprochen wirtschaftlich, was ich für ungemein wichtig halte. Eine übrig gebliebene Semmel beispielsweise – sofern es so was bei uns überhaupt einmal gibt – wandert bei mir nie in den Abfalleimer, sondern immer auf unsere Schnitzel in Form eines wirklich guten Paniermehls. Oder nehmen wir Fleisch- oder Fischreste, die ja doch immer einmal anfallen. Daraus kann man auf sehr einfache Art und Weise ganz tolle Salate zaubern. Und jetzt die Ärmel hoch und los geht's! Das Lächeln kommt dann ganz von alleine.

SELBER MACHEN

Traditionell wurden die meisten Speisen für unsere Familie selbst zubereitet, aus frischen oder selbst haltbar gemachten Zutaten. Was vielleicht aus Sparsamkeit oder der Notwendigkeit der Vorratshaltung heraus geschah, führte zu Familienrezepten, deren oft unnachahmlicher Geschmack in heutigen Supermarkt-Einheitsprodukten nicht zu finden ist.

Eine selbst gemachte Hühnerbrühe zum Beispiel, so wie sie schon meine Oma zubereitet hat, ist im Vergleich zu einer Instantbrühe unschlagbar – nicht nur in puncto Geschmack, sondern auch in der kräftigenden Wirkung.

Damit das Wissen von früher nicht verloren geht, habe ich meine Lieblingsrezepte hier zusammengetra-

 Kartoffelbrei

500 g mehlig kochende Kartoffeln
⅛ l Milch und 25 g Butter, oder 150 ml Sahne
Salz, Muskatnuss, weißer Pfeffer
Zwiebel oder Paniermehl (nach Belieben)

1. Die Kartoffeln werden geschält und gewaschen, zu etwa gleich großen Stücken halbiert oder geviertelt und in Salzwasser gekocht.
2. Sobald sie gar sind, werden sie abgegossen und durch eine Presse gedrückt oder sie werden gestampft. Das Zerkleinern mit einem Mixer oder Pürierstab würde den Kartoffelbrei »schleimig« machen.
3. Nun wird die Milch erhitzt und mit der Butter zu den Kartoffeln gegeben. Das Ganze wird gut vermischt und mit Salz, einer Prise Muskatnuss und nach Geschmack mit weißem Pfeffer abgeschmeckt.
4. Der Kartoffelbrei kann mit in Butter gerösteten Zwiebeln oder gebräuntem Paniermehl serviert werden.
5. Statt Milch und Butter kann auch heiße Sahne verwendet werden.

Kartoffelbrei, Kartoffelstampf, Kartoffelpüree – egal wie man es nennt, selbst gemacht schmeckt's auf jeden Fall am besten!

 Pommes frites

1 kg mehlig kochende Kartoffeln
Pflanzenöl zum Frittieren
Salz

1. Die Kartoffeln werden geschält und in etwa 1 Zentimeter breite, 5 Zentimeter lange Stäbchen geschnitten. Auf einem Tuch trocknen.
2. In einem Topf wird Pflanzenöl erhitzt. Vorsicht: Den Topf nur zu etwa zwei Drittel füllen!
3. Die Kartoffelstäbchen werden portionsweise in einem Backkorb ins heiße Fett gegeben und hellgelb gebacken. Herausnehmen und abtropfen lassen. So werden alle Kartoffelstäbchen gebacken, das Fett muss für jede Portion wieder ganz heiß sein.
4. Kurz vor dem Anrichten werden die vorfrittierten Pommes frites nochmals in das heiße Fett gegeben und mittelbraun und knusprig gebacken. Nochmals abtropfen lassen und ganz frisch, mit Salz bestreut, servieren.
5. Alternativ können die Pommes frites natürlich auch in einer Fritteuse gebacken werden.

 *Pommes frites sind keine neumodische Erscheinung. Nein, überhaupt nicht. Die mach ich quasi schon seit knapp einem halben Jahrhundert. Anders geheißen haben sie allerdings schon: »Resche Kartoffelstäbchen« waren das bei uns, und aus. Geschmeckt haben sie aber allen immer ganz einwandfrei. Und freilich gar nicht zu vergleichen mit diesem fertigen Zeugs aus den Plastikbeuteln.*

Hühnerbrühe

Das fette, alte Huhn, das früher für die Suppe hergenommen wurde, ist eigentlich heute nicht mehr zu bekommen. Ein wenig leidet der Geschmack darunter, da Fett ja be-

Ein gutes Suppenfleisch, ein paar frische Gemüse und schon hat man die perfekte Grundlage für allerlei Suppen und Soßen.

kanntlich der Geschmacksträger ist. Beim Kauf des Huhnes sollte daher darauf geachtet werden, dass das Huhn nicht zu klein und möglichst fett ist. Man muss das Fett ja hinterher nicht mitessen.

1 Suppenhuhn
etwa 2 l Wasser
Salz
½ Zwiebel mit Schale
1 Bund Suppengrün (½ Lauchstange,
¼ Knolle Sellerie, 1 große Karotte,
Petersilienstängel oder Petersilienwurzel)

1. Das Huhn wird im kalten, leicht gesalzenen Wasser aufgesetzt und zum Kochen gebracht.
2. Damit die Suppe klar bleibt, wird der beim Kochen entstehende graue Schaum immer wieder mit einem Schaumlöffel abgeschöpft, bis kein neuer mehr entsteht.
3. Das Huhn muss so lange bei kleiner Hitze köcheln, bis sich die Knochen sehr leicht aus dem Fleisch lösen lassen. Das kann je nach Alter des Tieres 1½–3 Stunden dauern.

4. Die Zwiebel wird nur von der äußersten verschmutzten Schale befreit und zusammen mit dem Suppengrün, das geputzt und nur grob zerteilt wird, für die letzten 30 Minuten zur Suppe gegeben.
5. Wenn das Huhn gar ist, wird die Brühe durch einen Durchschlag abgegossen und mit Salz abgeschmeckt.
6. Ist die Brühe zu fett geworden, kann das Fett am besten nach dem Erkalten abgenommen werden, wenn es erstarrt ist (siehe auch Seite 78).
7. Das Fleisch kann für eine Hühnersuppe mit Nudeln oder Reis, für Hühnerfrikassee oder Hühnersalat (siehe Seite 73) verwendet werden. Dazu wird es von den Knochen gelöst, von der Haut befreit und in Stücke geschnitten.

Egal ob Rinderbrühe oder Hühnerbrühe, eigentlich geht das ja schon fast als Medizin durch. Nein, ehrlich, die müsste man direkt auf Krankenschein kriegen. Wenn nämlich einer meiner Männer ein bisschen marode in den Seilen hängt – und Männer sind da ja bekanntlich durchaus mal anfällig dafür – dann bringt ihn so ein Teller heiße Brühe ziemlich schnell wieder auf die Beine. Anders allerdings ist das bei einer Gemüsebrühe. Wenn kein Fleisch drin ist, wird die Suppe nicht gegessen.

Rinderbrühe

250 g Rinderknochen
500 g Suppenfleisch vom Rind
2 l Wasser
Salz
1 Bund Suppengrün
1 Zwiebel mit Schale
1 Tomate
½ Bund glatte Petersilie, gewaschen und hackt
Suppeneinlagen (nach Belieben)

1. Knochen und Fleisch werden in milde gesalzenem Wasser kalt aufgesetzt und kurz nach dem Aufkochen bei

schwacher Hitze 1 Stunde geköchelt. Während dieser Zeit wird der entstehende Schaum abgeschöpft.

2. Nun wird das Suppengrün geputzt und grob zerteilt, die Zwiebel und die Tomate geviertelt und alles zusammen in der Fleischbrühe weitere 1½ Stunden gekocht.

3. Die Brühe kann jetzt abgeseiht und mit Salz abgeschmeckt werden.

4. Angerichtet wird die Rinderbrühe mit Suppeneinlagen nach Belieben und mit Petersilie bestreut.

5. Das Fleisch kann, von Sehnen und Fett befreit und in Stücke geschnitten, in die Suppe gegeben werden oder zu Fleischsalat (siehe Seite 73) oder Schmalzfleisch (siehe Seite 72) verarbeitet werden. Wird das Fleisch für einen Fleischsalat verwendet, bleibt es saftiger, wenn man es in der Brühe erkalten lässt.

Eine selbst gemachte Hühnerbrühe – vorausgesetzt man bekommt ein schönes Suppenhuhn – schmeckt gut und hilft wunderbar bei Erkältung.

 Gemüsebrühe

½ Knolle Sellerie, möglichst mit Grün und Wurzeln
1 Zucchini
6 große Blätter Weißkohl
3 Karotten
1 rote Paprikaschote
1 gelbe Paprikaschote
1 Zwiebel, ungeschält, halbiert
etwa 5 l Wasser
1 EL in Streifen geschnittener Lauch
1 Lorbeerblatt
1 TL Koriandersamen
1 TL Wacholderbeeren
1 TL schwarze Pfefferkörner
gehackte Kräuter (nach Belieben)

1. Sellerie und Zucchini sowie Karotten werden nicht geschält und müssen daher ordentlich abgebürstet werden.
2. Die übrigen Gemüse werden gewaschen und alles wird in grobe Stücke zerteilt.
3. Ein großer Topf wird erhitzt. Auf dem heißen Boden des Topfes wird die halbierte Zwiebel auf der Schnittfläche angeröstet.
4. Dann wird das Wasser aufgegossen, die Gemüse mit den Gewürzen werden dazugegeben und das Ganze wird bis fast zum Kochen gebracht.

5. Jetzt kann die Herdplatte auf kleine Hitze heruntergeschaltet werden und die Brühe zieht 2 Stunden lang knapp am Siedepunkt.
6. Die Gemüse werden nun abgeseiht und die Gemüsebrühe wird entweder mit gehackten Kräutern serviert oder zur weiteren Verwendung für Suppen oder Soßen aufbewahrt.
7. In Flaschen abgefüllt hält sie sich mehrere Tage im Kühlschrank, portionsweise eingefroren natürlich länger.

 Fischfond

750 g Fischreste, Gräten und Köpfe
¼ l trockener Weißwein
1 l Wasser
1 Zwiebel
Petersilienstängel
1 Lorbeerblatt
2 g Pfefferkörner
einige Wacholderbeeren
4–5 Pimentkörner nach Geschmack
Salz

1. Die Fischreste werden mit dem Wein, dem Wasser, der Zwiebel, die nach Belieben mit oder ohne Schale geviertelt

Hübsch ausgeschnitten oder -gestochen ergibt der Eierstich eine köstliche Suppeneinlage.

wird, und den Gewürzen kalt aufgesetzt und kurz aufgekocht, dann wird der Herd sofort auf ganz schwache Hitze geschaltet.
2. Der Fond muss 20–25 Minuten ziehen, dann wird er durch ein feines Sieb abgegossen und kann weiterverwendet oder abgefüllt werden.

 Eierstich

2 Eier
150 ml Brühe oder Milch
etwas Salz
Muskatnuss, gerieben

1. Die Eier werden mit der Flüssigkeit und den Gewürzen verquirlt und in ein gefettetes, gerades Gefäß gegossen.
2. Das Gefäß wird zu drei Viertel Höhe in ein kochendes Wasserbad, also in einen Topf mit kochendem Wasser, gestellt. Damit es nicht in das Eiergemisch sprudelt, sollte das Wasser nur leicht kochen.
3. Nach etwa 45 Minuten ist der Eierstich glatt und fest. Nun kann er aus dem Gefäß gelöst werden und zu den gewünschten Formen geschnitten oder als kleine Klößchen oder Nocken abgestochen werden.
4. Die Eierstichеinlage wird in einer heißen Brühe angerichtet.

GRUNDSOSSEN

Als die Soßen »nur bei reichen Leuten« aus Sahne und Butter bestanden, gab es für den schmaleren Haushalt die Alternative der Mehlschwitzen. Diese Grundsoßen werden aus Fett, Mehl und Wasser oder anderer Flüssigkeit hergestellt und anschließend verfeinert. Mit etwas Übung beim Zubereiten können durchaus schmackhafte Soßen entstehen, die den Vorteil haben, meist nicht so fett zu sein, wie es oft Sahne- oder Buttersoßen sind.

 Helle Grundsoße

35 g Butter
35 g Mehl
etwa ½ l Fleischbrühe
Salz

1. Die Butter wird in einer Kasserolle zerlassen und das Mehl darin hellgelb angeschwitzt.
2. Nach und nach wird die kalte Fleischbrühe zugegossen und mit dem Schneebesen glatt gerührt, bis sie bindet.
3. Wenn die Soße eine dickflüssige Konsistenz erreicht hat, wird sie noch 10 Minuten weitergeköchelt, bis der Mehlgeschmack zurückgegangen ist.
4. Falls sich Klümpchen gebildet haben, kann die Soße durch ein Sieb gestrichen werden.
5. Nun wird die Soße mit Salz abgeschmeckt und kann verfeinert werden, zum Beispiel zu
Dillsoße, mit 1 gehäuften Esslöffel Dill;
Kapernsoße, mit je 1 Esslöffel Kapern und Sauerrahm;
Senfsoße, mit 2 Esslöffeln Senf und 1 Schuss Sahne, mit etwas Zucker abgeschmeckt;
Kräutersoße, mit 2 gehäuften Esslöffeln frischen, fein gehackten Kräutern, 1 guten Schuss süßer Sahne und ein paar Tropfen Zitronensaft.
Diese Soßen müssen jeweils noch kurz weiterköcheln.

 *Das Wichtigste an einem wirklich guten Essen ist und bleibt die Soße, da gibst nix zu deuteln. Also ich persönlich kann problemlos auf eine Scheibe Fleisch verzichten, wenn ich einen Knödel mit Soße krieg. Dummerweise sind die meisten Soßen aber erst richtig gut, wenn bei der Zubereitung eben Fleisch, Geflügel oder Fisch verwendet wurde. Aber da muss ich mir keinerlei Sorgen machen. Mein Bub und meine Enkerl, die hauen das Fleisch schon weg. Und zwar wie nix.*

Dunkle Grundsoße

50 g Speiseöl oder Butterschmalz
50 g Mehl
½ l Fleischbrühe

1. Das Mehl wird im Fett so lange angeschwitzt, bis es braun geworden ist. Vorsicht, wenn das Mehl zu dunkel oder schwarz wird, schmeckt die Soße bitter! Sollte die Schwitze beim Rösten zu trocken werden, muss etwas Fett dazugegeben werden.
2. Nun wird, wie im vorangehenden Rezept, die Fleischbrühe bis zur gewünschten Konsistenz verarbeitet und 20–30 Minuten weitergeköchelt.

Diese Soße kann ebenfalls weiterveredelt werden, zum Beispiel zu
Burgundersoße: 10 Gramm Zucker werden in 10 Gramm Butter karamellisiert. Darin werden 50 Gramm gewürfelte Schalotten mit ein wenig Burgunderrotwein langsam glasig angeschwitzt. Nun wird die zuvor zubereitete dunkle Grundsoße dazugegeben und alles weitere 10 Minuten geköchelt, dann wird mit Salz und Zitronensaft abgeschmeckt. Diese Soße schmeckt noch besser, wenn ein Viertel der Flüssigkeit in der braunen Grundsoße durch Burgunderrotwein ersetzt wurde.
Zwiebelsoße: 300 Gramm Zwiebeln werden geschält, in Würfel geschnitten und in 40 Gramm Butter und 1 Teelöffel Zucker braun angeschwitzt. Wenn sie ausreichend gebräunt sind, wird mit 1 Glas Rotwein abgelöscht. Die fertige Grundsoße wird dazugegeben und alles köchelt zusammen weiter, bis die Zwiebeln weich sind. Die Soße wird durch ein Sieb passiert, mit Salz, Pfeffer und Zucker abgeschmeckt. Ein wenig Essig oder Zitrone können zusätzlich eine angenehme Säure geben. Die Zwiebelsoße passt zu Rindfleisch oder Frikadellen.

BROT

Es erstaunt viele, wie einfach aus ein paar Zutaten – Mehl, Hefe, Wasser, Salz – ein Laib Brot wird. Tatsächlich ist es wirklich so einfach. Die Zusatzstoffe, die beim Bäcker zugegeben werden, sind schlicht unnötig. Ein aus besten Zutaten, mit eigenen Händen geformtes und im eigenen Ofen gebackenes Brot ist mit Sicherheit das Beste, das man bekommen kann. Und welch Freude, wenn Familie und Freunde gar nicht genug davon kriegen können!

Sauerteigbrot

2,5 kg Roggenmehl
1 l lauwarmes Wasser
etwa 200 g Sauerteigansatz vom Bäcker
5 TL Salz

Ein selbst gebackenes Bauernbrot, frisch aus dem Ofen mit rescher Kruste wird garantiert jeden begeistern.

1. Der Sauerteig wird mit dem Wasser und einem Teil des Mehls zu einem Brei verrührt, mit Mehl bestäubt und 12 Stunden abgedeckt warm gestellt.
2. Der Brei wird nun mit dem restlichen Mehl und dem Salz verknetet, bis ein homogener, elastischer Teig entsteht.
3. Der Teig wird zu einem Brot geformt und auf ein bemehltes Backblech gesetzt.
4. Mit einem Tuch bedeckt muss er nun einige Stunden an einem warmen Ort gehen, bis er ein ungefähr doppeltes Volumen erreicht hat. Erreicht er diese Größe nicht, kann Hefe zugesetzt werden. Der Teig muss dann noch einmal gehen.
5. Den Ofen auf 250 °C vorheizen. Das Brot in den Ofen schieben, wobei gleichzeitig eine Tasse Wasser in den Ofen gegossen wird. Nach 15 Minuten wird die Hitze auf 175 °C reduziert und das Brot etwa 1½–2 Stunden gebacken.
6. Sofort nach dem Backen wird das Brot mit Wasser bestrichen, um eine glatte Kruste zu erhalten.
7. Statt des Wassers für den Brotteig kann übrigens auch Buttermilch genommen werden, dann ist jedoch nur noch die Hälfte des Sauerteiges nötig.

Sauerteig kann auch selbst hergestellt werden. Dazu werden 100 Gramm Roggenmehl – je voller das Korn ist, desto eher gelingt der Sauerteig – mit abgekochtem, lauwarmem Wasser zu einem dickflüssigen, glatten Teig verrührt. Dieser Teig wird in einer mit einem Teller abgedeckten Schüssel warm gestellt, bei etwa 30 °C. Diese Temperatur kann unter einer Lampe, in Heizungsnähe oder in einem Joghurtbereiter erreicht werden.
Am nächsten Tag wird die gleiche Menge Mehl dazugegeben und der Teig wiederum mit etwas lauwarmem abgekochtem Wasser verrührt. Nun soll er ein wenig zäher werden. Erneut muss der Ansatz über Nacht warm stehen. Sobald die Masse beginnt Bläschen – das heißt eine leicht schaumige Struktur – zu bilden und leicht säuerlich nach frischem Brot riecht, ist der Teig »backfertig« und kann für den Brotteig verwendet werden. Sollte dies nach zwei Tagen noch nicht der Fall sein, wird der Vorgang wiederholt. Diesem backfertigen Sauerteig muss zum Backen eines Brotes jedoch viel weniger Mehl zugefügt werden als im oben beschriebenen Rezept mit Sauerteigansatz vom Bäcker. Pro Liter Sauerteig rechnet man 1 Pfund Mehl.

Mit den verschiedensten Samen und Kernen lassen sich einfache Brotteige wunderbar aufpeppen. Am besten hat man immer einen gewissen Vorrat im Haus.

Vollkornbrot

500 g Weizenvollkornmehl
1 Päckchen Trockenhefe
1½ TL Salz
300–350 ml lauwarmes Wasser
etwa 100 g Samenkerne
(nach Belieben Sonnenblume, Sesam, Kürbis)

1. Das Mehl wird mit der Trockenhefe und dem Salz in einer Schüssel vermischt.
2. Nun wird das lauwarme Wasser zugegeben und mit dem Mehl vermischt, bis sich die Masse in einem Stück herausnehmen lässt. Auf einem Backbrett wird der Teig weitergeknetet, bis er elastisch und nicht zu fest ist. Je nach Konsistenz muss eventuell etwas Wasser oder Mehl zugegeben werden. Um die Kerne – etwa ein Viertel wird zurückgehalten – einzuarbeiten, wird der Teig am besten ausgebreitet, mit den Kernen bestreut, wieder zusammengefaltet und erneut durchgeknetet.

3. In einer Schüssel, mit einem Tuch bedeckt, muss der Teig jetzt gehen, bis er mindestens zur doppelten Größe angewachsen ist.
4. Hat der Teig das richtige Volumen erreicht, wird er wieder geknetet, zu einem Laib geformt und auf ein bemehltes Backblech oder in eine Brotbackform gelegt. Wenn ein Schamottstein zur Verfügung steht, sollte das Brot hierauf gebacken werden.
5. Die Oberfläche des Brotlaibes wird nun mit Wasser bestrichen und kann jetzt mit den restlichen Kernen bestreut werden. Diese werden noch ein wenig angedrückt.
6. Das Brot muss noch einige Zeit ruhen, bis es erneut aufgegangen ist.
7. Der Ofen wird auf 250 °C vorgeheizt. Noch einmal mit Wasser bestrichen, wird der Laib 10 Minuten gebacken, die Temperatur danach auf 180 °C gesenkt. Beim Einschieben des Brotes sollte eine Tasse Wasser in das Backrohr geschüttet werden, um eine resche Kruste zu bekommen.
8. Nach etwa 40 weiteren Minuten ist das Brot fertig. Zur Probe pikst man mit einem Holzstäbchen in den Laib. Bleibt noch Teig kleben, muss das Brot noch weitergebacken werden.

Brot mach ich besonders gern selber. Allein, weil's dann so gut riecht im ganzen Haus. Und weil ich das Brot halt besonders gern mag, wenn es noch warm ist. Außen resch und innen warm. Ein Traum! Ein Stückerl Butter drauf und herzhaft reinbeißen. Da gibt's fast nix Besseres.

Weißbrot

1,25 kg Weizenmehl
1 Würfel Hefe (42 g)
1½ – 2 TL Salz
¼ l lauwarme Milch
375 ml lauwarmes Wasser

1. Das Mehl wird auf ein Backblech gesiebt und in die Mitte eine Mulde gedrückt.
2. Die Hefe wird in einem Viertel der Flüssigkeit aufgelöst und in die Mulde gegossen.

3. Nun wird so viel von dem umgebenden Mehl in die Flüssigkeit eingearbeitet, bis ein dickflüssiger Teig entsteht.
4. Dieser Vorteig muss etwa 20–30 Minuten aufgehen. Dabei sollte der Teig vor Zugluft geschützt werden, indem zum Beispiel eine Schüssel übergestülpt wird.
5. Nach Aufgehen des Vorteiges wird das restliche Mehl mit dem Salz und der vorsichtigen Zugabe der Flüssigkeit zu einem glatten, nicht allzu festen Teig geknetet. Eventuell muss etwas Flüssigkeit zugesetzt oder weggelassen werden.
6. Der Teig wird in eine Schüssel gegeben, mit einem sauberen Küchentuch abgedeckt und an einen warmen Ort gestellt, bis der Teig zu doppelter Größe aufgegangen ist.
7. Dann wird der Teig erneut geknetet, zu einem Brotlaib geformt und auf ein bemehltes Backblech gelegt.
8. Der Laib wird wieder abgedeckt und muss noch eine Stunde gehen.
9. Der Ofen wird auf 250 °C vorgeheizt. Das Brot wird mit Wasser eingestrichen und 1–1 ½ Stunden gebacken. Nach 10 Minuten Backzeit wird die Temperatur auf 200 °C reduziert. Für eine schöne Kruste wird außerdem eine Tasse Wasser in den Ofen geschüttet, sodass Dampfschwaden entstehen.
10. Nach dem Backen wird das Brot noch heiß erneut mit etwas Wasser bestrichen, so entsteht eine glatte Oberfläche.

 Hefezopf

500 g Mehl
30 g Hefe
200 ml lauwarme Milch
60 g zimmerwarme Butter
80 g Zucker
2 Eier plus 1 Eigelb
Schale von ½ unbehandelten Zitrone
Salz
60 g Rosinen, 50 g Mandelsplitter (nach Belieben)
Hagelzucker zum Bestreuen (nach Belieben)

1. Das Mehl wird in eine Schüssel gegeben, in der Mitte wird eine Vertiefung geformt, in die die Hefe mit 1 Teelöffel Zucker gebröselt wird. Beides wird mit lauwarmer Milch übergossen und mit etwas Mehl vom Rand verrührt, sodass ein flüssiger Vorteig entsteht.

2. Dieser muss zugedeckt an einem warmen Ort 20–30 Minuten gehen.
3. Danach werden die restliche Milch, die Butter, der Zucker, die 2 ganzen Eier, die Zitronenschale und 1 Prise Salz hinzugefügt und verknetet. Hier kann man zunächst mit den Knethaken des Rührgeräts arbeiten, dann gut von Hand kneten.
4. Wenn der Teig Blasen wirft und sich vom Schüsselrand löst, wird eine Kugel geformt. Diese muss in der Schüssel zugedeckt so lange gehen, bis sie mindestens doppelt so groß ist.
5. Nun können nach Belieben Rosinen und auch schon Mandelsplitter in den Teig eingearbeitet werden.
6. Der Teig wird in 3 gleich große Stücke zerteilt, die zu langen Strängen geformt werden, an den Enden etwas spitz zulaufend. Diese werden zu einem gleichmäßigen Zopf geflochten und auf ein gefettetes Backblech gelegt. Nochmals einige Zeit gehen lassen.
7. Der Ofen wird auf 200 °C vorgeheizt. Der Zopf wird mit dem verquirlten Eigelb bestrichen, nach Belieben mit Mandelsplittern, Rosinen und Hagelzucker bestreut und 45–50 Minuten im Ofen gebacken.

Mit dem Entsafter geht es natürlich ganz einfach, aber auch mit einem ganz normalen großen Kochtopf kann man aus Beeren und Co. leckere Säfte machen.

Die Oma: Das, was für Brot gilt, gilt erst recht für den Hefezopf. Warm genießen und Butter drauf. Ein Tasserl frischen Kaffee dazu mit einem Spritzer Milch und alles ist gut. Wobei man jetzt schon sagen muss, dass der Zopf auch am nächsten Tag noch gut ist. Zumindest theoretisch. Praktisch bleibt da aber leider nie was über. Zumindest nicht bei uns daheim.

GETRÄNKE

Früher war es selbstverständlich, dass das Obst aus dem Garten verarbeitet wurde, zum Beispiel zu Säften und Likören. Auch heute noch haben viele selbst Beerensträucher und Obstbäume im eigenen Garten, und doch weiß man oft nicht, was man anfangen soll mit dem Überfluss. Dabei ist es wirklich simpel, selbst Säfte, Liköre, Punsch und andere Getränke herzustellen. Zudem weiß man, was drin ist, sie schmecken um ein Vielfaches besser als die Getränke aus Supermarkt und Co. und man kann sich einen schönen Vorrat anlegen. Und hat man selbst keinen Garten – eine Tante oder einen guten Bekannten gibt's bestimmt, der gegen eine Flasche Saft gern Früchte und Beeren abgibt.

Der Saft aus Früchten und Gemüse kann außer durch Auspressen auf verschiedene Weise gewonnen werden.

Heiß entsaften (im Kochtopf): 2,5 Kilogramm geputzte und zerkleinerte Früchte (nicht größer als etwa 2 Zentimeter Durchmesser) werden in einem großen Kochtopf mit ½ Liter Wasser, etwas Zitronensaft, Zucker und Gewürzen nach Belieben zum Kochen gebracht. Die Früchte werden gekocht, bis sie zu zerfallen beginnen. Nun wird der Kochtopf vom Herd genommen, zugedeckt und ½ Stunde stehen gelassen.

Über ein ausreichend großes Gefäß wird ein kopfkissengroßes Baumwolltuch gelegt, das vorher gut mit Wasser ausgespült und ausgekocht wurde.

Hier hinein wird nun die Fruchtmasse geschüttet. Das Tuch wird an den Ecken zusammengenommen und über dem Gefäß aufgehängt, sodass der Saft abfließen kann. Wenn keine Flüssigkeit mehr austropft, wird der aufgefangene

Saft weiterverarbeitet oder erneut aufgekocht, in saubere Flaschen abgefüllt und gut verschlossen.

Mit Zucker entsaften: 1 Kilogramm Früchte werden geputzt, zu einem Fruchtbrei zerkleinert und mit 500 Gramm Zucker gut vermengt. Die Mischung wird nun 6 Stunden stehen gelassen und der Saft dann, wie oben beschrieben, durch ein Tuch von den Fruchtresten getrennt. Durch vorsichtiges Pressen mit sauberen Händen oder Handschuhen kann hier nachgeholfen werden. Wenn der Saft gelagert werden soll, muss er in saubere Flaschen abgefüllt, gut verschlossen und für 20 Minuten bei 80 °C im Wasserbad sterilisiert werden (siehe Seite 39).

Mit Säure entsaften: 1,5 Kilogramm Fruchte werden geputzt und in einem Glas-, Porzellan- oder Steingutgefäß zerdrückt. In ½ Liter kaltem abgekochtem Wasser werden 15 Gramm Zitronensäure aufgelöst und zu den Früchten gegeben. Die Mischung muss 24 Stunden stehen, bevor sie wie in oben beschriebenem Verfahren abgeseiht wird. Die entstandene Flüssigkeit wird nun mit 750 Gramm Zucker verrührt, bis sich der Zucker vollständig aufgelöst hat. Der Saft kann nun entweder direkt weiterverarbeitet werden oder aber er wird abgefüllt und nur mit Mull verschlossen. Soll der Saft länger haltbar sein, wird er abgefüllt, verschlossen und sterilisiert.

Falls Sie zum Entsaften Weinsäure verwenden, kann der Saft nicht mehr aufgekocht oder zu Gelee verarbeitet werden.

 Holunderblütensaft

Wenn im Juni der Holunder blüht, lohnt es sich, zum Blütensammeln loszuziehen. In vielen Gärten, am Wegesrand und im Park finden sich die Bäume mit ihren weißen Dolden, die einen wunderbar schmeckenden Saft ergeben. Als Kinder sind wir früher immer liebend gern zum Hollersammeln auf die Bäume geklettert.

20 Holunderblütendolden
1 unbehandelte Zitrone
1,5 kg Zucker
1,8 l abgekochtes Wasser, angekühlt
50 g Weinsäure

1. Die Holunderblüten ohne Stiele werden kurz gewaschen und trocken geschüttelt.
2. Die Zitrone wird in dünne Scheiben geschnitten und mit den restlichen Zutaten in einen großen Einmachtopf gegeben. Alles 24 Stunden ziehen lassen und gelegentlich umrühren.
3. Danach wird der Saft abgeseiht und in Flaschen gefüllt.
4. Der Holunderblütensaft ist sofort trinkfertig und kühl gelagert mehrere Wochen haltbar. Er kann auch wie Sirup mit Mineralwasser gemischt werden.

Die Oma: Selbst gemachte Säfte sind nicht nur besonders lecker und gesund, sondern auch enorm praktisch. Weil man erstens in jedem Fall den eigenen Geschmack trifft – wir zum Beispiel mögen es nicht zu süß – und weil man zweitens nicht ständig tonnenweise Kisten schleppen muss. Und mit Leitungswasser kann man eine wunderbare Saftschorle machen. Ein paar Eiswürfel machen und los geht's. Und bei uns in Niederkaltenkirchen, da ist die Wasserqualität halt einfach hervorragend.

Wer Johannisbeersträucher im Garten hat, weiß, wie viel sie abwerfen. Warum sollte man daraus nicht köstlichen Saft machen?

Aus grünen Walnüssen lässt sich ein wunderbarer Likör herstellen. Alles, was man braucht, ist ein wenig Geduld.

Liköre

Die traditionelle Methode, Liköre zu bereiten, besteht darin, zunächst einen Ansatz herzustellen. Dazu werden die ausgesuchten Früchte, aber auch Kaffee oder Kakao, Kräuter oder Gewürze mit Weingeist (96 % Vol. Alkohol) in einer Flasche oder in einem verschließbaren Glas vermischt. Das Gefäß wird verschlossen und für 2–3 Wochen in die Sonne gestellt. Nach dieser Zeit wird der Ansatz durch einen Kaffeefilter, ein sauberes Tuch oder ein sehr feines Sieb gefiltert. Wasser wird mit Kandiszucker aufgekocht und mit dem Ansatz vermischt. Der Likör kann nun abgefüllt und wieder verschlossen werden. Jetzt muss er noch mindestens 6 Wochen reifen.

Ein einfacherer Weg ist, die Früchte mit Kandis und hochprozentigem Branntwein in eine Flasche zu füllen, diese zu verschließen und etwa 6 Wochen durchziehen zu lassen. Danach wird der Likör gefiltert und in saubere Flaschen gefüllt, die wiederum gut verschlossen werden und noch einige Wochen reifen müssen.

> **Die Oma:** Mit Likören kann ich prima Pluspunkte machen. Schon in der Familie, ganz klar, weil nach einem wirklich guten und reichlichen Mahl so ein Schnapserl ganz wunderbar ist. Und das nicht nur allein wegen der Verdauung, versteht sich.

Limonadensirup

8 saftige unbehandelte Zitronen
900 g Rohrzucker
1 l kochendes Wasser
50 g Weinstein

1. Zunächst werden die Zitronen gründlich unter heißem Wasser abgebürstet.
2. Mit einem scharfen Messer oder Sparschäler wird nur das Gelbe der Zitronenschale abgeschält, zusammen mit dem Zucker in einen Krug gefüllt, mit dem kochenden Wasser übergossen und gut verrührt.
3. Die Zitronen werden ausgepresst. Der Saft wird mit dem Weinstein ebenfalls in den Krug gefüllt und alles nochmals verrührt.
4. Nachdem der Sirup abgekühlt ist, wird er durch ein Sieb gegossen und in Flaschen abgefüllt.
5. Er wird zum Trinken mit Wasser – ungefähr im Verhältnis 1 : 5 – gemischt.

Johannisbeerlikör

150 g Schwarze Johannisbeeren
150 g brauner Kandiszucker
1 Vanilleschote
1 Flasche Branntwein

1. Die Johannisbeeren werden gewaschen und anhaftendes Wasser vorsichtig abgetupft.
2. Zusammen mit dem Kandiszucker und der Vanilleschote werden die Beeren nun in ein ausreichend großes Gefäß gefüllt und mit dem Branntwein aufgegossen.
3. Das Gefäß wird verschlossen und 6 Wochen stehen gelassen.

4. Jetzt kann der Likör gefiltert und in Flaschen abgefüllt werden.
5. Die Flaschen werden gut verschlossen und müssen nun noch 2 Monate ruhen.

Walnusslikör

30 grüne Walnüsse
5 Gewürznelken (mehr oder weniger, je nach Geschmack)
1 Zimtstange
¾ l Weingeist
¾ l Wasser
350 g weißer oder brauner Zucker

1. Die Walnüsse werden halbiert und mit den Gewürzen in ein verschließbares Gefäß gegeben und mit dem Weingeist aufgegossen.
2. Das Gefäß wird gut verschlossen und für 3 Wochen in die Sonne gestellt. Dabei sollte es täglich einmal geschüttelt werden. Dann wird der Ansatz gefiltert.
3. Der Zucker wird mit dem Wasser aufgekocht und mit dem gefilterten Ansatz vermischt.
4. Die Flüssigkeit kann jetzt in Flaschen abgefüllt werden und muss gut verschlossen noch einige Monate reifen.

Anislikör

1 unbehandelte Zitrone
35 g Anis und Sternanis (je zur Hälfte), fein gestoßen
6 g gemahlener oder 2 Stangen Zimt
1 ½ l Weingeist
275 g Zucker
1 ½ l Wasser

1. Die Zitrone wird gründlich gewaschen und die Schale dünn abgeschält oder abgerieben.
2. Zusammen mit den anderen Gewürzen wird der Zitronenabrieb in ein Gefäß gefüllt und mit Weingeist übergossen.
3. Das Gefäß wird verschlossen und für 14 Tage in die Sonne gestellt, dabei öfter geschüttelt.
4. Der Zucker wird im Wasser aufgelöst und kurz aufgekocht (geläutert).

5. Jetzt wird der Extrakt gefiltert und mit der Zuckerlösung versetzt, abgefüllt und verschlossen.
6. Auch dieser Likör sollte noch einige Wochen reifen.

Rumtopf

Über den Sommer verteilt werden Früchte, die im Laufe der Erntemonate reifen – beginnend mit Erdbeeren, dann Süß- und Sauerkirschen, Aprikosen, Pfirsiche, Pflaumen, Zwetschgen, Birnen oder Weintrauben – gesammelt und zu einem Rumtopf verarbeitet, der mit Abschluss der Ernte verschlossen wird und schon zur Adventszeit genossen werden kann.

2,5–5 kg Früchte
1,5–2,5 kg Zucker (weißer Zucker, brauner Zucker oder Kandiszucker)
2–3 Flaschen Rum mit 55 % Vol. Alkoholgehalt

Zu Beginn werden 500 Gramm Erdbeeren abgebraust, vorsichtig trocken getupft und von den Stielansätzen und Blättchen befreit. Mit 500 Gramm Zucker werden sie nun in ein Glas-, Steingut- oder Porzellangefäß von 3–5 Litern

Eis, Kuchen, Muffins, Sekt … Der Rumtopf ist zu vielem der ideale Begleiter. Nur gut, wenn er dann auch groß genug ist!

Inhalt geschichtet und mit Rum aufgegossen, bis die Früchte gut bedeckt sind. Das Gefäß wird zugedeckt, bis weitere Früchte – der Jahreszeit entsprechend – mit Zucker eingeschichtet werden. Größere Früchte werden in mundgerechte Stücke geschnitten, Pfirsiche auch geschält. Bei jeder neuen Schicht wird immer wieder Rum aufgegossen, um die Früchte zu bedecken. Mit der letzten Fruchtschicht wird der Rumtopf durchgerührt und gut verschlossen. Kühl gelagert (er muss aber nicht in den Kühlschrank) kann er jetzt einige Wochen durchziehen.

Ein Rumtopf ist eine ganz feine Sache und eigentlich für Weihnachten bestimmt. Bei uns daheim hat er's so weit allerdings noch niemals geschafft. Noch kein einziges Jahr. Selbst wenn ich ihn noch so gut verstecke.

 Zitronenpunsch

Saft von 2 Zitronen und 1 Orange
400 g Zucker
2 l kochendes Wasser
2 Tassen Rum

1. Im Saft von Zitronen und Orange wird der Zucker aufgelöst und mit dem siedenden Wasser aufgefüllt.
2. Der Rum wird zugefügt, der Punsch umgerührt und bis zum Servieren warm gehalten.

 Punschextrakt

750 g Zucker
¼ l Wasser
Saft von 4 Zitronen
1 Flasche Arrak

1. Der Zucker wird im Wasser gekocht, bis die Lösung klar ist.
2. Jetzt wird der Zitronensaft zugefügt und nach dem Abkühlen auch der Arrak.
3. Zum Servieren wird das Konzentrat im Verhältnis 1:2 mit heißem Wasser versetzt.

Feuerzangenbowle

2 l Rotwein
2 unbehandelte Orangen
4–5 Nelken
1 Zuckerhut
½ l Rum

1. Die Schale der Orangen wird dünn abgeschält, die Früchte werden dann ausgepresst.
2. Der Rotwein wird mit dem Saft der Orangen erhitzt. Ein mit der dünn abgeschälten Orangenschale und den Nelken gefülltes Mullsäckchen wird in den Topf gehängt.
3. Über den Topf wird nun eine Feuerzange gelegt, auf der der Zuckerhut platziert wird.
4. Dieser wird mit Rum getränkt und angezündet. Es wird so lange Rum nachgeschöpft, bis der gesamte Zucker in die Bowle getropft ist.
5. Die Gewürze können jetzt entnommen und die heiße Bowle serviert werden.

Meine Güte! Die erste Feuerzangenbowle in meinem ganzen Leben hab ich mit ein paar Freundinnen ausprobiert und wir hatten beileibe noch nicht einmal alle Zutaten dafür. Geschmeckt hat sie uns trotzdem. Und sie hat uns auch ganz schön beschwipst, frag nicht! Die halbe Nacht lang haben wir geratscht und gekichert, uns Zöpfe geflochten und von dem Rühmann geschwärmt. Das waren noch Zeiten!

Der vielfältige Holunder blüht im Frühsommer in Parks, in Gärten und an Straßenrändern. Genug Dolden für Sirup findet man also auf jeden Fall.

Ob man den feinen Holunderblütensirup (siehe Seite 25) einfach nur in Wasser verdünnt oder damit Sekt aufpeppt – er gibt immer einen wunderbar frischen Geschmack.

 Holunderwein

2 kg reife Holunderbeeren
4 ½ l kochendes Wasser
250 g Rosinen
3 TL Zitronensäure
1 Päckchen Weinhefe (für Portwein)
1,5 kg Zucker

1. Nach dem Entstielen werden die Holunderbeeren gewaschen und trocken getupft. Unreife Früchte werden aussortiert.
2. In einem großen, sterilen Gefäß werden die Beeren zerdrückt, mit dem Wasser übergossen und kurz aufgekocht.
3. Die Rosinen werden gewaschen und gehackt und mit der Zitronensäure zugefügt, das Gefäß wird abgedeckt, bis es abgekühlt ist.
4. Nun wird die Weinhefe eingerührt. Das Ganze muss 3 Tage gären.
5. Jetzt kann die Maische abgeseiht und mit Zucker versetzt werden, die Früchte werden ausgepresst und weg geworfen.
6. Die Flüssigkeit wird in ein steriles Gärgefäß gefüllt, das mit einem Gärverschluss versehen wird.
7. So bleibt der Most in einem warmen Raum 3 Wochen stehen, bis der Gärungsprozess abgeschlossen ist.
8. Nun bleibt der Wein einige Tage in einem kühlen Raum, bis er klar geworden ist.
9. In ein weiteres Gefäß umgefüllt, wird er nun 1 Jahr lang fest verschlossen gelagert.
10. Jetzt wird der Wein in Flaschen abgefüllt, verkorkt, und kann nach weiteren 6 Monaten als süßlicher, starker Dessertwein getrunken werden.

WÜRZEN

Mit Senf, Mayonnaise, Essig und Co. lassen sich fantastische Gerichte herstellen und verfeinern. Denn es ist schade, dass alles, was man kaufen kann, gleich schmeckt und man außerdem nicht mehr weiß, woraus es eigentlich besteht. Wir haben früher unseren Essig mit Zutaten aus dem Garten verfeinert und Senf ganz selbstverständlich selber hergestellt und konnten so ganz eigene Geschmacksnoten erzielen. So schmeckt jeder Salat, jedes Würstchen ganz besonders gut.

 Kräuteressig

Essig, der mit Kräutern oder Früchten aromatisiert wird, gibt Salatdressings ein ganz besonders feines Aroma.

2 EL gehackte Kräuter (Estragon, Rosmarin,
Thymian, Dill, Fenchel, Lorbeer ... oder eine eigene
Mischung nach persönlichem Geschmack)
½ l milder Wein- oder Obstessig

1. Die Kräuter werden – gewaschen, gut abgetrocknet und gehackt – in eine saubere Flasche gefüllt, der Essig wird aufgekocht und aufgegossen.
2. Die Flasche wird gut verschlossen und 2 Wochen stehen gelassen, dabei täglich geschüttelt.
3. Der Essig wird nun durch ein feines Sieb gegossen und in eine sterile Flasche abgefüllt, verschlossen und kühl und dunkel gelagert.

 Himbeeressig

600 ml Rotweinessig
1 EL Einmachgewürz
450 g frische oder gefrorene Himbeeren
2 Zweige frischer Zitronenthymian

1. Der Essig wird mit dem Einmachgewürz in einem Topf für etwa 5 Minuten leicht erhitzt.
2. Die Himbeeren werden in eine Schüssel gegeben und mit dem heißen Essig übergossen, sodass sie gerade bedeckt sind. Der Zitronenthymian wird dazugegeben und die Schüssel abgedeckt.
3. Das Ganze muss nun 2 Tage an einem kühlen, dunklen Ort durchziehen und wird zwischendurch immer wieder umgerührt.
4. Danach wird der Essig durch ein Sieb gegossen und in saubere, trockene Flaschen gefüllt, die mit einem Korken verschlossen werden. Kühl und dunkel lagern.

 Kräuteröl

2 EL gehackte Kräuter (Rosmarin, Estragon, Thymian, Auswahl nach Geschmack)
½ l hochwertiges Öl (Olivenöl, Sonnenblumenöl oder Rapsöl)

1. Die Kräuter werden in eine Flasche oder ein Einmachglas gefüllt und mit dem Öl aufgegossen, das Gefäß wird verschlossen.
2. An einem dunklen Ort wird das Öl stehen gelassen, dabei öfter durchgeschüttelt.
3. Nach 2 oder mehr Wochen, je nach gewünschter Intensität, kann das Öl durch ein Sieb in eine Flasche abgefüllt, verschlossen und dunkel gelagert werden.

Die Oma: Ich persönlich nehm ja für mein Kräuteröl Olivenöl. Das ist schmackhaft und gesund und besonders gut für die Verdauung. Äußerlich angewendet ist es auch gut für die Haut. Aber das freilich ist ein anderes Kapitel.

 Kräuterpaste

Sehr schmackhaft als Brotaufstrich oder als Zutat für Soßen und Suppen ist eine Kräuterpaste.

1. Dazu werden die Kräuter, die man verarbeiten möchte, gewaschen, abgetrocknet und grob hackt. Zusammen mit etwas Meersalz und etwas Öl werden sie nun im Mixer oder im Mörser zu einer feinen Paste verarbeitet.
2. Die Paste wird in kleine Schraubgläser gefüllt, mit Öl bedeckt und im Kühlschrank aufbewahrt.
3. Nachdem etwas aus dem Glas zum Würzen entnommen wurde, muss darauf geachtet werden, dass die Paste immer wieder mit Öl bedeckt wird.

Kräuter sind so vielfältig und gerade Wildkräuter so leicht zu bekommen, da muss man ja regelrecht eigene Öle, Pasten und Co. herstellen.

Erst waren sie ja skeptisch, meine Männer, als sie gesehen haben, wie ich anfange, Tomatenketchup zuzubereiten. »Man muss wirklich nicht alles selber machen, Oma!«, haben sie gesagt. Jetzt essen sie kein anderes mehr. Komisch, gell?

Tomatenketchup

Natürlich wollen die Kinder auch mal Pommes frites (siehe Seite 15) mit Ketchup. Ab und an habe ich mich überreden lassen, dann aber natürlich nur mit selbst gemachtem Ketchup aus Tomaten aus dem Garten.

Tomaten können ganz mühelos gehäutet werden, indem die Früchte über Nacht auf einem Gitterrost ins Gefrierfach gelegt werden. Nach dem Auftauen lässt sich die Haut ganz einfach abziehen. Eine Alternative ist das Überbrühen mit heißem Wasser. Auch danach lässt sich die Haut problemlos entfernen.

Die im Rezept genannten Gewürze können nach Geschmack variiert werden. Auch eine gute Prise Curry gibt zum Beispiel einen besonderen Geschmack.

2,25 kg sehr reife Tomaten
1 Zwiebel
6 Nelken
25 g frischer Ingwer
4 Pimentkörner
6 schwarze Pfefferkörner
1 Stängel frischer Rosmarin
1 Bleichsellerie, davon die zarten inneren Stiele mit Blättern
3 Knoblauchzehen
2 EL brauner Zucker
4 ½ EL Himbeeressig (siehe Seite 31)
1 EL Salz

1. Die Tomaten werden sorgfältig von Haut (siehe oben) und Kernen befreit. Das Fruchtfleisch wird gehackt und in einen großen Topf gegeben.
2. Die Nelken werden in die Zwiebel gesteckt und der Ingwer wird geschält und in Scheiben geschnitten. Beides wird mit den Piment- und Pfefferkörnern, dem Rosmarin

Der Vorteil, wenn man seinen eigenen süßen Senf macht, ist, dass man die Gewürze so dosieren kann, wie es einem am besten schmeckt.

und den Ingwerscheibchen in ein Gewürzsäckchen gegeben. Dieses zu den Tomaten in den Topf geben.
3. Der Bleichsellerie wird mitsamt den Blättern gehackt, die Knoblauchzehen werden geschält und beides wird mit Zucker, Himbeeressig und Salz mit in den Topf gegeben.
4. Das Ganze wird bei starker Hitze zum Kochen gebracht. Dabei gelegentlich umrühren. Dann wird die Temperatur reduziert und alles für 1½–2 Stunden geköchelt, bis die Mischung um die Hälfte reduziert ist. Zwischendurch immer wieder umrühren.
5. Danach werden die Zutaten im Mixer oder mit dem Pürierstab püriert und in den Topf zurückgegossen. Darin wird das Mus weitere 15 Minuten geköchelt.
6. Schließlich wird das Ketchup in saubere, sterilisierte Gläser oder Flaschen gefüllt. Im Kühlschrank ist es 2 Wochen haltbar.
7. Wird das Ketchup im Ofen sterilisiert (siehe Seite 39), hält es sich mehrere Monate.

Senf

120 g Kandiszucker
500 ml Essig
60 g weißes Senfmehl
60 g schwarzes Senfmehl
Salz (nach Belieben)

1. Der Kandiszucker wird mit dem Essig aufgekocht und darin gelöst.
2. Die gekochte Lösung wird nun mit dem Senfmehl etwa 30 Minuten gerührt, dann nach Geschmack mit Salz abgeschmeckt und in Gläser oder Steinguttöpfe gefüllt. Diese werden gut verschlossen und kühl gelagert.

 Süßer Senf

2 Zwiebeln
1 Knoblauchzehe
2 Lorbeerblätter, 2 Nelken
200 g brauner Zucker
¾ l Estragonessig
200 g braune Senfkörner, grob zerstoßen
80 g weißes Senfmehl
1 Prise Zimt

1. Die Zwiebeln werden geschält und fein geschnitten, die Knoblauchzehe wird geschält und beides wird mit Lorbeer und Nelken in eine Schüssel gegeben.
2. In einem Topf wird der Zucker karamellisiert, mit dem Essig aufgegossen und darin gelöst.
3. Sobald der Sud aufgekocht hat, wird er über die Gewürze gegeben und muss einige Stunden ziehen.
4. Danach wird er abgeseiht und erneut aufgekocht.
5. Nun wird der Sud nach und nach mit dem Senf und dem Zimt verrührt, bis er die gewünschte Konsistenz hat.
6. In Gläser oder Steinguttöpfe gefüllt und gut verschlossen muss er noch 3–4 Wochen durchziehen.

> *Die Oma:* Statt Champignons kann man selbstverständlich auch andere Pilze verwenden. Schwammerl, wie wir im Süden sagen. Und weil ich ein leidenschaftlicher Schwammerlsucher bin, kommen bei uns eher selten Champignons rein. Schmecken tut die Essenz so oder so. Und zwar ziemlich gut.

Mit einer Pilzessenz lassen sich Saucen und Suppen aufpeppen, daher ist es gut, im Herbst einen Vorrat anzulegen.

 Champignonessenz

1 kg Wiesenchampignons
55 g Meersalz
2 kleine Knoblauchzehen
je ¼ TL gemahlener Ingwer, Piment,
Muskatblüte, schwarzer Pfeffer
550 ml Rotweinessig
1 EL Portwein
1 EL Weinbrand

1. Die Pilze werden geputzt, in Scheiben geschnitten und in einer Schüssel in Lagen eingesalzen. So bleiben die Pilze über Nacht stehen.
2. Die Knoblauchzehen werden geschält und in Scheibchen geschnitten. Das Salz wird von den Pilzen abgewaschen und sie werden zusammen mit den Gewürzen, dem Essig und dem Knoblauch in einem Topf erhitzt und etwa 1 Stunde geköchelt.
3. Die Essenz wird jetzt abgeseiht, mit Portwein und Weinbrand verrührt, in Flaschen abgefüllt und verschlossen.
4. Die Flaschen werden ½ Stunde bei 80 °C sterilisiert.

Es ist wichtig, dass die Eier für Mayonnaise ganz frisch sind, da man sie roh dazugibt.

Mayonnaise

2 Eigelb
½ TL Salz
etwas Pfeffer
1 TL Senf
1 TL Zitronensaft
⅛ l Sonnenblumenöl

1. Alle Zutaten müssen vor dem Zubereiten Zimmertemperatur annehmen.
2. In einem hohen Rührgefäß werden die Eigelbe mit den Gewürzen, dem Senf und dem Zitronensaft kräftig mit dem Handrührgerät verschlagen.
3. Nun wird tröpfchenweise das Öl zugegeben und immer vollständig untergeschlagen.
4. Je fester die Mayonnaise wird, desto schneller (bis zu einem dünnen Rinnsal) kann das Öl zugegeben werden. Dabei muss aber ununterbrochen weitergeschlagen werden.
5. Jetzt kann die Mayonnaise noch mit Salz, Pfeffer und Zitronensaft abgeschmeckt werden.

Remoulade

125 g Mayonnaise (siehe Rezept links)
1 Gewürzgurke
½ geschälte Zwiebel
1 Sardellenfilet
½ EL Senf
1 EL gehackte Kräuter nach Belieben

1. Die Gewürzgurke, die Zwiebel und das Sardellenfilet werden sehr fein gehackt.
2. Mayonnaise, Senf und Kräuter werden hinzugefügt und untergerührt.

Béchamelsoße

50 g Butter
50 g Mehl
½ l Milch
Salz
weißer Pfeffer
1 Prise geriebene Muskatnuss

1. Die Butter wird erhitzt und Mehl und Milch werden mit dem Schneebesen eingerührt, bis die Soße eindickt und glatt wird.
2. Das Ganze wird zum Kochen gebracht und für 5 Minuten geköchelt. Dabei immer mit dem Holzlöffel umrühren.
3. Nach Geschmack wird die Soße mit Salz, Pfeffer und Muskatnuss abgeschmeckt.

Die Oma: Mein Lieblingsgericht mit Béchamel: grüner Spargel. Das gibt's bei uns im Frühjahr zwei- bis dreimal die Woche. Da könnte ich mich glatt reinlegen! Und mir ist jedes Jahr zum Heulen, wenn die Spargelsaison dem Ende zugeht. Den Männern geht's da zugegebenermaßen ein bisserl anders ...

Früher hat man die Milch frisch vom Bauern geholt und vieles selbst gemacht. Aber auch heute lohnt die Mühe oft noch.

MILCHPRODUKTE

Man mag es kaum glauben, aber ja, auch die grundlegenden Milchprodukte wie Quark, Butter oder Joghurt kann man selbst herstellen bzw. »vermehren«. Und zwar einfacher, als man gemeinhin denkt. Die folgenden Rezepte hat meine Oma von allen möglichen Bekannten gesammelt.

 Joghurt

1 l Vollmilch oder Magermilch
150 g Naturjoghurt

1. Die Milch wird in einem Topf zum Kochen gebracht und kurz aufgekocht, dann muss sie abkühlen.
2. Wenn die Milch handwarm ist, also bei etwa 30 °C, wird der Joghurt in die Milch gerührt, bis keine Klümpchen mehr vorhanden sind.
3. Nun kann die Mischung entweder in eine Schüssel oder in Gläser gefüllt werden und abgedeckt an einem erschütterungsfreien, warmen Ort oder im Joghurtbereiter 12 Stunden reifen. Wenn die Masse dick geworden ist, ist der Joghurt fertig und kann verzehrt und auch zur erneuten Joghurtherstellung verwendet werden. Joghurt aus Vollmilch wird fester als der aus Magermilch.

 Clotted Cream

1 l Vorzugsmilch

1. Die Milch wird in einer großen Pfanne erhitzt, aber nicht gekocht.
2. Für einige Stunden bleibt die Pfanne auf dem warmen Herd stehen, bis sich an der Oberfläche kleine Klümpchen bilden, die nach und nach abgeschöpft und in einer Schale gesammelt werden.

Diese Creme kann auf Brot gestrichen oder zu anderem Gebäck gegessen werden. Die restliche Milch wird weiterverwendet.

 Quark

*1 l entrahmte Milch oder Magermilch, nicht pasteurisiert
2 EL Quark*

1. Die Milch wird handwarm erhitzt. Dann wird sie vom Herd genommen und der Quark eingerührt.
2. Die Mischung wird in eine Steingut- oder Porzellanschüssel umgefüllt, abgedeckt und bei Zimmertemperatur an einem Ort stehen gelassen, an dem die Schüssel nicht bewegt wird. Nach 1–2 Tagen ist die Milch dick geworden.
3. Jetzt wird ein sauberes Küchentuch in ein Sieb gelegt und über einem Auffanggefäß platziert. Die Quarkmasse wird in das Sieb gegossen. Wenn die gesamte Flüssigkeit (Molke) abgetropft ist – das kann bis zu 24 Stunden dauern – ist der Quark fertig.
4. Er kann nun weiterverarbeitet werden, zum Beispiel mit gehackten Zwiebeln und Kümmel, mit frischen Kräutern, mit Gurken und Knoblauch oder anderen Zutaten und Gewürzen. Jetzt wird er noch mit Salz und Pfeffer abgeschmeckt und mit Sahne nach Belieben verfeinert.

Natürlich kann er auch zu einer Süßspeise, zum Beispiel mit Früchten, mit Zucker, Honig oder Zimtzucker, zubereitet werden.
Ebenso ist der Quark für Käsekuchen, Quarkknödel und ähnliche Speisen geeignet.
Sowohl die Molke als auch der neu gewonnene Quark können dazu benutzt werden, neuen Quark herzustellen.

Butter

Butter selbst herzustellen ist eigentlich zu teuer, da man die Sahne erst kaufen muss, um Butter zu machen. Wenn aber einmal schnell Butter gebraucht wird und nur Sahne im Haus ist, kann sie sehr schnell und einfach selbst gemacht werden:

Hat man mal nicht genug Quark im Haus, eignet sich diese Methode wunderbar, um ihn zu vermehren.

In schönen Modeln geformt, macht die Butter – mit Zusätzen oder ohne – gut was her auf dem Büfett.

1. Zimmerwarme Sahne wird in ein Schraubglas gefüllt, das Glas wird fest zugeschraubt. Jetzt wird das Glas kräftig, ruckartig geschüttelt, bis sich gelbliche Flöckchen von einer Flüssigkeit, der Buttermilch, absetzen. Nun wird weitergeschüttelt, bis sich die Flöckchen zu einem Klumpen verbinden.
2. Jetzt kann die Buttermilch abgegossen, sollte aber nicht weggeschüttet werden.
3. Da die Butter noch viel Flüssigkeit enthält, kann mehrere Male frisches, kaltes Wasser in das Glas gegeben und weitergeschüttelt werden. So wird immer mehr Flüssigkeit aus der Butter gelöst. Wenn das Wasser klar bleibt, ist die Butter fertig.

Die Buttermilch kann gut gekühlt getrunken werden, oder aber sie dient als Kupferpolitur.

Butterzubereitungen

Weiche Butter (je 100 Gramm) wird mit verschiedenen Zutaten verknetet, abgeschmeckt, geformt und kalt gestellt.

Kräuterbutter:
1 EL gehackte Kräuter, zum Beispiel Petersilie und Schnittlauch, 1 Knoblauchzehe, fein gehackt
Meersalz und Pfeffer, frisch gemahlen

Zitronenbutter:
2 EL Zitronensaft
abgeriebene Schale von
½ unbehandelten Zitrone

Senfbutter:
1 EL scharfer Senf, 1 Eigelb, hart gekocht

Meerrettichbutter:
1 EL Meerrettich, fein gerieben, Salz

Nussbutter:
1 EL fein geriebene Nüsse, Zitronensaft
Salz und Pfeffer

Krabbenbutter:
80 g Krabbenfleisch, püriert, Salz und Pfeffer

Sardellenbutter:
2 TL Sardellenpaste oder 3 Sardellenfilets,
1 Stunde gewässert, trocken getupft
und im Mörser zerrieben
etwas Zitronensaft
schwarzer Pfeffer, frisch gemahlen

Nicht nur gibt es tolle Marmeladen oder Gelees, wenn man frische Früchte nimmt. Auch das Ernten in der Sonne kann Spaß machen und entspannend sein.

HALTBAR MACHEN

Oft fallen größere Mengen an Obst und Gemüse im eigenen Garten an oder es gibt günstige Angebote auf dem Markt, denen man nicht widerstehen kann. Doch meist ist es unmöglich, so große Mengen bald zu verzehren. Dann ist es gut, diese Dinge haltbar machen zu können und ihnen gleichzeitig einen besonderen Geschmack zu verleihen.

Die Zutaten, die die Konservierung ausmachen, sind Zucker, Essig oder Salz. Und es wird Hitze benötigt, um Keime abzutöten.

FRÜCHTE VORBEREITEN

Alle Obst- und Gemüsearten müssen vor der Verarbeitung entsprechend vorbereitet werden. Dazu gehört, dass sie zunächst gereinigt werden. Meistens geschieht dies mit frischem Wasser, immer aber bevor die Früchte zerschnitten und von den unbrauchbaren Pflanzenteilen wie Stängeln und Blättern befreit werden. Nur Lauch sollte von den Wurzeln und den dunkelgrünen Blättern getrennt, längs eingeschnitten und dann unter fließendem Wasser gewaschen werden, weil sich während des Wachstums Sand und Erde zwischen die einzelnen Schichten schieben.
Nach dem Waschen werden die Früchte nach Bedarf geschält, gehäutet, zerteilt und von Kerngehäusen, Steinen oder Kernen befreit.

Einige Besonderheiten sind hier aufgeführt:
Pilze werden nicht gewaschen, sondern mit einer Bürste von Erd- oder Blattresten gereinigt. Der härtere Fuß des Pilzes wird abgeschnitten. Bei starken Verschmutzungen oder schleimiger Huthaut kann diese auch vom Hutrand ausgehend abgezogen werden. Wenn man oft größere Mengen Pilze verzehrt, empfiehlt sich dieses Vorgehen ohnehin, da sich in der Huthaut die meisten Schadstoffe anreichern.
Tomaten, Pfirsiche, Aprikosen und **Mandeln** werden enthäutet, indem man sie blanchiert, also mit kochendem Wasser übergießt und einige Minute darin liegen lässt. Danach kann die Haut leicht abgezogen werden; Mandeln drückt man heraus.
Die Haut von **Paprika** wird abgezogen, sobald sie bei 250 °C auf dem Rost im Backofen beginnt, schwarz zu werden und Blasen zu werfen.
Erdbeeren werden nur kurz abgebraust und sollten auf keinen Fall im Wasser liegen bleiben. Erst dann wird das Grün entfernt.
Pfirsiche, Nektarinen und **Aprikosen** werden am besten entsteint, indem man sie mit einem scharfen Messer entlang der Fruchtnaht rundherum bis zum Stein einschneidet. Die Fruchthälften können dann gegeneinander gedreht werden, bis sich der Stein auf einer Hälfte gelöst hat. Aus der anderen Hälfte wird er vorsichtig mit dem Messer oder den Fingern ausgelöst.
Sollen die Früchte gehäutet werden, werden sie vorher blanchiert, die Haut jedoch erst nach dem Entsteinen entfernt.

Kirschen und **Oliven** können mithilfe eines handelsüblichen mechanischen Entsteiners oder aber auch mit einem sehr einfachen, selbst gefertigten Helfer entkernt werden: Dazu steckt man eine Haarnadel mit ihren Spitzen in einen Korken. Nun kann der entstandene Bügel durch den Stielansatz der Frucht, im rechten Winkel zur Fruchtnaht hinter den Kern geführt werden, der sich dann leicht herausziehen lässt.

FRÜCHTE EINKOCHEN

Bevor Früchte eingekocht oder eingelegt werden, müssen die Gläser und Flaschen, in denen sie aufbewahrt werden, zunächst auf Schäden untersucht, dann sterilisiert, also von Keimen befreit werden.
Dazu werden die einwandfreien Flaschen und Gläser, ebenso Gummiringe und Deckel in einem Topf mit Wasser bedeckt mindestens 3 Minuten sprudelnd gekocht. Danach sollen sie auf einem sauberen Geschirrtuch abtropfen und nicht mehr an den Innenflächen berührt werden.
Wenn die Gläser oder Flaschen gefüllt und verschlossen sind, werden sie erneut sterilisiert, um den Inhalt haltbar zu machen. Dies ist im Backofen oder im Topf möglich, wobei die Temperatur im Backofen weniger gut zu kontrollieren ist. Die Gläser werden, jedoch ohne sich zu berühren, in die Fettpfanne des Backofens gestellt, die 2 Zentimeter hoch mit Wasser gefüllt wird. Der Ofen wird auf 180 °C eingestellt (genauere Temperaturangaben stehen meist in der Bedienungsanleitung des Herd-Herstellers).
Wenn in den Gläsern Luftperlen aufsteigen, hat der Inhalt die benötigte Temperatur von 80–90 °C erreicht. Von diesem Zeitpunkt an wird die Einkochzeit, die in den Rezepten angegeben ist, bemessen und der Ofen wird abgeschaltet. Da der Gläserinhalt langsamer abkühlt als der Ofen, sind sie nach der entsprechenden Zeit sterilisiert. Dann einfach herausnehmen und vor Zugluft geschützt abkühlen lassen.
Für das Sterilisieren im Topf stellt man die gefüllten und verschlossenen Gläser, ohne dass sie sich berühren, in einen Einkochkessel ins Wasser. Die Einkochzeiten und -temperaturen sind in den jeweiligen Rezepten angegeben und sollen auch recht genau eingehalten werden.

Die Gläser für die eingekochten Früchte und Gemüse zu sterilisieren ist sehr wichtig für die Haltbarkeit.

Eingekochte Äpfel

3,5 kg säuerliche Äpfel (Cox Orange, Boskoop)
1 unbehandelte Zitrone
1 kg Zucker
1,3 l Wasser
6 Zimtstangen
6 Sternanis
3 Vanilleschoten, halbiert

1. Die Äpfel werden geschält, geviertelt und vom Kerngehäuse befreit und noch einmal der Länge nach gespalten.
2. Nur die gelbe Schale wird dünn von der Zitrone abgeschält und mit dem Wasser und dem Zucker aufgekocht und 3 Minuten weitergekocht.
3. Während die Zuckerlösung abkühlt, werden die Äpfel mit den aufgeteilten Gewürzen bis etwa 2 Zentimeter unter den Glasrand fest in die Gläser geschichtet. Dabei sollten die Gewürze von außen sichtbar sein, um den Inhalt appetitlich aussehen zu lassen.
4. Die weitgehend abgekühlte Zuckerlösung wird nun bis knapp unter den Rand des Glases über die Äpfel gegossen.
5. Die Gläser werden verschlossen und in 30 Minuten bei 80 °C sterilisiert.

Eingekochte Pflaumen

6 kg Pflaumen
6 Zimtstangen
850 ml Wasser
400 ml Rotwein
500 g brauner Kandiszucker

1. Die Pflaumen werden halbiert, entsteint und mit den Zimtstangen dekorativ in Gläser geschichtet.
2. Das Wasser und der Rotwein werden mit dem Kandiszucker aufgekocht und 3 Minuten weitergekocht.
3. Wenn die Flüssigkeit leicht abgekühlt ist, wird sie bis knapp unter dem Glasrand über die Pflaumen gegossen.
4. Nun werden die Gläser verschlossen und in 30 Minuten bei 75 °C sterilisiert.

Pflaumen und Zwetschgen gibt es im Sommer im Überfluss. Am besten bewahrt man sie auf, indem man sie einkocht.

Karotten

1 kg Karotten
200 g Zwiebeln
¼ l Weinessig
⅛ l Wasser
200 g Zucker
je 1 kleines Lorbeerblatt pro Glas
7–8 Piment- oder Pfefferkörner

1. Die Karotten werden geschält und längs geviertelt, die Zwiebeln geschält und ebenfalls geviertelt, dickere Zwiebeln auch weiter längs zerteilt.
2. Essig, Wasser, Zucker und die Gewürze werden aufgekocht. In dem Sud werden die Karotten nun 8–10 Minuten gekocht, dann mit dem Schaumlöffel entnommen. Die Zwiebeln werden im Sud blanchiert, bis sie glasig werden, und ebenfalls herausgehoben.
3. Karotten und Zwiebeln werden jetzt gleichmäßig auf die sauberen Gläser verteilt, dabei so dicht wie möglich eingefüllt.
4. Der Sud kocht noch etwa 10 Minuten ein und wird, sobald er abgekühlt ist, bis zum Glasrand aufgefüllt.
5. Die Gläser werden gut verschlossen bei 90 °C in 30 Minuten sterilisiert.
6. Nach etwa 3 Monaten sind sie zum Verzehr ausreichend durchgezogen.

> **Die Oma**
> *Ich selber habe niemals aufgehört einzukochen. So habe ich es eben gelernt und so hat es uns immer gut geschmeckt. Bei einigen meiner Freundinnen aber war das anders. Die sind im Laufe der Jahre immer »moderner« geworden und haben Konserven gekauft oder teure Tiefkühlware. Seltsamerweise kommt jetzt immer häufiger die eine oder andere angewackelt und fragt nach meinen alten Rezepten. Und was soll ich da sagen? »Bitte schön!«, sag ich und schreib es ihr auf. Und dann freut sie sich darüber. Und mit ihr die gesamte Familie halt.*

Nimmt man verschiedene Tomatensorten und ein paar hübsche Kräuterzweige, können die Tomaten in Salzlake sogar zum netten Mitbringsel werden.

Tomaten in Salzlake

Die Mengen der Zutaten sind je nach Größe der Tomaten und der Größe und Form der Gläser sehr verschieden. Sie können vor den Vorbereitungen ausprobieren, wie viele Tomaten und wie viel Flüssigkeit in die Gläser passen. Bereiten Sie eher zu viel Lake als zu wenig vor.

frische, reife Tomaten
Wasser
Salz
Kräuter nach Belieben (z. B. Borretsch oder Basilikum)

1. Die reifen, einwandfreien Tomaten werden vom Stielansatz befreit, gehäutet (siehe Seite 39) und in Gläser gefüllt. Dabei dürfen sie nicht so fest gepresst werden, wie zum Beispiel die festeren Äpfel oder Pflaumen.
2. In einem Kochtopf wird das Wasser erhitzt und das Salz darin aufgelöst (15 Gramm Salz pro 1 Liter Wasser).
3. Die kochende Lösung wird nun bis zum Glasrand über die Tomaten gegossen.
4. Nach Belieben können verschiedene Kräuter hinzugefügt werden.
5. Die Gläser werden verschlossen und bei 90–98 °C in 30 Minuten sterilisiert.

Bei der Gelierprobe kann man wunderbar erkennen, ob das Gelee oder die Marmelade die richtige Konsistenz haben.

Marmeladen und/oder Konfitüren

Marmelade kann nicht aus Erdbeeren sein – sagt die EU –, sondern nur aus Zitrusfrüchten. Und was ist mit Omas Erdbeermarmelade? Die heißt heute Konfitüre. Und wie heißt Konfitüre heute? Ganz gleichgültig, wie diese herrlichen Brotaufstriche genannt werden – Hauptsache sie schmecken –, und zwar wie schon bei meiner Oma.

Es gibt verschiedene Möglichkeiten, Marmeladen herzustellen. Sie können aus ganzen, stückigen, zerdrückten oder pürierten Früchten oder auch aus Saft gekocht werden. Sie werden mit Zucker oder Gelierzucker eingekocht oder kalt gerührt.

Die folgenden Rezepte zeigen für jede Art Beispiele; einiges sollte man vorher aber wissen:

Die verwendeten Gläser und Deckel sollten wie beim Einmachen frei von Beschädigungen und peinlichst sauber sein. Es empfiehlt sich, sie zu sterilisieren, wobei Gläser, die in der Spülmaschine bei 70 °C gereinigt wurden, nicht mehr abgekocht werden müssen.

Der Topf, in dem die Marmelade gekocht wird, muss mindestens doppelt so groß sein wie sein tatsächlicher Inhalt, da die Marmelade leicht überkochen kann – und die ist sehr heiß!

Bevor die Marmelade in die Gläser gefüllt wird, kann eine Gelierprobe gemacht werden, die Auskunft darüber gibt, ob die gewünschte Konsistenz erreicht wurde. Dazu wird 1 Esslöffel der fertig gekochten Marmelade auf eine kühle Untertasse gegeben. Hält man die Untertasse nach kurzer Zeit schräg, kann man sehen, wie dickflüssig die Marmelade geworden ist.

Marmelade mit normalem Haushaltszucker muss meist länger gekocht werden, bis sie geliert. Falls Früchte, die nur mit Zucker gekocht werden, nicht oder nicht ausreichend gelieren, kann man Zitronensaft oder geriebenen Apfel zusetzen. Das Pektin darin bewirkt, dass die Masse geliert.

Ein wenig Zimt vor dem Verschließen auf die Oberfläche gestreut, soll das vorzeitige Schimmeln verhindern.

Eines meiner Lieblingsthemen! Weil das Frühstück eigentlich meine Lieblingsmahlzeit ist und weil auf einem schönen Frühstückstisch die selbst gemachte Marmelade ebenso wenig fehlen darf wie frischer Kaffee. Außerdem eignen sie sich natürlich auch ganz großartig zum Backen von Torten und Kuchen, Keksen und Plätzchen. Wahre Alleskönner quasi.

Erdbeerkonfitüre

1 kg Erdbeeren
750 g Zucker

1. Die vorbereiteten Erdbeeren werden mit dem Zucker in einem Topf zum Kochen gebracht und 15–20 Minuten sprudelnd gekocht.
2. Die Früchte werden herausgenommen, in eine flache Schale gefüllt und in die Sonne gestellt, während die Flüssigkeit weiter einkocht, bis sie klar und dick wird.
3. Die Früchte werden wieder in den Topf gegeben.
4. Jetzt kann die Konfitüre in Gläser gefüllt und luftdicht verschlossen werden.

Die meisten Beeren sind natürlich frisch vom Strauch am allerbesten. Doch hat man zu viele, kann man köstliche Marmeladen und Gelees daraus kochen.

 Johannisbeergelee

1 l Saft von Roten Johannisbeeren
(siehe Heiß entsaften Seite 24 und
Mit Säure entsaften Seite 25)
1 kg Gelierzucker

1. Saft und Zucker werden zusammen aufgekocht und 4 Minuten sprudelnd gekocht.
2. Das Gelee wird noch heiß in Gläser gefüllt, die Gläser gut verschlossen und für einige Minuten auf den Kopf gestellt. Noch bevor das Gelee kalt ist, muss es wieder umgedreht werden, da es sonst unter dem Deckel kleben bleibt.
3. Das Gelee kann auch mit andern Säften oder mit Portwein verfeinert werden. Dazu wird ein Viertel des Johannisbeersaftes durch eine andere Flüssigkeit ersetzt.

 Quittengelee

reife Quitten
Zucker (für 1 l Quittensaft braucht man 300 g Zucker, die Mengenangaben bitte auf die vorhandene Saftmenge umrechnen!)

1. Zunächst muss der Quittensaft hergestellt werden. Die Früchte werden geviertelt und in einem Topf mit Wasser bedeckt 45 Minuten gekocht.
2. Über einer Schüssel wird ein sauberes Musselintuch locker befestigt und die Früchte darüber abgegossen.
3. Wenn die Früchte abgetropft sind – das kann einige Zeit in Anspruch nehmen – kann der Saft abgemessen und in einen ausreichend großen Topf (er sollte nur bis zur Hälfte gefüllt sein) umgefüllt werden.

4. Die entsprechende Menge Zucker wird dazugegeben und bei geringer Hitze im Saft aufgelöst.
5. Nun wird alles aufgekocht und so lange sprudelnd weitergekocht, bis die Flüssigkeit zu gelieren beginnt.
6. Jetzt kann das Gelee in Gläser gefüllt und verschlossen werden. Dann wird ebenso verfahren wie beim vorangehenden Rezept.

Hagebuttenmark

2 kg Hagebutten (alle fleischigen Sorten sind geeignet)
1 kg Gelierzucker

1. Die Hagebutten werden abgewaschen und in einem Topf knapp mit Wasser bedeckt etwa 20 Minuten gekocht.
2. Wenn sie weich sind, werden die Hagebutten zerdrückt und der Brei wird durch ein Sieb gestrichen, dabei bleiben Stiele, Kerne und Haut zurück.
3. Das Fruchtmus wird mit dem Zucker verrührt, erhitzt und 3–4 Minuten sprudelnd gekocht.
4. Sobald die Masse geliert, wird sie in Gläser gefüllt, verschlossen und auf den Kopf gestellt, bis sie abgekühlt ist.

Orangenmarmelade

Diese Marmelade ist auch nach EU-Richtlinien eine richtige Marmelade.

1 kg unbehandelte Saftorangen (das sind die kleineren mit dünnerer Schale)
⅛ l Wasser
1 kg Gelierzucker

1. Die Orangen werden heiß abgebürstet und abgetupft.
2. Mit einem Sparschäler wird die äußere orange Schale abgeschält, in feine Streifen geschnitten und beiseitegestellt.
3. Die Orangen werden nun in Stücke geschnitten und mit dem Wasser bei geschlossenem Deckel gekocht, bis die beim Schälen übrig gebliebene weiße Schale weich ist. Wenn ein Stecknadelkopf leicht in die Schale eindringen kann, ist sie weich genug.
4. Die Masse wird durch ein sauberes Tuch abgegossen und sehr gut ausgepresst, bis ein geleeartiger Saft austritt. Davon sollte noch so viel wie möglich gewonnen werden.
5. Der gesamte Saft wird nun mit dem Zucker und den Schalenstreifen aufgekocht und 4 Minuten sprudelnd weitergekocht.
6. Die Marmelade muss vor dem Abfüllen noch einige Minuten abkühlen und gerührt werden, damit sie schon leicht geliert und sich die Schalenstreifen gleichmäßig verteilen.
7. Jetzt können die Gläser gefüllt und verschlossen werden. Nach dem Verschließen sollten sie auch einige Zeit auf den Kopf gestellt werden.

Die original englische Marmelade wird nicht aus Orangen, sondern aus Pomeranzen, einer Bitterorangenart, die bei uns nicht so häufig angeboten wird, gekocht. Um aber trotzdem eine bitterere Orangenmarmelade zu bekommen, kann man einen kleinen Teil der Früchte durch eine Pampelmuse ersetzen.
Will man die Marmelade wie im Original ohne Gelierzucker kochen, wird etwa die doppelte Menge Zucker benötigt und zusätzlich etwas Zitronensaft. Die Fruchtreste müssen sehr sorgfältig ausgedrückt werden, weil hier das meiste Pektin enthalten ist. Es empfiehlt sich, zudem für den Notfall ein Päckchen Pektin im Haus zu haben.
Bei allen Rezepturen ist es natürlich möglich, die Marmelade mit 4–5 Esslöffeln Whiskey nach Ende der Kochzeit zu aromatisieren.

Wer mal auf die englische Art frühstücken möchte ...

HALTBAR MACHEN **45**

Apfelkraut, Chutney oder Kuchen ... Da wird man für die harte Arbeit bei der Ernte doch schön belohnt.

 Apfelkraut

2,5 kg süßliche Äpfel
300 ml Wasser oder naturbelassener Apfelsaft

1. Der Backofen wird auf 225 °C vorgeheizt. Die Äpfel werden geschält, geviertelt, entkernt und auf der Fettpfanne des Backofens oder in einem Bräter verteilt. Die Flüssigkeit wird über die Apfelspalten gegossen.
2. Jetzt werden die Äpfel in den Backofen geschoben, bis sie nach etwa ½ Stunde weich und bräunlich geworden sind.
3. Die Äpfel werden zerdrückt, umgerührt, wieder gleichmäßig verteilt und zurück in den auf 175 °C heruntergeschalteten Ofen geschoben.
4. Unter gelegentlichem Umrühren werden sie nun weiter etwa 1½ Stunden eingekocht, bis die Masse eine dunkelbraune Farbe angenommen hat und eindickt.
5. Nun kann das Apfelkraut in Gläser gefüllt und verschlossen werden. Da das Apfelkraut nicht so lange haltbar ist wie andere Marmeladen, können die Gläser noch in 30 Minuten bei 80 °C sterilisiert werden.

Apfelkraut ist nicht nur ein sehr schmackhafter Brotaufstrich, es eignet sich auch hervorragend dazu, Soßen zu verfeinern, manchmal auch zu retten, wenn eine Soße zu salzig geraten oder leicht angebrannt ist.

Ungekochtes Gelee

1 l Saft von Schwarzen Johannisbeeren, frisch ausgepresst
1 kg Zucker

1. Der Johannisbeersaft wird in einem Topf erhitzt, jedoch nicht gekocht.
2. Wenn der Saft heiß ist, wird er über den Zucker gegossen. Die Masse wird nun gerührt, bis sich der Zucker aufgelöst hat und das Gelee erkaltet. Mit dem Erkalten geliert die Masse.

Diese Methode eignet sich auch für Rote Johannisbeeren oder Schattenmorellen. Da sich das Gelee nicht so lange hält wie gekochte Marmelade, sollten nur kleinere Mengen hergestellt werden.

Tomaten-Apfel-Chutney

1 kg Tomaten, in Scheiben geschnitten
150 g Äpfel ohne Kerngehäuse (mit oder ohne Schale nach Belieben)
150 g Zwiebeln, geschält
7 g Korianderkörner
5 g getrocknete Chilischoten
½ EL Salz
8 g Ingwer, gemahlen
150 g Demerara-Zucker
150 g Sultaninen
Saft von ½ kleinen Zitrone
1–1 ½ EL Rohrzuckersirup
¼ l Malzessig

1. Die vorbereiteten Tomaten, Äpfel und Zwiebeln werden in einen Kochtopf gegeben.
2. Die in einen Musselinbeutel gefüllten Chilischoten und Korianderkörner werden in den Topf gelegt.
3. Das Salz wird über die Zutaten gestreut und alles bleibt über Nacht stehen.
4. Am nächsten Tag werden alle anderen Zutaten zugefügt und aufgekocht.
5. Die Masse muss nun unter regelmäßigem Rühren etwa 2 Stunden kochen, bis sie eindickt.
6. Jetzt kann der Musselinbeutel entnommen und das Chutney in vorgewärmte Gläser gefüllt und verschlossen werden.

 ## Herbstliches Chutney

250 g Pflaumen
250 g Äpfel
250 g Tomaten
250 g Zwiebeln
1 kleine Knoblauchzehe
250 g Sultaninen
¼ l Essig (z. B. eine Mischung aus Rotweinessig und hellem Balsamico)
1 Messerspitze gemahlene Muskatblüten
7–8 g gemahlener Ingwer
250 g brauner Zucker

1. Die Pflaumen werden entsteint (siehe Seite 39) und halbiert, die Äpfel geschält, vom Kerngehäuse befreit und in grobe Stücke geschnitten und die Tomaten werden klein gehackt.
2. Die Zwiebeln werden geschält und in Ringe geschnitten, der Knoblauch wird geschält und klein gehackt.
3. Außer dem Zucker werden alle Zutaten in einen Topf gegeben und 30–40 Minuten geköchelt.
4. Nun erst wird der Zucker zugegeben und unter Rühren aufgelöst und die Mischung unter weiterem ständigem Rühren geköchelt, bis sie eindickt.
5. Wenn das Chutney abgekühlt ist, wird es in Gläser gefüllt und luftdicht verschlossen.
6. Die Gläser sollten kühl und trocken aufbewahrt werden.

Die Oma: Also eines muss ich sagen: Ausprobieren lohnt sich auf jeden Fall! Vor ein paar Jahren noch wär es für mich einfach undenkbar gewesen, ein Gericht aus Äpfeln und Tomaten zuzubereiten, ganz zu schweigen es zu verzehren. Äpfel waren zuständig für Kompott oder Kuchen, im besten Fall noch ins Blaukraut rein. Tomaten dagegen fanden sich in Suppen, Soßen und Salaten. Keinerlei Übereinstimmung quasi. In einer Frauenzeitschrift bin ich dann über ein paar Chutneyrezepte gestolpert und da dacht ich, das probier ich aus. Mittlerweile liebe ich die Rezepte, auch wenn die Männer nach wie vor skeptisch bleiben. Da gilt dann halt mal nicht: jung gleich fortschrittlich!

 ## Aprikosen-Chutney

1,5 kg Aprikosen
350 g Zwiebeln
2 Knoblauchzehen
1 kleines Stuck Ingwer
600 ml Apfelessig

220 g Demerara-Zucker
2 TL Salz
2 TL Senfsamen
je 1 TL Zimt und Muskatblüte, gemahlen
½ TL Cayennepfeffer

1. Die Aprikosen werden entsteint und in Stücke geschnitten, die Zwiebeln geschält und gehackt, der Knoblauch wird geschält und fein gehackt und der Ingwer geschält und gerieben.
2. Alle Zutaten werden nun in einem Topf erhitzt und so lange geköchelt, bis die Masse eindickt.
3. Das Chutney kann nun in Gläser gefüllt und verschlossen werden.

Eine schöne Variante ist auch, statt der Aprikosen Orangen zu verwenden, die geschält und filetiert werden. Bei den Gewürzen sind der Fantasie keine Grenzen gesetzt – Curry zum Beispiel gibt einem Chutney eine besondere und exotische Note.

Apfelmus passt perfekt zu Süßspeisen wie Kaiserschmarrn, Pfannkuchen oder Grießauflauf.

 Apfelmus

1 kg säuerliche Winteräpfel (z. B. Gloster, Cox Orange, Boskoop)
2 Streifen Schale einer unbehandelten Zitrone
1 Zimtstange
Zucker nach Belieben

1. Die Äpfel werden gewaschen und in Stücke geschnitten, ohne die Schale oder das Kerngehäuse zu entfernen.
2. In einem Topf werden sie, knapp mit Wasser bedeckt, mit der Zitronenschale und der Zimtstange gekocht, bis sie weich sind.
3. Die Früchte werden nun durch ein Sieb passiert und dann erst nach Geschmack gesüßt.
4. Nun kann das Apfelmus in Gläser gefüllt werden, die gut verschlossen werden.
5. Falls das Apfelmus über einen längeren Zeitraum haltbar sein soll, muss es in 25 Minuten bei 80 °C sterilisiert werden.
6. Natürlich können auch hier Gewürze, zum Beispiel eine Vanillestange, ergänzt werden.

Rhabarberkompott

1 kg Rhabarber
1 unbehandelte Zitrone
250 g Zucker
1 Vanilleschote

1. Die Rhabarberstangen werden gewaschen, abgezogen und in 1–2 Zentimeter große Stücke geschnitten. Der rote Rhabarber muss, wenn er in kleine Stücke geschnitten und gekocht wird, nicht abgezogen werden.
2. Von der Zitrone wird die gelbe Schale zur Hälfte dünn abgeschält. Dann wird der Saft ausgepresst.

 Dieses Rezept hat meine eigene Oma schon gekocht und ich tu es noch heute. Und jedes Mal, wenn sich die zarte Maisonne durch unsere Küchenfenster schiebt und das ganze Haus wie früher so herrlich nach Rhabarber duftet, ist es, als müsse sie gleich zur Tür reinkommen, meine Oma.

Kirschkompott ist ein leckerer Begleiter zu allerlei Süßem, besonders gut zu Vanilleeis.

3. Zucker und Zitronensaft werden mit dem Rhabarber in einen Topf gefüllt, vermischt und 1 Stunde stehen gelassen, bis der Rhabarber Saft gezogen hat.
4. Die Zitronenschale und die Vanillestange werden zugefügt und alles wird aufgekocht und geköchelt, bis der Rhabarber weich ist.
5. Wird das Kompott in Gläser abgefüllt, kann es wie Apfelmus durch Sterilisieren länger haltbar gemacht werden.

 Kirschkompott

1 kg Kirschen
175 – 200 g Zucker (bei Sauerkirschen 400 – 500 g)
1 l Wasser

1. Die Kirschen werden entstielt und entsteint (siehe Seite 37) und in Einmachgläser gefüllt.
2. Der Zucker wird mit dem Wasser aufgekocht und über den Früchten verteilt. Einige aufgeschlagene Kirschsteine können zugegeben werden, um den Geschmack zu verfeinern (dann aber Obacht beim Verzehr!).
Die Gläser werden gut verschlossen und bei 75 °C für 30 Minuten eingekocht.

EINGELEGTES

Obst und Gemüse einzulegen war früher gang und gäbe. Nicht nur Klassiker wie Rotkohl oder Sauerkraut wurden eingelegt, sondern auch Paprika, Bohnen oder grüne Walnüsse. Auch heute noch macht diese Art des Haltbarmachens Sinn: Es entstehen feine Beilagen, die noch im Winter, wenn es die meisten Obst- und Gemüsesorten nicht mehr regional gibt, verzehrt werden können. Natürlich ist auch die Tiefkühltruhe ein guter Ort, Obst und Gemüse aufzubewahren, aber durch das Einlegen erhält beides einen ganz einzigartigen Geschmack.

Süßsauer Eingelegtes – Grundrezept

Nach dem folgenden Grundrezept können eigentlich alle Obst- und Gemüsesorten eingelegt werden. Traditionell standen bei uns auf jeden Fall Kürbis, Gurken oder Silberzwiebeln im Keller. Diese können dann jederzeit raufgeholt werden, sei es für eine einfache Brotzeit oder ein festliches Fleischfondue.
Natürlich lassen sich auch hier die Zutaten variieren. Zucker kann durch Honig, zum Beispiel für Honiggurken, ein Teil des Weinessigs durch Wein oder Wasser ersetzt werden. Und selbstverständlich werden die Gewürze nach dem Geschmack der Familie verwendet.

1 kg Obst oder Gemüse, küchenfertig vorbereitet
375 ml Weißweinessig
400 g Zucker
Gewürze (je nach ausgewählter Frucht z. B. Pfeffer-, Senf-, Pimentkörner, Nelken, Zimt, Zitronenschale, Chili, Ingwer etc.)

1. Essig und Zucker werden mit den Gewürzen aufgekocht.
2. In dem kochenden Sud werden die in mundgerechte Stücke geschnittenen Früchte in einzelnen kleinen Portionen glasig gekocht und wieder herausgehoben.
3. Dann werden sie bis höchstens 2 Zentimeter unter dem Rand in Glas-, Porzellan- oder Steingutgefäße gefüllt.
4. Der Sud muss noch einige Minuten reduziert werden und dann etwas abkühlen.
5. Nun wird er über die Früchte gegossen, sodass sie mit etwa 2 Zentimeter Überstand bedeckt sind.
6. Die Gefäße werden luftdicht verschlossen und kühl und dunkel gelagert. Nach etwa 3 Monaten kann das Eingelegte gegessen werden.

 ## Eingelegte Brombeeren

1 kg Brombeeren
450 g Gelierzucker
300 ml Weißweinessig
1 TL Pimentkörner
1 TL Nelken
2 Zimtstangen, jeweils 7 cm lang

Brombeeren sind im Vergleich zu Himbeeren etwas saurer und intensiver im Geschmack. Eingelegt entfalten sie ihr ganzes Aroma.

1. Der Zucker wird mit dem Essig in einem Topf bei schwacher Hitze aufgelöst.
2. In einen Musselinbeutel gefüllt werden die Gewürze in den köchelnden Sud gehängt.
3. Nach 5 Minuten kommen die Brombeeren dazu und alles wird 10–15 Minuten weitergeköchelt.
4. Jetzt wird der Gewürzbeutel entnommen und die Brombeeren werden durch ein Sieb über einem Auffanggefäß abgegossen.
5. Der aufgefangene Sud wird wieder in den Topf gefüllt und weiter zu einem dicken Sirup eingekocht.
6. In der Zwischenzeit werden warme Gläser zu zwei Dritteln mit den Brombeeren gefüllt.
7. Sobald der Sirup fertig ist, werden die Gläser damit aufgefüllt und luftdicht verschlossen.

Rotkohl, Blaukraut, Rotkraut – der leuchtende Kohlkopf ergibt eine köstliche Beilage, besonders gut zu Wild.

Rote Bete

450 g Rote Bete
Salz
1 große Zwiebel
150 ml Wasser
300 ml Apfelessig
50 g Zucker
Meerrettich, in feine Streifen geschnitten
(nach Belieben)

1. Von den Roten Beten werden die Blätter entfernt, der Blattansatz und die Wurzelspitze bleiben an der Knolle.
2. Dann werden die Beten in kaltem Salzwasser aufgesetzt, erhitzt und gekocht, bis sie weich sind. Das dauert etwa 30 Minuten.
3. Wenn sie abgekühlt sind, wird die Schale abgezogen, Blattansatz und Wurzelspitze entfernt, und die Beten werden in Scheiben geschnitten. Dabei sollten Handschuhe getragen werden, da die Farbe des Saftes nur schwer von den Händen zu entfernen ist.
4. Die Zwiebel wird geschält, halbiert und in Streifen geschnitten.
5. Die Rote-Bete-Scheiben werden abwechselnd mit den Zwiebelstreifen in Gläser geschichtet.
6. Wasser, Apfelessig, Zucker und falls gewünscht die Meerrettichstreifen werden in einem Topf zum Kochen gebracht.
7. Sobald der Sud aufgekocht hat, werden die Gläser damit aufgefüllt und gut verschlossen.
8. An einem kühlen dunklen Ort hält sich die Rote Bete etwa 4 Wochen, im Kühlschrank etwas länger.

Rotkohl heißt bei uns eigentlich Blaukraut. Also in Bayern praktisch. Schmecken tut's aber allemal. Egal ob als Rotkohl oder Blaukraut. Nur so viel am Rande. Und vielleicht, dass Sie sich nicht blamieren, falls Sie einmal nach Bayern kommen und Ihnen dann ausgerechnet nach Rotkohl ist. Also bitte merken: Blaukraut!

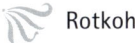 Rotkohl

1 mittelgroßer Rotkohl von knapp 1 kg
1 Gemüsezwiebel
25 g Meersalz
4 Dessertäpfel
600 ml Rotweinessig
75 g brauner Zucker
1 EL Koriandersamen
3 Nelken
1 Stück Ingwerwurzel, 2 ½ cm lang
1 Sternanis
2 Lorbeerblätter

1. Der Rotkohl wird von den äußeren Blättern befreit und geviertelt. Jetzt wird er senkrecht zu den Blattschichten in Streifen geschnitten, bis nur noch der Strunk übrig bleibt, der nicht gebraucht wird. Die Zwiebel wird geschält und in Streifen geschnitten.
2. Rotkohl und Zwiebeln werden mit dem Salz vermischt, in einen Durchschlag gefüllt und tropfen über Nacht ab.
3. Am nächsten Tag wird die Mischung abgewaschen und trocken getupft. Die Äpfel werden geschält, das Kerngehäuse wird entfernt und die Apfelspalten werden grob gehackt.
4. Die Rotkohl-Zwiebel-Mischung wird nun abwechselnd mit den Äpfeln in Einmachgläser geschichtet.
5. Essig, Zucker und die Gewürze werden in einem Topf kurz aufgekocht.
6. Wenn der Sud abgekühlt ist, wird er bis zum Rand in die Gläser gefüllt. Für einen milderen Geschmack werden die Gewürze zuvor entfernt. Nach einer Woche ist der Rotkohl durchgezogen.
7. Ohne Sterilisierung hält sich der Kohl bis zu 8 Wochen. Für eine längere Haltbarkeit wird er in 90 Minuten bei 100 °C sterilisiert.

Paprika in Öl

2 kg Paprika
2 Knoblauchzehen pro Glas
1 Zweig Estragon oder 1 TL getrockneter Estragon pro Glas
1 EL Meersalz
Pfeffer (nach Belieben)
Olivenöl zum Aufgießen

1. Die Paprika werden gehäutet (siehe Seite 39) und die Kerne mit den weißen Zwischenwänden entfernt. Dann werden sie in Viertel geschnitten.
2. Die Knoblauchzehen werden geschält und in Scheibchen geschnitten, der Estragon gewaschen, gut trocken getupft und die Blättchen abgezupft.
3. Nun werden die Paprikaviertel in Lagen fest in Gläser geschichtet. Jede Lage wird mit Salz, Estragon, Knoblauch und nach Belieben mit Pfeffer bestreut und knapp mit Öl bedeckt.
4. Wenn alle Zutaten bis 1 ½ Zentimeter unter dem Rand eingeschichtet sind, wird noch einmal Öl bis zum Glasrand aufgegossen.
5. Die Gläser bleiben noch offen stehen, bis alle Luftbläschen aufgestiegen sind. Dann wird falls nötig noch einmal Öl nachgegossen und die Gläser werden verschlossen.

Bunt geschichtet und gut im Geschmack: Paprika in Öl geben einer einfachen Brotzeit das gewisse Etwas.

Früher wurde der Weißkohl in großen Bottichen gerieben. Frauen gingen von Haus zu Haus, um dies gegen einen kleinen Lohn zu erledigen.

Champignons in Öl

1 kg kleine Champignons, mit geschlossenen Köpfen
3 unbehandelte Zitronen
2 TL Salz
400 ml Wasser
4–5 Knoblauchzehen pro Glas
1 Bund glatte Petersilie
Olivenöl zum Aufgießen

1. Die Schale einer unbehandelten Zitrone wird dünn abgeschält, der Saft beider Zitronen wird ausgepresst und die Knoblauchzehen werden geschält.
2. Die Champignons werden geputzt und mit dem Zitronensaft, dem Salz, den ganzen Knoblauchzehen und der Zitronenschale in einen Topf gegeben und mit Wasser knapp bedeckt. Alles wird aufgekocht und 5–10 Minuten gekocht.
3. Der Sud wird nun abgegossen und die Zutaten werden auf einem sauberen Tuch ausgebreitet. Sie müssen jetzt abkühlen und leicht antrocknen.
4. Die Petersilie wird gewaschen, trocken getupft und gehackt und mit den gekochten Zutaten vermischt, dann wird alles in Gläser gefüllt und mit dem Olivenöl bedeckt. Dabei sollte mithilfe einer sauberen Gabel dafür gesorgt werden, dass sich keine Luftbläschen mehr im Glas befinden und alle Pilze von Olivenöl umgeben sind.
5. Die Gläser werden verschlossen und kühl aufbewahrt. Je nach gewünschter Geschmacksintensität können die Champignons nach 3–5 Tagen verzehrt werden.

Sauerkraut

Sauerkraut ist Weißkohl, der durch Milchsäuregärung lange haltbar gemacht wird. Das Salz dient dazu, das Kraut frisch zu halten, bis die Gärung einsetzt. Daher ist eine abweichende Salzmenge durchaus möglich, sollte aber 5 Gramm (= 1 gehäufter Teelöffel) pro Kilogramm Gemüse nicht unterschreiten. Für ein einfaches neutrales Sauerkraut können die weiteren Gewürze auch weggelassen werden.
Bevor die Arbeit beginnt, sollten ein ausreichend großer Steinguttopf mit kochendem Essigwasser gereinigt, ein Teller, ein wenig kleiner als die Öffnung des Topfes, eine Schüssel zum Mischen und ein sauberes, ausgekochtes Küchenleinen bereitstehen.

4 große, feste Weißkohlköpfe
150 g Meersalz
Kümmel und Wacholderbeeren, nach Belieben

1. Der Kohl wird von den äußeren, unschönen Blättern befreit. Einige Blätter werden dann abgenommen und auf den Boden des Steinguttopfes gelegt.
2. Der Kohlkopf wird geviertelt, die dicken Rippen und der Strunk werden entfernt und die Blätter in feine Streifen geschnitten.
3. Portionsweise werden die Streifen mit Salz in einer Schüssel vermischt, wobei auf 1 Kilogramm Kohl 20 Gramm Salz kommen. Das Gemüse wird kräftig durchgeknetet, so zieht es nach einigen Minuten Saft.
4. Der Schüsselinhalt wird jetzt in den Steinguttopf gefüllt und festgestampft. So wird auch mit allen weiteren Portionen verfahren. Wenn Gewürze dazukommen sollen, werden sie zwischen die einzelnen Schichten gestreut. Die Flüssigkeit, die in der Schüssel entsteht, wird ebenfalls in den Topf gefüllt und sollte das Kraut bedecken.
5. Wenn aller Kohl eingestampft ist, wird das Küchenleinen einmal gefaltet und auf das Kraut gebreitet. Darauf wird der Teller gelegt und am besten mit einem großen Stein oder mit einem mit Wasser gefüllten Einmachglas beschwert.
6. Nun muss das Kraut bei Zimmertemperatur (etwa 21 °C) einige Tage gären. Schaum, der sich auf dem Kraut bildet, wird jeden zweiten Tag entfernt, wobei man Teller und Tuch abnimmt.

7. Nach insgesamt 3–4 Wochen kann das Sauerkraut gegessen werden. Natürlich erst, nachdem der Geschmack geprüft wurde. Ist das Kraut noch nicht sauer genug, muss es noch weitergären. Von nun an sollte es im Kühlschrank gelagert werden oder, mit dem Saft in Gläser abgefüllt, in 30 Minuten bei 85 °C sterilisiert werden.

 ## Milchsaure Bohnen

Auf gleiche Weise wie das Sauerkraut können milchsaure Bohnen hergestellt werden. Dieses Rezept ist für 1 kleineren Topf oder 1 Glas ausgelegt, kann aber natürlich für die passende Topfgröße umgerechnet werden.

2 kg grüne Bohnen
10 g Salz
Bohnenkraut nach Geschmack

1. Die Bohnen werden gewaschen, an den Enden abgeknipst, der Faden an der Naht entfernt.
2. Die Bohnen werden in feine Schnitze geschnitten oder gehobelt und nun wie das Sauerkraut eingeschichtet.
3. Wenn nach dem Einschichten nicht ausreichend Flüssigkeit über dem Gemüse steht, kann mit etwas Salzlake ausgeholfen werden.
4. Die weiteren Schritte sind dieselben wie von Punkt 5. an beim Sauerkraut beschrieben.

 ## Schwarze Nüsse

Ende Juni, traditionell um Johanni, haben wir immer die unreifen Walnüsse gepflückt. Die sonst als hart bekannte Schale des Walnusskerns im Innern ist dann noch weich, der Kern sieht milchig aus.

1 kg grüne Walnüsse
Salz
Gewürznelken
1 Zimtstange
500 g Zucker
1 l Wasser

1. Die ganzen Früchte werden von den Stielen und Spitzen befreit und mit einem Zahnstocher mehrfach angestochen. Dabei sollten Handschuhe getragen werden, da die Nüsse stark färben. Nun kommen die Nüsse für 14 Tage in ein Wasserbad, das täglich ein- bis zweimal erneuert werden muss. Das Wasser sollte kalt und weich sein. Teilweise färben sich die Früchte schon schwarz.
2. Nach dieser Zeit kocht man die Nüsse in leicht gesalzenem Wasser, bis sie gar sind, das heißt, bis sie mit einem Zahnstocher ganz leicht durchstochen werden können. Jetzt sind sie vollständig schwarz.
3. Die Nüsse kommen erneut für 1–2 Tage in ein Wasserbad aus kaltem, weichem Wasser, das ebenfalls täglich gewechselt wird. Dann werden sie abgegossen.
4. Wenn die Nüsse abgetropft sind, werden sie mit je 1 Gewürznelke und 1 Stück von der Zimtstange gespickt.
5. Der Zucker wird im Wasser aufgelöst und zum Kochen gebracht. Darin werden die gespickten Walnüsse kurz gekocht, mit einem Schaumlöffel herausgenommen und dann in Gläser gefüllt.
6. Die Zuckerlösung wird weiter reduziert, bis sie dickflüssig ist, und über die Nüsse gegeben.
7. An den 2 darauffolgenden Tagen wird der Sirup in einen Topf abgegossen und erneut abgekocht und wieder auf die Früchte gegeben.
8. Die Gläser werden dann geschlossen und bei 180 °C in 30 Minuten sterilisiert.

Grüne Walnüsse einzulegen ist eine sehr alte Tradition.
Schwarze Nüsse sind eine köstliche Beilage zu Wild.

Eingelegte Heringe

6–8 Salzheringe
3 Zwiebeln
¼ l Rotweinessig
⅛ l Milch
3 EL Sahne
½ Lorbeerblatt
8 Pfefferkörner

1. Die Heringe werden mindestens 12 Stunden gewässert, währenddessen das Wasser mehrfach erneuert werden muss.
2. Danach werden die Fische enthäutet, Kopf und Schwanz werden abgetrennt und die Filets werden vorsichtig von den Gräten abgelöst. Die Filets unter fließendem Wasser abspülen.
3. Die Zwiebeln werden geschält und in feine Scheiben geschnitten. Die Heringsfilets werden abwechselnd mit den Zwiebelscheiben in eine Glasschüssel geschichtet.
4. Essig, Milch, Sahne und Gewürze werden miteinander verrührt und über den Hering gegossen, sodass alles gut bedeckt ist.
5. Den Hering in der Marinade lässt man am besten für 2–3 Tage ziehen.

> **Die Oma**
> *Eingelegter Hering oder noch besser Rollmöpse sind für uns daheim praktisch überlebenswichtig und deswegen immer reichlich vorhanden. Also mich persönlich betrifft das jetzt eigentlich weniger. Es sind mehr meine Männer, die so dermaßen auf Heringe stehen, dass man das gar nicht glauben kann. Und zwar vermehrt morgens. Und nochmals vermehrt am Wochenende. Da sind sie manchmal ganz scharf drauf. So genau weiß ich eigentlich gar nicht, weswegen.*

TROCKNEN

Eine weitere Methode, frische Lebensmittel haltbar zu machen, die nur zu einer bestimmten Jahreszeit vorkommen, ist das Trocknen. Natürlich kann man auch getrocknete Früchte etc. kaufen, allerdings sind diese meist durch Schwefeln haltbar gemacht und man weiß auch nichts über die Vorbehandlung. Da sich viele Obstsorten, einige Gemüsearten und natürlich Kräuter und Pilze ganz einfach auch zu Hause trocknen und so haltbar machen lassen, ist mir diese Methode auf jeden Fall lieber.

Durch den Entzug von Wasser durch Hitze verderben die frischen Lebensmittel nicht so schnell und lassen sich bis in den Winter hinein aufbewahren. Zu Hause gibt es verschiedene Methoden, Lebensmittel zu trocknen, wobei gilt: Je stärker die Hitze, desto eher zerstört man Vitamine und andere wichtige Inhaltsstoffe. Außerdem verlieren die Lebensmittel bei zu starker Hitze an Geschmack.

Getrocknetes Obst und Gemüse muss ab und zu auf Schimmel untersucht werden, da trotz Trocknung noch Wasser im Gewebe verblieben sein kann.

Trocknen an der Sonne ist wohl die einfachste Methode, für die aber natürlich mehrere Tage lang heißes, sonniges Wetter Voraussetzung ist. Wichtig ist, dass die zu trocknenden Lebensmittel mit genügend Abstand voneinander und mit Luftzufuhr aus allen Richtungen getrocknet werden, so zum Beispiel aufgehängt an der Leine oder auf einem Gitterrost, auf dem man das Trockengut mit einem Tuch abdeckt, um es vor Schädlingen zu schützen. In letzterem Fall muss ab und an gewendet werden. Zirkuliert die Luft gut um das Trockengut, dauert das Ganze 2–3 Tage.

Wer einen Dachboden im Haus hat, kann auch dort lufttrocknen und ist so nicht auf schönes Wetter angewiesen. Allerdings dauert das Trocknen hier erheblich länger, bis zu 2 Wochen.

Beim **Trocknen im Backofen** ist man vom Wetter unabhängig und gelangt schneller zum Ergebnis. Allerdings verbraucht man bei dieser Methode natürlich viel Energie, daher wenigstens alle Ebenen des Ofens nutzen (nur bei Umluftherden!). Das Trockengut wird auf Backpapier auf einen Gitterrost gegeben und in den Ofen geschoben. Ein Holzlöffel wird in die Backofentür gesteckt, sodass diese einen Spalt offen bleibt, so kann die Feuchtigkeit entweichen. Bilden sich Wassertropfen im Ofen, ist die Tempe-

Selbst gesammelte Schwammerl bewahrt man am besten auf, indem man sie trocknet. So hat man den ganzen Winter etwas davon.

ratur zu hoch. Hier gilt wieder: Je niedriger die Temperatur, desto eher bleiben Vitamine und Co. enthalten. Obst und Gemüse wird bei höchstens 60 °C getrocknet, Kräuter bei nicht mehr als 35 °C wegen der ätherischen Öle. Auch bei dieser Methode muss das Trockengut mindestens einmal gewendet werden.

Generell gilt: Lebensmittel sind zur Aufbewahrung ausreichend getrocknet, wenn sie beim Auseinanderbrechen keinen Saft mehr abgeben.

Getrocknet werden sollte nur frisches, reifes Gemüse und Obst, am besten unbehandeltes. Wird selbst geerntet, sollte dies nur an trockenen Tagen geschehen, da feuchte Ware schnell fault und nur sehr langsam trocknet. Bei Kräutern ist der Wassergehalt am späten Vormittag oder frühen Nachmittag am geringsten. Wichtig ist, dass Obst, vor allem Beeren, vollreifes Aroma haben, da sie beim Trocknen an Geschmack verlieren. Bei Kräutern verändert sich das Aroma auch erheblich, was man ja kennt, wenn man frische Kräuter mit gekauften Trockenkräutern vergleicht.

Obst trocknen

Getrocknet werden kann im Grunde jedes Kern- oder Steinobst. Fallobst eignet sich nicht. Besonders beliebt sind Apfelringe, Aprikosen, Pfirsiche und Pflaumen. Obst verliert beim Trocknen die Farbe. Um dies zu verhindern, hilft ein kurzes Bad der schon zerkleinerten Früchte in einer Mischung aus 5 Milliliter Zitronensaft und ½ Liter Wasser.

Apfelringe

Die saftigen Äpfel werden geschält und vom Kerngehäuse befreit. Dann werden sie in Ringe geschnitten. Am besten trocknet man Apfelringe, indem man sie auf Bambusstäbe hängt, die wiederum in den Backofen gehängt werden.

Aprikosen, Pfirsiche, Pflaumen

Da Steinobst beim Trocknen schrumpft, sollten hier besonders große Früchte verwendet werden. Aprikosen und Pfirsiche werden am besten kurz blanchiert und gehäutet (siehe Seite 39). Danach werden sie halbiert und entsteint, ebenso die Pflaumen. Mit der Schnittfläche nach oben auf Gitterroste auslegen und im Backofen trocknen.

Holunderbeeren

Um nicht jede Beere einzeln abzupfen zu müssen, werden Holunderbeeren am besten als ganze Dolden getrocknet. Danach fallen die Beeren fast von alleine ab.

Getrocknete Kräuter verfeinern Soßen und Suppen, wenn keine frischen zur Hand sind. Das Aroma bleibt beim Trocknen recht gut erhalten.

Gemüse trocknen

Besonders geeignet zum Trocknen sind hier Hülsenfrüchte, klassisch Erbsen und Bohnen. Aber auch andere Gemüse wie Zwiebeln oder Zucchini eignen sich zum Trocknen. Gemüse wird vor dem Trocknen kurz blanchiert (siehe Seite 39), je nach Belieben die ganzen Schoten oder die einzelnen Hülsenfrüchte. Zwiebeln werden abgezogen und in Ringe geschnitten blanchiert. Alles kann wie Obst auf Gitterrosten mit Backpapier im Ofen getrocknet werden.
Getrocknete Hülsenfrüchte müssen vor dem Kochen etwa 12 Stunden in kaltem Wasser eingeweicht werden, die Zwiebelringe können direkt als Zutat für Soßen und Co. verwendet werden.

Pilze trocknen

Zum Trocknen eignen sich relativ wasserarme Pilzsorten, wie zum Beispiel Steinpilze oder Herbsttrompeten. Wichtig ist, dass ausschließlich junge Pilze mit geschlossenem Hut verwendet werden.
Die Pilze werden gereinigt und in dünne Scheiben oder Stücke geschnitten, am einfachsten geht das mit dem Eierschneider. Soll an der Luft getrocknet werden, können auch ganze Pilze, auf einen Bindfaden aufgefädelt, getrocknet werden. Zerkleinerte Pilze können aber für Soßen und Suppen genauso gut verwendet werden, sie müssen vor der Verwendung etwa 12 Stunden in kaltem Wasser einweichen. Gemahlen kann man sie als Würzzutat verwenden.

Kräuter trocknen

Kräuter trocknet man am besten an der Luft, gerne auch auf dem Dachboden an einem luftigen Platz. Vor dem Trocknen müssen die Zweige auf welke und beschädigte Blätter untersucht werden. Dann werden die Kräuter gebündelt an eine Leine gehängt. Steckt man sie zusätzlich in Papiertüten, verhindert man, dass sie einstauben. Reibt man die getrockneten Kräuter vorsichtig zwischen den Händen, lösen sich Stängel und Rispen und man kann sie gut aufbewahren.

Aufbewahrung von Trockengut

Getrocknetes Obst und Gemüse sollte mindestens 5 Tage nachtrocknen, bevor es in geschlossene Gefäße verpackt wird. Blech- oder Aluminiumdosen sind ungeeignet zum Aufbewahren getrockneter Lebensmittel. Schraubgläser, Plastikdosen, Papiertüten oder Leinensäcke eignen sich hingegen gut. Der Lagerort sollte trocken, kühl und dunkel sein, die Küche ist also nur ein guter Platz für Trockengut, das bald verwendet werden soll. Die dunkle, kühle Vorratskammer sorgt dafür, dass Inhaltsstoffe möglichst lang erhalten bleiben.

EINFRIEREN

Nun ist heutzutage ja für viele Dinge die einfachste Methode der Aufbewahrung das Einfrieren. In so gut wie jedem Kühlschrank gibt es das sogenannte Drei-Sterne-Fach und viele Haushalte haben sogar eine große Tiefkühltruhe im Keller oder in der Vorratskammer. Viele frische Lebensmittel und auch gegarte Speisen lassen sich so problemlos mehrere Wochen und Monate aufbewahren. Absoluter Vorteil gegenüber anderen Methoden der Konservierung ist, dass sowohl Geschmack als auch Vitamingehalt fast unverändert erhalten bleiben.

Die Lebensmittel müssen zum Einfrieren unbedingt in spezielle Gefrierbeutel, Kunststoffdosen oder -formen verpackt werden. Je weniger Luft im Beutel zurückbleibt, desto eher kann Gefrierbrand verhindert werden.

Dosen sollten nie bis zum Rand mit flüssigen Lebensmitteln gefüllt werden, da diese sich ausdehnen und die Dose womöglich aufplatzt.

Fleisch und Fisch einfrieren

Je nach Fettgehalt hält sich Fleisch eingefroren 6–12 Monate, wobei mageres Fleisch länger haltbar ist. Schnittwurst hält sich etwa 2 Monate im Gefrierfach.

Fisch kann man nur roh und am besten fangfrisch einfrieren. Dazu muss er geschuppt und ausgenommen werden. Er hält sich bis zu 6 Monate.

Gemüse und Obst einfrieren

Wird Gemüse vor dem Einfrieren blanchiert, verhindert man Gefrierbrand. Einfrieren lassen sich verschiedene Gemüsesorten, Pilze, Kohl und Hülsenfrüchte, haltbar sind sie 10 Monate. Kartoffeln, Tomaten und Zwiebeln sollte man nicht im Gefrierfach lagern, da sie weich werden und eine unappetitliche Farbe annehmen.

Beeren und anderes Obst friert man am besten auf einem Backblech verteilt vorher an. Danach lassen sich die Früchte leicht in Beutel umfüllen, ohne matschig zu werden. Obst hält sich bis zu 1 Jahr. Exotische Obstsorten eignen sich nicht zum Einfrieren, sie vertragen die Kälte schlecht.

Kräuter einfrieren

Einzelne Kräuterblätter oder -blüten kann man auch gut in Eiswürfeln einfrieren. Dazu werden die ausgewählten Blättchen und Blüten in Eiswürfelbehälter gefüllt und mit Wasser bedeckt. Nimmt man hierfür abgekochtes Wasser, werden die Eiswürfel hinterher klarer, da weniger Sauerstoff im Wasser ist. So eingefroren lassen sich ganz einfach kleine Portionen entnehmen, die ebenfalls für Soßen verwendet werden können. Sehr hübsch machen sich sol-

Blüten und Kräuter in Eiswürfeln machen sich zum Beispiel auch hübsch in Getränken und geben ihnen einen besonderen Geschmack.

Kekse lassen sich gut einfrieren. So kann man gleich größere Mengen backen und hat dann lange etwas von ihnen.

che bunten Eiswürfel auch in Wasserkaraffen. Schmilzt das Eis, bekommt das Wasser eine extrafeine Geschmacksnote.

Grüne Küchenkräuter lassen sich gut im Gefrierfach für den Winter aufbewahren. Sie werden gut gewaschen und müssen trocknen, bevor sie klein geschnitten in Gefrierbeutel gefüllt werden können. Praktisch sind auch Kräutermischungen in kleinen Portionen, die direkt in Soßen und Suppen gegeben werden können. Tiefgefrorene Kräuter behalten ihre Aromen im Gegensatz zu getrockneten sehr gut.

Teigwaren einfrieren

Brot und Brötchen lassen sich problemlos einfrieren und halten etwa 3 Monate. Toast und geschnittenes Brot lässt sich sehr gut scheibenweise entnehmen. Kuchenteige kann man roh oder gebacken einfrieren.

Eier einfrieren

Rohe oder gekochte Eier lassen sich nicht einfrieren, geschlagenes Eiweiß und Eigelb hingegen sehr gut.

Käse einfrieren

Bis auf Käse, der sich 3–6 Monate im Tiefkühlfach hält, lassen sich Milchprodukte nicht einfrieren. Geriebener Käse lässt sich gut portionsweise entnehmen.

SCHÖN VERPACKEN

Oft habe ich, wenn ich etwas einmache oder anderweitig haltbar mache, viel mehr Obst oder Gemüse zur Verfügung, als wir selbst verbrauchen können. Früher haben die Mengen aus unserem eigenen Garten die Großfamilie über den gesamten Winter versorgt, doch heute wird aus Eingemachtem auch ein schönes Geschenk für Freunde und Verwandte. Schon die Tatsache, dass es heute nicht mehr so üblich ist, Obst und Gemüse selbst einzumachen und ihm so einen ganz besonderen und einzigartigen Geschmack zu verleihen, macht ein solches Geschenk zum Renner. Wenn es dann noch besonders schön verpackt daherkommt, sind mir Begeisterungsstürme sicher.

Das fängt bereits bei der Wahl der Gläser an. Schon hierbei kann man variieren und so dem Eingemachten einen ganz eigenen Touch verleihen. Denn nicht nur Original-Einweckgläser eignen sich zum Einmachen. Auch über die Zeit gesammelte Marmeladen-, Gemüse- oder jegliche andere Gläser mit Schraubverschluss oder Gummiring und Federklammer können verwendet werden. Wichtig ist nur, dass die Gläser luftdicht schließen und der Verschluss keine Beschädigungen aufweist. Vor der Verwendung müssen die Gläser in jedem Fall sterilisiert werden (siehe Seite 39). Weiterhin wichtig ist natürlich das Etikett, das angibt, was sich im Glas befindet. Auch hier sind der Fantasie keine Grenzen gesetzt. So kann man entweder klassische Einwecketiketten (oft auch in alten Einmachrezeptheftchen zum Ausreißen) direkt auf die Gläser kleben oder solche selbst gestalten. Eine andere Möglichkeit ist es, ein Etikett an dem Band oder der Schnur zu befestigen, welche um das Glas gebunden wird, um zum Beispiel ein Stoffhäubchen zu halten. Mit schönem Naturpapier oder bunten Farben kann man genauso variieren und Akzente setzen wie mit sorgfältig ausgewählten Stoffen, Bändern und Schleifen. So kann man, je nach Geschmack des Beschenkten, die Gläser wunderbar personalisieren.

Selbstverständlich können auf diese Weise auch getrocknete oder anderweitig haltbar gemachte Lebensmittel zum Geschenk werden. Ein schönes Glas oder eine schöne Flasche, ein paar Kräuterzweige im Öl, ein hübsches Etikett an den getrockneten Pilzen, eine hübsche Schleife um einen »Strauß« getrockneten rosa Pfeffer ... Ihre Freunde und Verwandten werden begeistert sein!

Wer vorhat, im Sommer viel einzumachen oder einzukochen, sollte schon das ganze Jahr über die passenden Gläser und Flaschen sammeln.

VORRATSKAMMER

Eine gut sortierte Vorratskammer und ein ordentlich gefüllter Keller erleichtern auch heute noch das Haushalten mit Lebensmitteln und das Planen des Speiseplans ungemein. Auch wenn kein eigener Garten zur Verfügung steht und nicht selbst geerntet wird, lohnt es sich, manches Obst und Gemüse in großen Mengen zu kaufen und einzulagern. Nicht nur ist Obst und Gemüse im Winter oftmals teurer, es ist auch nachhaltiger, in der entsprechenden Saison regionale Ware zu kaufen und bei sich zu lagern. Und auch die Vorratskammer, in der abgepackte, langlebige Waren gelagert werden, ist von Vorteil, besonders wenn man eine große Familie zu versorgen hat, erspart man sich doch den ständigen Großeinkauf. Der Franz zum Beispiel reißt sich nicht darum, mich zum Großmarkt zu fahren.
Und natürlich kann es selbst bei einem gut geplanten Einkauf und einem ebensolchen Speiseplan vorkommen, dass Reste bleiben. Diese muss man nicht wegwerfen. Im Gegenteil: Oft werden aus übrig gebliebenen Speisen ganz eigene, wunderbare Gerichte.

LAGERUNG

Bei der Lagerung von Lebensmitteln ist es sehr wichtig, genau zu beachten, welches es gerne kühl und feucht, welches es warm und trocken, welches es besonders dunkel mag und welches sich mit welchem nicht verträgt. Danach sollten Vorratskammer und Keller gefüllt werden und immer wieder überprüft, damit nichts verdirbt oder schimmelt.

Einkellern

Vieles vom selbst geernteten oder frisch gekauften Obst und Gemüse kann eingekellert werden. Man benötigt dafür einen kühlen, feuchten, aber gut belüfteten Keller, der frostsicher ist. Eingelagert wird grundsätzlich im Herbst, wenn die Sommerernte frisch ist und für den Winter haltbar gemacht werden soll.

Obst einkellern: Gut im Keller überwintern lässt sich vor allem Kernobst. Für die meisten anderen Sorten ist der Keller zu kalt. Im Obstkeller sollten auf keinen Fall Getränke gelagert werden oder gärende Substanzen, da diese dem Obst schaden. Äpfel und Birnen eignen sich gut zum Einkellern, sie sollten makellos sein, ohne Druckstellen oder Schädlingsbefall. Sie werden einzeln, mit dem Stiel nach oben auf ein Holzstellage gelegt, so halten sie sich bis ins Frühjahr. Man kann den Birnenstiel zusätzlich mit Wachs versiegeln, so halten die reifen Früchte noch länger. Am besten lagert man Obst sortenrein, das heißt gesondert von anderen Sorten. Reife Äpfel und Birnen sondern ein Reifegas ab, das bei anderen Naturprodukten zu vorschnellem Verderben führt. Während des Winters müssen die Lager regelmäßig überprüft werden, verdorbene Stücke sollten sofort aussortiert werden.

Gemüse einkellern: Kartoffeln sind das Knollengemüse, das klassisch eingekellert wird. Wichtig hierbei ist, dass die Kartoffeln gut belüftet in einer Holzkiste im Dunkeln gelagert werden. Licht führt zu grünen Stellen, die gesundheitsschädigend sind.

Ebenfalls gut im Keller aufbewahren lassen sich Wurzelgemüse wie zum Beispiel Karotten. Das Grün muss entfernt werden, da es dem Gemüse Vitamin A entzieht, dann werden die Gemüse in einem Sandbett am Boden aufbewahrt. Hierfür am besten eine Kiste mit Sand füllen und die Wurzelgemüse darin »vergraben«.

Auch Tomaten halten sich lange, wenn man sie einzeln auf Bretter legt, möglichst nah am Boden. Auch unreife Stauden kann man lagern, da die Früchte nachreifen. Natürlich schmecken aber an der Sonne gereifte Tomaten – was übrigens für alle Früchte gilt – besser.

Lagerung in Küche und Vorratskammer

Wer es nicht feucht mag und auf keinen Fall in den Keller sollte, sind Gemüsesorten wie Knoblauch, Zwiebeln oder exotische Früchte. Da sie einen langsameren Stoffwechsel haben als anderes Gemüse oder gar Obst und Beeren, reifen sie langsamer nach und können lange Zeit in der Vorratskammer gelagert werden. Die Knollen von Knoblauch und Zwiebeln werden nach der Ernte getrocknet und am besten zum Zopf geflochten kopfüber aufgehängt.

Gekaufte Zwiebeln oder Knoblauch werden am besten dunkel in Steingut gelagert. Um sie auf jeden Fall vor dem Keimen zu bewahren, kann ein Stück trockenes Brot dazugelegt werden.

Zitrusfrüchte sollten in Seidenpapier gewickelt und in trockener Umgebung gelagert werden, so halten sie sich einige Zeit. Bananen halten länger, wenn man sie einzeln in Zeitungspapier wickelt. Sie dürfen – wie alle Exoten – auf keinen Fall in den Kühlschrank.

Ebenfalls in die Vorratskammer oder den Vorratsschrank gehören natürlich langlebige, abgepackte Trockenvorräte

Früher haben Kartoffeln den Menschen im Winter das Überleben gesichert. Doch auch heute ist ein Lager im Keller durchaus praktisch.

Versiegelt man mit Wachs den Stiel der Birnen, halten sie sich länger.

wie Mehl, Grieß, Reis etc. Möglichen Befall durch Vorratsschädlinge wie Mehlmotten vermeidet man auf jeden Fall, indem man diese Trockenvorräte in dichte Plastik- oder Glasgefäße umfüllt.

Auch Konserven gehören in die Vorratskammer, sie vertragen weder Feuchtigkeit noch Temperaturschwankungen. Alles, was in durchsichtigen Verpackungen gelagert werden soll, muss unbedingt vor Licht geschützt werden, daher eignet sich hier am besten der Vorratsschrank.

Dies gilt auch für Gewürze, denn Licht würde die ätherischen Inhaltsstoffe zerstören. Prinzipiell gilt, dass sie länger aromatisch bleiben, wenn sie im Ganzen gelagert und erst zum Gebrauch gemahlen oder anderweitig zerkleinert werden. Vanilleschoten behalten ihr Aroma am besten, wenn man die ganzen Schoten zusammen mit etwas Zucker in ein Schraubglas gibt. Wird mehr Zucker zugegeben und das Ganze einige Tage stehen gelassen, entsteht feinster Vanillezucker.

Frisches Brot oder Brötchen bleiben am ehesten frisch, wenn sie bei Raumtemperatur gelagert werden, am besten unverpackt in Kunststoffbeuteln oder Steingut- und Keramiktöpfen. Legt man einen Apfel dazu, hält sich das Brot noch länger. Der Apfel sollte aber regelmäßig ausgetauscht werden. Generell hält sich Brot mit höherem Anteil an Schrot, Roggen oder Sauerteig länger als Weißbrot. Dieses sollte möglichst rasch nach dem Kauf oder Backen verzehrt werden oder, wenn es trocken geworden ist, weiterverarbeitet werden (siehe Seite 74). Nur der Knödel wegen kauft zum Beispiel der Franz immer zu viel Weißbrot ...

Lagerung im Kühlschrank

In den Kühlschrank gehören leicht verderbliche Lebensmittel wie Fisch, Fleisch, Milchprodukte, Eier und Obst und Gemüse, welches rasch verbraucht werden soll. Tomaten sollten allerdings nicht in den Kühlschrank, sie verlieren so ihr Aroma. Wird Salat frisch gewaschen noch tropfnass in einen Plastikbeutel verpackt, hält er sich im Kühlschrank mehrere Tage frisch.

Obst und Gemüse sollte möglichst unverpackt im dafür vorgesehenen Fach gelagert werden, während die am ehesten verderblichen Waren an die kälteste Stelle ganz oben gehören.

Eier sollten unbedingt aus dem Karton genommen werden, da sich hier Salmonellen befinden könnten, besonders wenn der Karton schon mehrmals verwendet wurde. Wer ganz sicher gehen möchte, wäscht die Eier ab, bevor er sie in den Kühlschrank räumt.

Käse hält länger, wenn man ihn in ein mit etwas Essig befeuchtetes Tuch wickelt und kühl aufbewahrt. Dies verhindert, dass er austrocknet oder schimmelt.

Damit Butter nicht ranzig wird, sollte man sie vor zu viel Sauerstoff und Tageslicht schützen. Am besten bleibt sie in einer Porzellanbutterdose frisch.

Brot schmeckt natürlich am besten ganz frisch. Doch gut hält es sich in einem extra dafür vorgesehenen Brotkasten aus Emaille.

RESTE VERWERTEN

Oft fallen nach einem Essen Reste an, zum Beispiel vom Braten, oder nach einer Feier ist viel Baguette übrig. Die Aussicht, die nächsten 3 Tage dasselbe zu essen, ist nicht allzu verlockend. Dann sind nur wenige zusätzliche Zutaten und ein bisschen Fantasie gefragt, um Abwechslung auf den Tisch zu bringen. Die leckeren Rezepte meiner Mutter würde ich gerne öfter anwenden – aber bei uns bleibt ja selten etwas übrig.

Übrig gebliebenes Bratenfleisch wird so bei der nächsten Brotzeit zum Schmankerl.

 Schmalzfleisch

500 g rohes oder übrig gebliebenes Bratenfleisch
250 g Schweine- oder Gänseschmalz (ggfs. in Kombination mit Entenfett)
1 Glas trockener Weißwein
⅛ l Wasser
2 kleine Lorbeerblätter
einige Zweige Thymian
Salz und Pfeffer
Zwiebel- oder Apfelstücke (nach Belieben)

1. Das Fleisch wird in kleine Stücke geschnitten und zusammen mit dem Schmalz, dem Wein, Wasser und mit Lorbeer und Thymian in einen Topf gegeben.
2. Das Ganze wird zum Kochen gebracht und zugedeckt bei schwacher Hitze geköchelt, bis Wein und Wasser verkocht sind. Das kann einige Stunden dauern.
3. Die Gewürze werden nun herausgenommen und das Fleisch wird mit einer Gabel oder einem Stampfer zerdrückt. Es sollte leicht zerfallen. Ist es noch zu fest, muss noch etwas Flüssigkeit nachgefüllt und weitergeköchelt werden.
4. Die Masse wird mit Salz und Pfeffer abgeschmeckt, durchgerührt und noch 5 Minuten unter Rühren weitergeköchelt.
5. Das noch heiße Schmalzfleisch wird in Gläser oder Steinguttöpfchen gefüllt.

Die Schmalzarten für dieses Rezept können auch miteinander gemischt werden oder, falls es angefallen ist, mit Entenfett versetzt werden. Entenfett alleine bleibt allerdings zu flüssig. Daher ist dieses am besten zusammen mit Schweineschmalz zu verwenden.
Zum Verfeinern ist es auch möglich, Zwiebeln oder Apfelstücke mitzukochen.
Das Schmalzfleisch schmeckt als Brotaufstrich auf kräftigem Brot oder als kleine Vorspeise mit Baguette.

Fleischsülze

Wenn nach dem Sonntagsbraten noch Reste des guten Fleischs übrig sind, wäre es natürlich schade, wenn diese nicht der Qualität entsprechend weiterverwendet würden. Wenn auch noch Gemüse übrig ist, kann man das gleich wunderbar mit verbrauchen. Bei uns gab es früher oft ein paar Tage später eine großartige Bratensülze. So hatte man mit ein paar Scheiben guten Fleischs noch mal eine hervorragende Mahlzeit. Und heute kann ich meinen Männern auf diese Weise das übrig gebliebene Gemüse unterjubeln, um das sie sonst gerne drumrum greifen.

10–12 Blatt weiße Gelatine
2 Essiggurken
200 g gekochtes Gemüse (z. B. Erbsen, Tomaten, Karotten, Blumenkohl, Spargel)
2 hart gekochte Eier (8 Minuten), gepellt
250 g kalter Schweinsbraten, in Scheiben
einige schöne Petersilienblätter
1 l Fleischbrühe plus 4 EL heiße Brühe (siehe Seite 16)

1. Die Gelatineblätter werden in etwas kaltem Wasser eingeweicht. Die Essiggurken, das gekochte Gemüse und die Eier werden in Scheiben geschnitten und mit den Bratenscheiben auf 4 Teller verteilt, obendrauf jeweils ein paar schöne Petersilienblätter legen.
2. Die Gelatineblätter werden leicht ausgedrückt und in 4 Esslöffeln heißer Brühe aufgelöst. Die Gelatinemischung kommt zur restlichen erkalteten Brühe und wird darin aufgelöst. Die Brühe wird über die Teller verteilt und die Teller werden über Nacht im Kühlschrank kalt gestellt.
3. Am besten schmeckt die Sülze mit Bratkartoffeln und selbst gemachter Remoulade (siehe Seite 34).

 ## Fleischsalat

250 g Fleischreste
1 kleine Zwiebel
2 Gewürzgurken
2 EL Essig
3 EL Öl
Salz und Pfeffer

1. Die Fleischreste werden in kleine Stücke geschnitten, die Zwiebel wird geschält und wie auch die Gurken klein gewürfelt.
2. Aus Essig, Öl, Salz und Pfeffer wird eine Marinade gerührt und mit den Zutaten vermischt.
3. Alles sollte jetzt mindestens 1 Stunde durchziehen.

Auf diese Weise können eigentlich fast alle festen Speisereste verwertet werden. Dabei ist man in der Zutatenauswahl sehr frei; statt der Gurken können auch Kapern, statt der Zwiebel auch Knoblauch und statt des Öls auch Mayonnaise verwendet werden – je nach Geschmack.
Der Salat eignet sich als kleine Vorspeise oder zu einer Brotzeit.

 ## Hühnersalat und Fischsalat

Damit eine wohlschmeckende Hühnerbrühe entsteht, ist es wichtig, ein schönes fettes Suppenhuhn zu verwenden (siehe Seite 15). Und da wäre es doch schade, dieses, nachdem es quasi seine letzte »Aufgabe« erfüllt hat, einfach wegzuschmeißen (früher hat man das »ausgekochte« Fleisch den Hausangestellten überlassen, während die Herrschaften die köstliche Brühe genossen haben). Es gibt aber einige Rezepte, wie man aus solchen Resten etwas Leckeres zaubern kann. Hierfür lässt man das Fleisch am besten in der Suppe erkalten. So bleibt es schön zart und saftig und lässt sich leichter schneiden. Wichtig für dieses Rezept ist, dass die Mayonnaise ebenfalls selbst gemacht ist (siehe Seite 34).

Für den Hühnersalat

Brust- und Schenkelfleisch, ausgelöst und ohne Haut
1 kleine Gartengurke
4 mittelgroße Frühlingszwiebeln
ein Bund glatte Petersilie oder andere Kräuter,
nur die Blätter
Mayonnaise (siehe Seite 34)

1. Für den Hühnersalat wird das Brust- und Schenkelfleisch in grobe Streifen geschnitten. Die frische Gartengurke wird geschält und in nicht ganz dünne Scheiben oder grobe Würfel geschnitten. Die Frühlingszwiebeln

werden gründlich gewaschen, das Weiße wird in dünne Ringe und das Grüne in grobe Stücke geschnitten.
2. Alles wird in eine Schüssel gegeben und mit so viel Mayonnaise vermischt, dass alle Zutaten gut umhüllt sind. Zum Schluss wird die klein geschnittene Petersilie oder andere Kräuter, die gerade im Garten wachsen, nach Belieben untergehoben.

Für den Fischsalat
Es werden die Fischfilets in mundgerechte Stücke zerpflückt und anstelle des Huhns in die Mayonnaise gegeben. Diesem Gericht gibt frischer Dill, der kurz vor dem Servieren klein geschnitten untergehoben wird, eine besondere Note.

Und wenn Knödel übrig geblieben sind, kann man auch daraus noch etwas Köstliches zaubern.

Semmelknödel

4 alte Semmeln
1 EL fein gewiegte Zwiebeln
1 EL fein gewiegte Petersilie
2 EL Butter
⅛ l lauwarme Milch
2 Eier
Salz

1. Die Semmeln werden in feine Scheiben geschnitten. Die Zwiebeln und die Petersilie werden in der Pfanne in der heißen Butter angeschwitzt und über die Semmelscheiben gegeben. Das Ganze lässt man ungefähr 15 Minuten durchziehen. Dann wird die Milch darübergegossen und man lässt wieder alles 1 Stunde stehen.
2. Zuletzt werden die Eier und 1 Prise Salz untergemischt und alles wird zu einem Teig verknetet. Mit nassen Händen werden die Knödel geformt und im gerade kochenden Salzwasser 15–20 Minuten leise geköchelt.

Saure Knödel
Die Resteverwertung der Resteverwertung!

4 große Semmelknödel (siehe Rezept oben)
1 mittelgroße Zwiebel
3 EL Essig
6 EL Öl
Salz, Pfeffer
fein gewiegte frische Petersilie

Echt bayrisch und echt gut! Semmelknödel passen hervorragend zu Ente oder Schwein.

1. Die Semmelknödel werden in fingerdicke Scheiben geschnitten und dachziegelartig auf einem großen Teller angerichtet. Die Zwiebel wird geschält und in sehr feine Ringe geschnitten. Die Zwiebelringe werden über den Knödelscheiben verteilt.
2. Aus Essig, Öl, 6 Esslöffeln Wasser, Salz und Pfeffer wird eine Marinade angerührt und über die Knödel gegeben. Zum Schluss wird alles mit der Petersilie garniert.

Paniermehl

Um aus übrig gebliebenem Weißbrot oder Semmeln Paniermehl zu machen, wird es in Scheiben geschnitten an der Luft getrocknet, bis es vollkommen trocken ist. Dann wird es entweder im Mixer zerkleinert oder die Brotscheiben werden auf ein sauberes Küchentuch gelegt, das dann zu einem Beutel zusammengenommen und fest zugehalten wird. Dann wird mit einem schweren unzerbrechlichen Gegenstand (z. B. Nudelholz) auf die Füllung geschlagen, bis die Semmelbrösel fein genug sind.

Croûtons

Weißbrot kann auch zu Croûtons verarbeitet werden. Dazu wird das Brot in etwa 1 Zentimeter dicke Scheiben geschnitten. Wer es lieber mag, schneidet jetzt die Kruste ab. Dann werden die Scheiben weiter zu Würfeln geschnitten. In einer Pfanne wird Butter, Olivenöl oder Sonnenblumenöl erhitzt. Darin werden die Brotwürfel hellbraun geröstet. Kurz bevor die Croûtons fertig geröstet sind, kann noch etwas zerdrückter Knoblauch und fein geschnittene Petersilie dazugegeben und kurz mitgebraten werden. Die Croûtons schmecken auf Salat oder als Suppeneinlage.

Croûtons schmecken besonders gut in knackigen grünen Salaten oder in eine deftige Kartoffelsuppe gestreut.

 ## Herzhafter Brotauflauf

500–750 g Weißkohl oder Wirsing, geputzt und in feine Streifen geschnitten
300–350 g altbackenes Brot
250 g Fontina oder Gouda
¾ l Gemüse- oder Fleischbrühe
125 g Butter

1. Der Kohl wird in Salzwasser weich gekocht und abgegossen.
2. Das Brot sowie der Käse werden in Scheiben geschnitten und abwechselnd mit dem Kohl in eine gebutterte Auflaufform geschichtet, mit dem Brot beginnend. Die letzte Schicht besteht ebenfalls aus Brotscheiben. Jede Brotschicht wird zudem mit der Brühe getränkt.
3. Der Backofen wird auf 200 °C vorgeheizt. Zuletzt wird die Butter in Flöckchen auf dem Auflauf verteilt und alles backt 20–30 Minuten in der oberen Hälfte des Ofens, bis die Oberfläche goldbraun ist.
4. Für diesen Auflauf kann man ebenso gut Roggenbrot wie Weißbrot verwenden. Auch ist er mit Kümmel gewürzt sehr schmackhaft.

 ## Süßer Brotauflauf

675 g Brombeeren
1 Spritzer Zitronensaft
75–100 g Zucker
1 TL Zimt
10–12 Scheiben Brot ohne Rinde
Butter für die Form

1. Die Brombeeren werden mit wenig Wasser erhitzt und gekocht, bis Saft entsteht.
2. Dann werden Zitrone, Zucker und Zimt dazugegeben. Das Ganze köchelt, bis die Brombeeren weich sind, und muss dann abkühlen.
3. Die Brotscheiben werden mit Butter bestrichen und in eine Auflaufform mit der Butterseite nach unten gelegt. So werden Boden und Seiten der Form ausgelegt.
4. Die Brombeeren werden in die Form gefüllt, wobei der Saft alle Brotscheiben anfeuchten sollte.

5. Das Ganze wird nun mit den restlichen Brotscheiben bedeckt und mit einem Teller beschwert einige Stunden in den Kühlschrank gestellt.

6. Der Auflauf kann jetzt auf einen Teller gestürzt und in Scheiben geschnitten werden. Dazu passen Joghurt oder Sahne.

Welcher Bauer hatte früher schon feines Weißbrot? Und sowieso: Mit dunklem Brot schmecken die armen Ritter einfach besser.

Arme Ritter

Zum Frühstück, zum Kaffee oder zum Mittagessen – arme Ritter schmecken nicht wie ein Resteessen und schon gar nicht arm, wenn man an die leckeren Beilagen wie Apfel- oder Pflaumenmus, Honig oder Ahornsirup, Zimtzucker oder eine der selbst gemachten Marmeladen und Konfitüren denkt (siehe ab Seite 42).

*8–10 Scheiben altbackenes Weißbrot oder dunkles Brot
(in der Größe eines Toasts)
½ l Milch
4 Eier
2 TL Vanillezucker (siehe Seite 70)
1 Prise Salz
Butter oder Butterschmalz zum Ausbraten*

1. Milch, Eier, Vanillezucker und Salz werden in einer Schüssel verschlagen.
2. Die Brotscheiben werden in dieser Mischung getränkt, bis sie vollkommen durchsogen sind.
3. In einer Pfanne wird Butter oder Butterschmalz erhitzt. Darin werden die Brotscheiben goldbraun gebacken.
4. Sie werden heiß mit der bevorzugten Beilage serviert.

Arme Ritter können auch herzhaft zubereitet werden. Dann werden Zucker und Vanille in der Milchmischung weggelassen, dafür wird sie mit Salz und Pfeffer abgeschmeckt.
Natürlich können auch andere Gewürze dazugenommen werden oder Speck-, Schinken- oder Salamiwürfel werden mitgebacken.

Die Oma: Arme Ritter sind eine wunderbare Idee, besonders wenn unerwartet jemand zu Kaffee und Kuchen kommt, aber kein Kuchen im Haus ist. Das passiert selbst mir manchmal. Doch das macht praktisch gar nichts, weil, bis der Kaffee durchgelaufen ist, hab ich die armen Ritter auch schon am Tisch. Ein bisserl Puderzucker drüber und ein Kompott dazu und alles ist perfekt. Da lass ich ja fast jeden Kuchen stehen dafür.

Das richtige Küchenwerkzeug ist wichtig. Es erleichtert die Arbeit und schützt vor Verletzungen.

KÜCHENTIPPS

Selbstverständlich wird nicht von Anfang an alles glatt und problemlos ablaufen in der Küche. Nicht umsonst sind es wir Omas, die so viel wissen und immer alles zu können scheinen. Nur durch langjährige Erfahrung wird man den einen oder anderen Trick für sich herausfinden und Pannen vermeiden können. Doch natürlich sind auch diese Tricks keine Geheimnisse, und wenn man von vornherein ein wenig aufpasst und ein paar Kniffe kennt, fällt einem das Kochen, Backen und Werkeln in der Küche schon viel leichter.

Wichtig ist auf jeden Fall bei der Arbeit in der Küche immer, dass man gewissenhaft und vorsichtig vorgeht. Dadurch vermeidet man nicht nur, dass etwas aus Schlamperei nicht gelingt, sondern man schützt auch sich selbst. Denn vieles, das man in der Küche benötigt, kann bei falscher oder laxer Benutzung gefährlich werden. Messer, Scherben, Herd und ein rutschiger Fußboden können flugs zu Gefahrenquellen werden. Kommt es trotz aller Vorsicht zu Scherben, müssen diese sofort aufgelesen werden. Kleine Splitter nimmt man mit einem angefeuchteten Wattebausch auf.

Brennendes Fett löscht man immer, indem die Flammen mit einem Handtuch oder einer Decke erstickt werden. Niemals mit Wasser löschen! Brennt es im Backofen, diesen ausschalten und die Tür geschlossen halten, dann erstickt das Feuer.

Leichte Verbrennungen können unter lauwarmes Wasser gehalten werden, das lindert den Schmerz. Hilfreich ist auch, die Schnittfläche einer kalten, rohen Kartoffel auf die verbrannte Stelle zu legen.

Ganz wichtig und immer zu beachten ist: Bei starken Verletzungen – zum Beispiel starken Verbrennungen, tiefen Schnittwunden, heftigen Prellungen und Vergiftungen jeglicher Art – ist immer und sofort der Notarzt zu verständigen!

KOCHPANNEN

Eier

Werden Eier frisch aus dem Kühlschrank in kochendes Wasser gegeben, platzen sie gerne. Sollte dies passieren, wird am besten schnell ein Schuss Essig ins Kochwasser gegeben. Um geplatzte Eier gleich zu vermeiden, kann man sie entweder langsam unter fließendem Wasser erwärmen, bevor man sie ins kochende Wasser gibt, oder sie mit einem Eierpikser an der Unterseite leicht anpiksen. Ist ein Ei schon vorher angeschlagen, wird es vor dem Kochen mit einer Zitronenhälfte eingerieben.

Soßen und Suppen

Bei Soßen ist die größte Herausforderung mit Sicherheit, dass sie eine gute Konsistenz bekommen. Besonders schwierig ist das, wenn man eine Mehlschwitze macht. Oft bleiben trotz eifrigem Rühren Klümpchen zurück. Um dies zu verhindern, wird vor dem Einrühren von Mehl etwas Salz in die heiße Butter gegeben.

Ist die Suppe oder die Soße versalzen, muss man sie nicht wegkippen. Am besten werden ein paar Apfel- oder Kartoffelstücke mitgekocht. Diese nehmen Salz auf und können nach ein paar Minuten wieder herausgenommen werden.

Wird eine Soße durch zu viel Chili oder Pfeffer zu scharf, kann man diese am besten mit Sahne oder Milch löschen, die die Schärfe neutralisieren. Bei asiatischen Gerichten bietet sich Kokosmilch an, da diese geschmacklich besser passt. Bei Eintopfgerichten hilft eine Kartoffel beim Entschärfen.

Suppen oder Soßen, die durch überschüssiges Fett eine unschöne Fettschicht bekommen haben, kann man einfach retten. Ein sauberes Geschirrtuch wird mit Eiswürfeln gefüllt und in die heiße Suppe bzw. Soße gehängt. Sofort bleibt das Fett am Tuch haften. Alternativ kann die Fettschicht nach dem Erkalten abgeschöpft werden.

Aufläufe

Um zu verhindern, dass Gratins und Aufläufe sich nicht aus der Form lösen lassen, wird diese einfach vor dem Backen mit Pflanzenfett eingestrichen und anschließend mit Semmelbröseln ausgestreut.

Milch

Milch, die man erhitzt, sollte man immer im Auge behalten, da sie blitzschnell überkocht. Um dies zu verhindern, reibt man den oberen Topfrand vor dem Kochen der Milch mit Butter ein.

Mayonnaise

Selbst gemachte Mayonnaise stellt oft nicht nur für Anfänger eine Schwierigkeit dar. Es reicht eine Kleinigkeit und die Mayonnaise wird nicht fest. Wichtig ist in jedem Fall, dass alle Zutaten die gleiche Temperatur, am einfachsten Zimmertemperatur, haben. Gerät Mayonnaise dennoch zu flüssig, verschafft eine gekochte, abgekühlte, geriebene Kartoffel Abhilfe. Sie dickt an, verändert aber den Geschmack nicht.

Ist die Mayonnaise geronnen, fängt man am besten noch mal von vorne an, ohne aber alles wegschütten zu müssen. 1–2 weitere Eigelb werden wieder mit Senf vermischt. Die geronnene Mayonnaise wird gleichzeitig mit dem Öl vorsichtig zugegeben und untergeschlagen.

Auf klaren Suppen bilden sich gerne Fettaugen. Einfach abschöpfen und genießen!

Wäre ja schade, wenn dieser schöne Marmorkuchen durch eine verbrannte Kruste ruiniert würde. Aber auch hierfür gäbe es eine Lösung.

BACKPANNEN

Rührkuchen

Mit das Schlimmste ist sicher, wenn man einen wunderbaren Marmorkuchen oder Gugelhupf gebacken hat und er sich dann nicht aus der Form lösen lässt. Um dies von vornherein zu vermeiden, reicht oftmals das Ausfetten der Backform nicht. Wird sie außerdem vor dem Backen für einige Zeit in den Kühlschrank gestellt, hat man keinerlei Probleme mehr. Die kalte Butter vermischt sich nicht mit dem Teig und der fertige Kuchen »flutscht« regelrecht aus der Form.

Ist ein Kuchen angebrannt, muss man ihn auch nicht komplett wegwerfen. Die verbrannten Stellen können einfach abgeraspelt werden. Damit der Kuchen danach trotzdem schön aussieht, wird er am besten mit einer Glasur überzogen.

Mürbeteig und Co.

Genauso kann man auch bei Mürbeteig und anderen Teigen, die ausgerollt werden, lästiges Kleben verhindern. Wird das Nudelholz vor dem Ausrollen in den Kühlschrank gelegt und danach bemehlt, sollte nichts mehr kleben. Den Teig zwischen zwei aufgeschnittene Gefriertüten zu geben, sodass er weder die Arbeitsplatte noch das Nudelholz berührt, ist ein weiterer Trick, der garantiert immer hilft.

Plätzchen

Bei Plätzchen gibt es oft das Problem, dass diese sich nicht vom Blech lösen. Da sind sie, fertig gebacken und wunderschön, und brechen, wenn man sie vom Blech schaben muss. Stattdessen wird das Blech besser noch mal für 2 Minuten in den Ofen geschoben. Danach lösen sie sich ohne Probleme. Heutzutage kann man die Plätzchen natürlich auch auf Backpapier backen, das ist noch einfacher.

Buttercreme

Bei Buttercreme hat man oft die gleichen Probleme wie bei Mayonnaise. Die Zutaten müssen alle Zimmertemperatur haben und doch gerinnt die Creme leicht. Ist das passiert, wird die geronnene Creme vorsichtig im Wasserbad neu erwärmt und wieder glatt gerührt.

Wenn Gäste kommen, legt man sich gern richtig ins Zeug in der Küche. Doch auch ein schön gedeckter Tisch gehört dazu.

DEN TISCH DECKEN

Am schönsten ist es doch, wenn man nicht alleine essen muss, und besonders viel Spaß macht es, Freunde und Familie einzuladen und zu bewirten. Zu einer gelungenen Feier tragen nicht nur gutes Essen und angenehme Unterhaltung bei. Selbst für kleine Feiern und Anlässe lohnt es sich, auf die Tischdekoration besonderes Augenmerk zu legen, auch hier zählt der erste Eindruck. Ohne viel Aufwand und große Mühen ist eine gelungene Tafel möglich, wenn man sich an ein paar Grundregeln hält. Selbstverständlich sollte man aber genau überlegen, wie viel Dekoration für welchen Anlass geeignet ist. Übertriebene Tafeln können Gäste womöglich abschrecken, wenn sie zum Beispiel mit einem legeren Abend gerechnet haben.

Ein Lavendelsäckchen im Schrank hält die Tischwäsche frisch und lässt sie dezent duften.

TISCHTEXTILIEN

Bei Tischtuch oder Tischläufern und Servietten ist es wichtig, sie auf die restliche Dekoration abzustimmen. Weiße Tischtücher bieten die meiste Freiheit bei Blumenschmuck und anderen Dekoideen. Fallen Geschirr und die restliche Dekoration eher schlicht aus, bringen farbige Stoffe schöne Akzente. In jedem Fall sollten alle Tischtextilien farbig aufeinander und auf die Dekoration abgestimmt sein. Rustikal und gleichzeitig modern kann auch ein nackter Tisch mit Platzsets sehr edel wirken.

GEDECK

Ein gedeckter Tisch sieht besonders dann edel und schick aus, wenn er übersichtlich und möglichst schlicht bleibt. Überladene Tische wirken schnell chaotisch. Daher nimmt man, sofern vorhanden, alles Geschirr von einer Garnitur und deckt nur so weit ein wie nötig. Dessertschalen und Digestifgläser werden beispielsweise erst nach dem Hauptgang gereicht bzw. angeboten.
Wird ein Platzteller verwendet, bleibt dieser stets stehen, auch wenn andere Teller hinzukommen oder abgedeckt werden. Auf den Platzteller kommt der Teller für den Hauptgang, darauf Suppen- und/oder Salatteller, je nach Menü. Gibt es Brot zu Suppe oder Salat, wird links des Gedecks ein Brotteller mit Brotmesser bereitgestellt.
Das Besteck liegt seitlich der Teller, Gabeln links, Messer rechts. Es müssen so viele Messer und Gabeln eingedeckt werden, wie es Gänge geben soll. Das Besteck wird dann von außen nach innen verwendet. Messerbänkchen unter den Messern geben einen edlen Touch und schützen das Tischtuch. Soll es eine Suppe geben, liegt der Suppenlöffel ebenfalls rechts. Besteck für den Nachtisch liegt immer oberhalb der Teller quer, der Griff der Gabel zeigt nach links, der des Löffels nach rechts, wobei der Löffel oberhalb der Gabel liegt.
Die Serviette kann entweder in eine schöne Form gefaltet und auf das Gedeck gestellt (siehe Seite 82) oder flach gefaltet links unter die Gabeln gelegt werden. Selbst gebastelte Serviettenringe geben eine persönliche Note.
Die Gläser werden rechts oberhalb der Teller platziert, ebenfalls in der Reihenfolge, in der sie benutzt werden von außen nach innen. Meist wird ein Wasserglas eingedeckt und, je nach Getränkeauswahl, ein oder zwei Weingläser. Ein Weißweinglas ist kleiner und wird bis zu zwei Dritteln gefüllt (aber erst wenn die Gäste sitzen und gewählt haben!), ein Rotweinglas ist größer und bauchiger und wird nur bis zu einem Viertel gefüllt.

TISCHDEKORATION

Neben Tischtextilien, evtl. Platztellern und dem Gedeck spielt natürlich die weitere Tischdekoration eine wichtige Rolle. Hier sind der Fantasie keine Grenzen gesetzt und der Tisch kann ganz persönlich gestaltet werden. Nur gilt hierbei auch oder erst recht, dass der Tisch nicht überladen wirken darf.

Kerzen auf dem Tisch eignen sich besonders am Abend oder im Winter. Besonders edel sind langstielige Kerzen. Diese müssen aber auf jeden Fall fest in ihrem Ständer stehen und sollten den Blickkontakt der Gäste nicht behindern. Einfacher sind da Teelichter, die in farbigen Gläsern bunte Akzente setzen, oder Schwimmkerzen in einer Schale.

Auch Blumenschmuck sollte auf keinen Fall zu hoch oder groß sein, damit die Gäste nicht in ihren Unterhaltungen behindert werden und der Tisch auch nicht zu voll wird. Auch dürfen Blumen nicht zu intensiv duften, da dies sonst beim Essen stören würde. Gut eignet sich ein jahreszeitlich angepasster Schmuck aus natürlichen Materialien: ein paar Blüten über das Tischtuch gestreut, im Herbst Laub zwischen den Gedecken oder Ähnliches.

Für größere Feiern und besondere Anlässe empfiehlt es sich außerdem, Platzkarten zu nutzen. So wird erstens sichergestellt, dass Gäste beieinandersitzen, die sich kennen oder gut unterhalten können, und zweitens kann man auch hier kreativ sein und dekorativ gestalten. Auch Menükarten verleihen der Tafel eine besondere Note und die Gäste haben außerdem eine Erinnerung an einen schönen Abend, die sie mit nach Hause nehmen können.

SERVIETTEN FALTEN

 ### Die Schraube

Diese Falttechnik ähnelt dem bekannten einfachen Tafelspitz, wirkt aber noch ein wenig eleganter. Am besten gelingt die Schraube mit gut gestärkten Stoffservietten. Es werden drei Fächer benötigt, die dann ineinandergedreht werden.

1. Die ganz auseinandergefaltete Serviette wird einmal der Länge nach in der Mitte gefaltet, sodass ein zweilagiges Rechteck entsteht, nach unten geöffnet.
2. Nun wird von oben links nach unten rechts zur Mitte hin die linke Hälfte des Rechtecks nach unten geklappt, sodass links ein Dreieck entsteht.
3. Rechts wird die untere rechte Ecke, aber nur die obere Lage, genommen und auf die linke untere Ecke gelegt, sodass sich die rechte Seite »öffnet« und ein gleichschenkliges Dreieck mit der Spitze oben entsteht.

Mit ganz einfachen Techniken lassen sich schon kreative Formen falten. So wird jeder Tisch noch mal aufgewertet.

4. Wird das Ganze zusammengeklappt, entsteht ein Dreieck mit drei Fächern. Diese werden nacheinander nach hinten eingerollt, wobei der erste Fächer von der Spitze eingerollt wird. Beim zweiten und dritten Fächer das Einrollen etwas weiter unten beginnen, sodass eine Schraube entsteht.

Der Fächer

Der Fächer wirkt immer sehr elegant und ist im Handumdrehen gefaltet. Er eignet sich sowohl für Stoff- als auch für feste Papierservietten.

1. Die ganz auseinandergefaltete Serviette wird einmal der Länge nach in der Mitte gefaltet, sodass ein zweilagiges Rechteck entsteht.
2. Nun werden etwa zwei Drittel der Serviette von der kurzen Seite aus in Ziehharmonikafalten gelegt, die stark aneinandergedrückt werden, damit der Fächer gut hält.
3. Das Ganze wird nun in der Mitte der Länge nach so gefaltet, dass die Ziehharmonikafalten außen sind. Das überstehende Drittel wird Richtung geschlossener Falz zu einem Dreieck zusammengelegt.
4. Der überstehende Rest wird untergeklappt als Stütze. Nun wird die Serviette aufgestellt und der Fächer öffnet sich automatisch.

OSTEREIER NATÜRLICH FÄRBEN

Früher gab es freilich keine Ostereierfarben zu kaufen – wir haben noch natürlich gefärbt. Aber auch die künstlichen Farben, die heute verwendet werden, um Ostereier zu färben, sind lebensmittelecht und ungefährlich, auch wenn nicht nur die Eierschale, sondern das Ei selbst die Farbe annehmen sollte. Trotzdem ist es sehr schön und außerdem für Allergiker absolut sicher, mit natürlichen Stoffen zu färben. Die Eier erhalten trotzdem leuchtende Farben.

Gelb
Um gelbe Eier zu erhalten, werden etwa 20 Gramm Kurkuma aufgekocht. Die noch rohen Eier werden zugegeben und im Sud hart gekocht. So erhalten sie gleichzeitig eine schöne Gelbfärbung.

Mit ein wenig Geduld und einfachen Zutaten lassen sich Ostereier ganz einfach natürlich färben.

Rot
Rote Eier erhält man am besten mit roter Zwiebelschale und Roter Bete. In ¾ Liter Wasser werden 2 große Stücke Rote Bete und etwa 200 Gramm rote Zwiebelschalen zu einem Sud gekocht. Dem gefilterten Sud werden 2 Esslöffel Essig zugegeben. Bereits gekochte Eier werden in den Sud gelegt, bis die gewünschte Färbung erreicht ist.

Blau
Blaue Ostereier erhält man, indem man sie in Blaubeersaft hart kocht. Sie erhalten so eine schöne blaugraue Färbung.

Fürs gepflegte Zuhause

utzen ist ja bekanntermaßen keine Lieblingsbeschäftigung. Und doch pflegt man geliebte Dinge ja gern und hinterher freut man sich, wenn die Wohnung wieder blitzt und blinkt. Bei meiner Oma war's immer wunderbar sauber und gut geduftet hat es! Und auch die Wäsche war immer lupenrein, frisch gestärkt und hat richtig gestrahlt auf der Leine in der Sonne. Mit ein paar einfachen Tricks und Kniffen, die unsere Omas kannten, kann man sich die Arbeit im Haushalt wunderbar erleichtern und sich dann einfach nur über das Ergebnis freuen.

Früher war das Wäschewaschen eine mühsame Arbeit. Heute sind wir mit Waschmaschinen mehr als verwöhnt.

Manch einer fragt sich vielleicht: Gab es denn ein hygienisch frisches Leben, bevor uns die Chemieindustrie mit ihren ständig neuen Produkten zugeschüttet hat? Ja, das gab es wohl! Und es war durchaus nicht schlechter, kann ich Ihnen sagen, ganz im Gegenteil. So gab es – und zum Glück gibt es sie noch bis heute – für jeden noch so hartnäckigen Flecken das eine oder andere alte Hausmittelchen, das ihn auf ganz schonende und natürliche, aber dennoch wirksame Art einfach wieder verschwinden lässt. Und das ganz ohne großen Aufwand, versteht sich. Ebenso leicht lassen sich Silber, Messing und Kupfer reinigen oder etwa Leder- und Polstermöbel, und zwar ohne dass Sie zuvor den halben Drogeriemarkt leer kaufen müssen. Das gilt eigentlich für die Reinigung jeglicher Dinge im Haushalt, seien es Fenster, Türen und Fußböden, oder sogar Wände und Tapeten. Ihr Traum von blütenweißen Vorhängen, auch das ist freilich überhaupt kein Problem und lässt einen Raum gleich ganz anders strahlen. Und selbst mit so Sensiblem wie Seide, Spitze, Samt oder sehr empfindlichen Garnen hab ich gar kein Problem. Ganz simpel und auf natürliche Weise kann man sie pflegen, wenn man nur ein paar Dinge beachtet.

Die Zutaten für all das – man kann es kaum glauben – finden Sie meist in der Natur und das meiste davon auch noch direkt vor der eigenen Haustür. Weiß man erst mal, was man braucht, ist das Sammeln und Suchen das reinste Vergnügen. Und wenn hinterher auch noch das Ergebnis stimmt – und es stimmt, Sie werden es sehen –, dann ist die Freude doppelt groß. Ihr Haushalt ist tipptopp, Sie hatten Spaß am Tun und haben sogar noch den Geldbeutel geschont. Was will man mehr?

TEXTILPFLEGE UND WÄSCHE

Früher gehörte die Wäschetruhe zur Aussteuer jedes heiratsfähigen Mädchens. Ich erinnere mich auch noch daran, es war immer wieder spannend, die Truhe zu öffnen und zu sehen, was sich schon alles angesammelt hatte. Schon während der Kindheit wurde dafür gespart und gesammelt, an Festtagen war es unter Verwandten üblich, für die Aussteuertruhe etwas beizusteuern. Bei uns fiel das Ganze natürlich eher praktisch und einfach aus, aber man kann sich schon vorstellen, wie so eine Truhe bei feinen Leuten aussah: Da fanden sich kostbarer Damast für Tischdecken und Servietten, edles Leinen für Kopfkissen, Bettbezug und Leintuch, feinste Leibwäsche (also Hemd und die »Unaussprechlichen« – nämlich die Schlüpfer), Hand- und Badetücher (nicht aus Frottee wie heute, sondern »nur« aus fein gesponnener Baumwolle). Und natürlich gehörten auch Spitzen in die Wäschetruhe, selbstverständlich handgeklöppelt und bestens gestärkt.

Der große Waschtag war bei unseren Großmüttern immer noch harte Arbeit. Für uns ist das jetzt ja ganz anders geworden. Gott sei Dank erledigen Waschmaschine und Trockner alles in wenigen Stunden. Das heißt aber nicht, dass einige der alten Tipps und Tricks nicht auch heute noch wunderbar funktionieren, und vieles, was die moderne Technik nicht schafft, lässt sich ganz leicht mit ein paar einfachen Kniffen bewältigen.

Umwelttipps

Auch wenn es in so vielen anderen Bereichen des Lebens stimmt, bei der Dosierung des Waschmittels gilt nicht: Viel hilft viel! Heutzutage sind die Mittel so effektiv, dass man genau dosieren muss und besser nicht einfach »über den Daumen« abwägt, wie viel wohl die richtige Menge sein mag. Mit einem Dosierbecher (am besten einem aus durchsichtigem Material) kann man die Waschmittelmenge genau abmessen. Viele Waschmittelhersteller haben mittlerweile ihren Packungen solche Dosierbecher beigelegt.

Viel weniger Waschmittel zu verwenden als angegeben, ist aber auch nicht die Lösung, das könnte der Wäsche und auch der Maschine schaden. Aber ein bisschen unter der vorgeschlagenen Dosis zu bleiben tut Wäsche, Maschine und Geldbeutel gleichermaßen gut. Bei Flüssigwaschmittel ist das Dosieren einfacher und noch dazu sind sie meist phosphatfrei, das ist ja in unserer Zeit auch nicht unwichtig, wo man so gern auf die Umwelt achtet.

Wasserenthärter sind dann allerdings unnötig, wenn das Waschmittel korrekt dosiert wird. Weichspüler benutze ich aber schon gerne. Die Wäsche wird wunderbar weich! Allerdings habe ich gelernt, dass Weichspüler vor allem aus Tensiden bestehen, die zum Großteil in der Wäsche bleiben. Bei kleinen Babys kann da ganz schnell die Haut wund werden, deswegen wasch ich die Sachen von meinem Urenkelchen ohne Weichspüler.

DIE WÄSCHEVORBEREITUNG

Als Erstes schaut man am besten immer aufs Etikett, denn es enthält die genauen Pflegeanleitungen! Wenn man sich daran hält, kann eigentlich nicht mehr viel schiefgehen, die heutigen Waschmaschinen bieten ja für fast jede Vorgabe einen eigenen Waschgang. Früher musste man da schon genauer aufpassen und selbst wissen, wie man die oft noch selbst gemachten Kleidungsstücke am besten pflegt.

Kochwäsche besteht vor allem aus weißer Baumwolle oder Leinen, bei denen das Symbol für 95 °C oder 60 °C im Etikett zu finden ist. Bettwäsche, Hand- und Geschirrtücher gehören dazu. Gefärbte Baumwolle darf jedoch nicht immer so heiß gewaschen werden: T-Shirts etwa oder Pullover aus diesem Material vertragen oft nur höchstens 40 °C.

Seide darf bei nicht mehr als 30 °C gewaschen werden – hier ist oft die schonendere Wäsche im Handwaschbecken empfehlenswert.

Wolle wird ebenfalls höchstens bei 20 °C, besser noch kalt, gewaschen.

> *Die Oma:* Ich hab ja für meinen Franz auch immer schöne warme Wollpullover gestrickt, aber aus irgendeinem Grund will er sie seit ein paar Jahren nicht mehr anziehen. Jetzt rennt er immer in dieser affigen Lederjacke rum.

Welches Waschmittel man wählt und wie viel davon, ist wichtig für ein zufriedenstellendes Ergebnis.

Der in Eierschalen vorhandene Kalk hilft, weiße Wäsche strahlend werden zu lassen.

Eigentlich empfiehlt sich auch hier eine Handwäsche. Bei höheren Temperaturen färbt Wolle aus und verfilzt.
Reißverschlüsse sollten vor dem Waschen geschlossen werden, dann klemmen sie nicht. Passiert es doch einmal, hilft ein kleiner Trick: Bei dunkler Kleidung kann der Reißverschluss vorsichtig mit Bleistift oder Fett eingerieben werden, dann läuft er wieder »wie geschmiert«.
Schadhafte Wäsche sollte schon vor dem Waschen ausgebessert werden. Auf diese Weise verhindert man weitere Schäden, die eventuell beim Waschen entstehen könnten, dass sich zum Beispiel ein Saum noch weiter auftrennt oder ein Riss vergrößert.
Vor dem Waschen sollten alle Taschen überprüft werden: Ein einziges mitgewaschenes Papiertaschentuch kann die ganze Wäsche verderben. Pullis sind dann voller unschöner Papierfusseln, flauschig weiche Handtücher ziehen diese geradezu magnetisch an. Wer kennt nicht die Vorwürfe der Mutter, wenn das Taschentuch mal wieder in der Tasche vergessen worden war?
Stark verschmutzte Wäsche wird vor dem Waschen am besten eingeweicht – bei modernen Geräten direkt in der Waschmaschine oder aber in einer Schüssel oder einem Eimer. Wer ein älteres Maschinenmodell hat, wendet sich an den Fachhandel: Es gibt Spezialgeräte, die eine Waschmaschine so steuern, dass man auch in alten Geräten einweichen kann. Bei stark verschmutzter Arbeitskleidung kann dem Einweichwasser ein Schuss Terpentin oder Petroleum zugesetzt werden, das löst den Schmutz besser. Nach dem Einweichen wird das Kleidungsstück kurz durchgespült und kommt danach in den normalen Waschgang. Der Terpentingeruch verschwindet beim Waschen. Falls das Stück doch noch ein wenig riecht, hilft frische Luft.

Leicht verschmutzte Wäsche braucht kein Vorwaschprogramm. Und für die Hauptwäsche reicht die einfache Waschmitteldosierung aus – nicht die doppelte, wie es so oft auf der Packung empfohlen wird.

Der Kochwaschgang ist meist unnötig! Zumindest dann, wenn keine Kranken oder Kleinkinder im Hause sind. Untersuchungen haben gezeigt: Mit 60 °C wird die Wäsche ebenfalls sauber und hygienisch einwandfrei. Der 60-°C-Waschgang spart noch dazu 40 Prozent Energie gegenüber dem Kochprogramm und welcher Sparfuchs wird da nicht hellhörig?

Bei kaum verschmutzter Wäsche reicht das 30-°C-Programm zusammen mit einem Feinwaschmittel aus. Lediglich, wenn ein Kranker im Haus ist (das gilt für Grippeerkrankungen ebenso wie für Haut-, Fuß- und Nagelpilzerkrankungen) sollte dessen Wäsche separat mit 60 °C gewaschen werden. Ist dies wegen des Materials nicht möglich, gibt man am besten Hygienespüler zu.

Auch die Waschmaschine selbst hat hin und wieder eine Reinigung nötig. Anstelle von Waschmittel werden etwa 4 Liter Essig hineingegeben und im Leerlauf ein volles Waschprogramm eingestellt.

Tipps für die Handwäsche

Bei der Handwäsche unterscheidet man, ob es um sehr feine Materialien geht, die besonders schonend gewaschen werden müssen, also Seide, Spitze, Kaschmir oder Ähnliches, was bei mir ehrlich gesagt heute noch recht selten in den Schränken hängt. Oder man wäscht mit der Hand, um sehr stark verschmutzte oder verfleckte Kleidungsstücke vorzubehandeln. Werden solche Stücke mit Terpentin, Waschbenzin oder Ähnlichem behandelt, müssen sie vor dem Einlegen in die Waschmaschine gut ausgespült werden, evtl. sogar an der frischen Luft zum Ausdünsten aufgehängt werden. Direkt sollten Terpentin oder Waschbenzin nie in die Maschine gelangen.

Bei der Waschmaschine lässt sich die Temperatur einstellen. Bei der Handwäsche verlässt man sich dagegen oft auf die eigene Empfindung – doch da liegt man oft falsch. Hier ein paar Richtwerte:
- 30 °C fühlen sich auch für die Hand kalt an,
- 40 °C werden als angenehm warm empfunden,
- in 50 °C warmes Wasser kann man die Hand gerade noch hineintauchen.

Die Oma: Wie der Leopold mir immer in den Ohren lag wegen Umweltschutz und so weiter, dacht ich mir noch: Sauber wird's nur, wenn man heiß wäscht, und fertig. Aber wie er mir dann noch erzählte, dass man ja einen Haufen Geld sparen kann …

Das Waschmittel sollte immer vollständig aufgelöst sein. Schmutz löst sich besser, wenn auch Handwäsche etwa 2 Stunden eingeweicht wird.

Ein Blick aufs Etikett verrät, ob Schleudern erlaubt ist. Wenn ja, wird der Kurzschleudergang eingestellt und so auch aus der Handwäsche überschüssiges Wasser entfernt.

PFLEGE VERSCHIEDENER STOFFE

Da es ja heutzutage so viele verschiedene Stoffe gibt – früher hatten wir keine sogenannten Stretch-Stoffe, und auch so was Feines wie Seide konnten wir uns selten leisten –, muss man besonders gut darauf achten, was man wie wäscht. Nicht alles verträgt die Waschmaschine und auch bei der Handwäsche sind ein paar Dinge zu beachten.

Weißwäsche

Die Wäsche wird fabelhaft weiß, wenn ein fest verschlossener Leinenbeutel mit Eierschalen in der Waschmaschine mitkocht oder 1 Päckchen Backpulver zugegeben wird. Ist die Maschine sehr gut gefüllt, 2 Päckchen. Sehr wirkungsvoll sind auch einige Zitronenscheiben, die beim Waschen mitgekocht werden. Die Wäsche wird weiß und außerdem entfleckt. Da muss nichts gebleicht werden und keinerlei Chemie ist nötig.

Das Vergilben von Wäsche kann man verhindern, indem man sie zunächst in einer Mischung aus 3 Teilen Spiritus und 1 Teil Terpentin einweicht: auf etwa 10 Liter Wasser 2 kleine Schnapsgläser dieser Mischung. Danach gut ausspülen und dann erst in die Waschmaschine geben. Gerüche gehen auf jeden Fall verloren, wenn das Stück an der frischen Luft aufgehängt wird.

Sollen bestimmte Kleidungsstücke nach dem Waschen appretiert werden, wird dem letzten Spülwasser weiße Gelatine zugefügt.

Buntwäsche

Bei Buntwäsche begegnet man oft einem wahren Dilemma. Ich erinner mich noch, wie ich die Sachen der Buben immer von allen möglichen Flecken befreien musste, und dabei sollte natürlich die Farbe drinbleiben, sonst hab ich das immer gleich zu hören bekommen. Bei Handwäsche bunter Sachen ist Essig besonders wichtig: Er neutralisiert die Wäsche, die Farben werden aufgefrischt, außerdem reichen zwei Spülgänge.

Wird dem letzten Spülwasser etwas Badesalz zugegeben, dann duftet die Wäsche wunderbar. Bunte Wäsche bleibt auch farbenfroh, wenn dem Spülwasser etwas Zucker beigefügt wird.

Um das Ausfärben von Kleidungsstücken zu vermeiden, wird das Wäschestück eine Nacht lang in ungekochter Milch eingeweicht. Verfärbte Kleidung wird in sauer gewordene Milch eingelegt, danach wird sie lauwarm ausgewaschen.

Bunte Wäsche sollte nie gestärkt werden, die Farbe kann sonst »ausgehen«.

Weiche Wäsche

Um die Wäsche weich zu bekommen, genügt es oft, wenn alles gut geschleudert und dann in einem luftigen Raum aufgehängt wird. Wir haben die Wäsche natürlich immer im Freien getrocknet! Auf dem Land bei uns ist das wunderbar möglich, in einer Stadtwohnung, kann ich mir vorstellen, wird's da schon schwieriger. Wenn Handtücher und Baumwollsachen wirklich einmal bretthart geworden sind, werden sie zwischen den Händen wieder weich gerubbelt. Wäsche wird auch schön weich mit einem Esslöffel Salz im letzten Spülwasser. Als Weichspüler eignet sich sogar eine Tasse Essig.

Im Laufe der Zeit werden Handtücher und auch Waschlappen sehr hart. Ein Trick hilft, wieder alles flauschig weich zu bekommen: Die Frotteewaren werden über Nacht in heißem Essigwasser eingelegt, dann kurz ausgespült und ganz normal gewaschen. Der Essig löst den Kalk, der sich im Frottee abgesetzt hat.

Spitze und Seide

Feinste Spitze, edle Seide – ein paar Stücke hatte auch meine Großmutter schon, zum Beispiel das Hochzeitsgeschenk vom Opa, das war etwas Besonderes! Jedenfalls steckt man ein so feines Stück nie einfach nur in die Maschine. Auch nicht in den Schonwaschgang. Schließlich will man daran ja lang eine Freude haben.

Spitze sollte zunächst in handwarmem Wasser eingeweicht werden. Dann wird nur mit Feinwaschmittel vor-

Feine Stoffe bedürfen auch feiner Pflege. Gerade Tischwäsche, die oft starke Flecken hat, muss vorsichtig gereinigt werden.

sichtig gewaschen. Noch schonender wird Spitze in einem Kissenbezug in lauwarmem Wasser gewaschen.
Alte Spitze spannt man vorsichtig auf ein mit Leinen bezogenes Brett, dann wird sie mit einem Schwamm und Seifenwasser vorsichtig abgetupft. Sie sollte auch auf dem Brett trocknen.
Weiße Spitzen werden wieder schön steif, wenn Sie diese vor dem Bügeln mit aufgekochter Milch gut anfeuchten. So sparen Sie sich Stärke aus dem Supermarkt.
Seide sollte immer von Hand gewaschen werden – mit einem Feinwaschmittel und bei höchstens 30 °C.
Seidene Unterwäsche wird wie neu, wenn sie in einem handwarmen Sud aus Efeublättern gewaschen wird. Zum Nachspülen verwenden Sie am besten Salzwasser mit einem Schuss Essig.
Schwarze Seidenwäsche behält ihren Glanz, wenn sie nicht normal in Wasser, sondern in schwarzem Tee gewaschen wird.
Seidige Damenstrümpfe werden nach dem Waschen am besten in Essig gespült. So behalten auch sie ihren Glanz.
Bitte aufpassen beim Trocknen: Sonnenlicht schadet dem zarten Gewebe von Seide!
Zum Aufbügeln wird immer ein feuchtes Tuch auf Seide gelegt. Das Bügeleisen sollte nur lauwarm sein, sonst bricht die Seide oder läuft sogar ein.

Elastische Stoffe

Elastische Stoffe, die es in meiner Jugend noch gar nicht gab, verlangen besondere Pflege, habe ich im Laufe der Zeit gelernt. Sie sollten niemals in zu heißem Wasser gewaschen werden – so manches Stück läuft nämlich ein. Elastische Stoffe dürfen auch nicht ausgewrungen werden, sondern werden nach der Handwäsche eventuell kurz geschleudert (immer aufs Etikett achten!). Nach einem Urlaub am Meer zum Beispiel hat das Gewebe des Badeanzugs oder der Badehose durch das Salzwasser Schaden genommen. Es »erholt« sich wieder, wenn die Badesachen einen Tag lang in pures Leitungswasser gelegt werden, das öfters gewechselt wird.

Samt

Ein empfindlicher Stoff, der nur dann in die Maschine gehört, wenn es sich ausdrücklich um Waschsamt handelt. Für das Waschen von Samt eignet sich eigentlich nur Fein-

Im Winter unverzichtbar: Dicke Wollsocken halten die Füße warm, gehören aber nicht einfach in die Waschmaschine.

waschmittel (bis 30 °C). Das Kleidungsstück (oder anderes aus Samt) sollte dann nass aufgehängt und während des Trocknens hin und wieder mit einer sauberen Bürste gegen den Strich gebürstet werden. Der Samt wird dann wieder wie neu – sogar ohne Bügeln.
Zerdrückte Samtteile können ganz ohne Waschen wieder aufgefrischt werden, indem man die zerknitterte Stelle über Wasserdampf hält und anschließend das Stück auf einem Bügel an die frische Luft hängt.

Wolle und Baumwolle

Wollsachen haben wir früher immer mit der Hand gewaschen, selbst als es schon Waschmaschinen gab. Auch heute mit den ganzen verschiedenen Programmen in der Maschine ist es trotzdem immer noch am besten, mit der Hand zu waschen. Besonders schonend werden sie in lauwarmer Seifenlauge gewaschen, dabei die Teile nur leicht kneten. Dann in lauwarmem Wasser mehrmals (nach Belieben mit Essigzusatz) nachspülen und vorsichtig ausdrücken. Vorsicht: Wolle wird rau, wenn das Spülwasser kälter ist als das Waschwasser, daher muss bei der Wäsche immer genau auf die Temperaturen geachtet werden! Mit Glyzerin im letzten Spülwasser wird Wollenes wieder kuschelig weich. Sorgfältiges Ausspülen ist wichtig, damit die Wolle nicht verfilzt. Falls es doch einmal passiert, dann können verfilzte Stücke mit handwarmem Bohnensud behandelt werden, in den man das verfilzte Stück 1 Stunde einlegt. Neue wollene Socken übrigens laufen nicht ein, wenn die Socken vor dem ersten Tragen mit einem nassen Tuch bedeckt und dann so lange heiß gebügelt werden, bis das Tuch trocken ist.

Empfindliche Wollpullover kann man auch mit Haarshampoo waschen, da es das Gewebe nicht angreift, die Wolle nicht verfilzt und die Pullover außerdem noch flauschig und weich werden.

Baumwollpullover leiern oft beim Waschen aus. Solche Stücke werden am besten in einem zugeknöpften Kissenbezug gewaschen. Der eignet sich übrigens auch für empfindliche Stricksachen, falls Sie es doch wagen sollten, Ihre Wollsachen im Wollwaschprogramm zu waschen.

Wollene Schals, die ja in der Regel nicht so schmutzig werden, sollten nicht nass gewaschen werden. Stattdessen das Teil trocken mit Weizenmehl abreiben, bis es sauber ist.

Vom Waschen ausgeweitete Strickkleider erst in heißes, dann in kaltes Essigwasser legen, dann erholt sich das Gewebe wieder.

Gerade bei harter körperlicher Arbeit schwitzt man stark. Unangenehmer Schweißgeruch lässt sich nicht nur durch Waschen entfernen, sondern auch auf folgende Art und Weise: 2 Tücher werden mit einer Lösung aus Wasser und Salmiakgeist getränkt, das verschwitzte Kleidungsstück wird dazwischengelegt und dann mit dem Bügeleisen leicht darübergedämpft.

Der Franz: Ja Gott sei Dank ist das möglich. Vielleicht sollte man das auch mal dem Moratschek sagen, damit man mit dem auch reden kann, ohne zwei Meter von ihm weg zu stehen.

Gegen das Einlaufen von Pullis hilft der Zusatz von Borax oder Salmiakgeist in lauwarmem Wasser. Seife darf hier nicht verwendet werden!

Wollstoffe werden an manchen Stellen oft blank. Solche Stellen können mit Salmiakgeist wieder aufgebürstet werden, wobei man auf eine kleine Schüssel Wasser einen Teelöffel Salmiak gibt.

Nicht nur Flecken können auf der Kleidung hässlich aussehen. Fusseln und Knötchen auf Pullovern und Wollsachen sehen unschön aus und ziehen Schmutz geradezu magisch an. Das gilt vor allem für feine Pullis und Sweatshirts. Dagegen kann man etwas tun: Mit einer Wildleder-Gummibürste lassen sie sich mühelos entfernen.

Wollhandschuhe kann man übrigens wasserabweisend machen: Dazu werden sie einige Stunden in essigsaure Tonerde gelegt und, ohne zu spülen, an der Luft getrocknet.

Und noch ein Tipp für »ganz natürliche« Wolle: Lammfelle sollte man am besten in lauwarmem Wasser waschen. Der letzten Spülung wird dreimal so viel Weichspüler wie üblich zugegeben. Nach dem Trocknen das Fell ausbürsten, so wird es wieder schön weich.

Anzüge und Hosen

Ich bringe die Anzüge und »guten« Hosen meiner Männer nicht immer gleich in die Reinigung, besonders die, die sie regelmäßig tragen, da wird man ja arm dabei. Es gibt genug Tricks, die meine Großmutter schon kannte und die heute nach wie vor einwandfrei funktionieren. So spart man sich auch die ständige »Chemiekeule«, die den Stoffen auf Dauer nicht guttut.

Verlässliche Wollelieferanten

*Der Franz: So weit theoretisch.
Praktisch ist es dann eher so,
dass wir gar keine guten Hosen haben.
Also zumindest der Papa und ich nicht.
Jeans und aus. Beim Leopold ist das
freilich anders. Der hat jede Menge
guter Hosen. Damit er auch ja sauber
daherkommt, dort in seiner dämlichen
Buchhandlung. Jedenfalls denkt er, dass
er sauber daherkommt. Aber das ist
natürlich alles andere als objektiv, gell.*

Anzüge bekommt man folgendermaßen sauber: Zuerst wird der Anzug durch Klopfen und Bürsten von Staub befreit. Danach wird er flach auf den Tisch gelegt und mit verdünntem Salmiakgeist und Kochsalz gebürstet. Dabei sollte der Stoff nicht zu stark befeuchtet werden. Zum Trocknen wird der Anzug an die Luft gehängt.

Es empfiehlt sich, Anzüge vor dem Aufdämpfen über Nacht an die frische Luft zu hängen. Wenn es nebelig war (oder bei Sprühregen), erleichtert dies am nächsten Tag das Aufdämpfen.

Hosen werden idealerweise mit Essigwasser gedämpft, indem man einfach wenig Essig in das Bügelwasser gibt. Sie behalten so länger ihre Form.

Bügelfalten halten länger, wenn der Stoff vorher von der linken Seite besprüht wird. Von rechts wird dann alles mit den entsprechenden Temperaturen gebügelt.

Anzug-, Hemd- und **Blusenkragen** sind oft ein Problem: Schmutzige Kragen bürstet man am besten mit einer Mischung aus Salmiakgeist und Wasser (Verhältnis 1:10) ab. Danach mit klarem Wasser ausspülen.

Vor dem Waschen von Hemd bzw. Bluse empfiehlt es sich, den Kragen mit etwas Haarshampoo einzureiben. Das löst schonend die Körperfette, auch ohne langes Reiben. Der Kragen wird dann in der Wäsche wieder vollkommen sauber. Soll das Hemd oder die Bluse nach dem Waschen seidig glänzen? Dann einfach das Stück vor dem Bügeln einsprengen mit Wasser, dem etwas Borax zugesetzt wurde.

Leder

Leder wird natürlich nicht im wörtlichen Sinne gewaschen. Auch trägt man Lederkleidung vergleichsweise selten. Aber mindestens ein Paar Lederstiefel hat ja sicher jeder im Schuhschrank stehen. Und auch wenn man wie ich natürlich nur im Schlussverkauf so teure Sachen kauft, ist es doch schon, wenn man lang Freude an den Stücken hat. Gerade im Winter werden Lederschuhe besonders beansprucht und brauchen die richtige Pflege. Auch Lederjacken, Handschuhe, Taschen oder Koffer sollten immer von Anfang an gut gepflegt werden – denn schließlich ist Leder ein eigentlich sehr robustes und langlebiges Material, und mit der richtigen Pflege bleibt es das auch.

Lederschuhe sollten am besten am Abend eingecremt werden und erst am Morgen darauf gebürstet und poliert. Kleiner Tipp: Wenn in eingetrocknete Schuhcreme etwas Terpentin gemischt wird, kann man sie wieder gut verwenden. Neue Lederschuhe färben oft innen ab. Um das zu vermeiden, spült man die Schuhe innen vorsichtig mit Essig aus. Unschöne Schnee- und Regenränder werden mit einer Zwiebelhälfte eingerieben. Nach dem Einziehen wird ausgebürstet, die Ränder sind weg. Auch ein Entfernen mit Zitronensaft ist möglich.

Die richtige Pflege für das entsprechende Leder ist wichtig, wenn man lange etwas von den guten Schuhen haben möchte.

Unangenehmes Knarren von Lederschuhen verschwindet, wenn die Echtledersohle mit Leinöl getränkt wird oder die Schuhe des Öfteren auf einen feuchten Lappen gestellt werden. Auch Puder im Schuh kann das Knarren verhindern.
Ledersohlen halten sehr viel länger, wenn sie hin und wieder mit etwas Rizinusöl bestrichen werden.
Wildlederschuhe sollten mit lauwarmer Feinwaschmittellauge gereinigt und danach mit kaltem Wasser abgerieben werden. Mit einem trockenen Tuch werden sie daraufhin trocken getupft und anschließend mit Zeitungspapier ausgestopft. Wenn die Schuhe vollkommen getrocknet sind, werden sie mit einer Velourslederbürste behandelt.
Wildlederschuhe mit Schneerand? Das muss nicht sein: Auf die Ränder wird Salz gerieben, das nach etwa einer Stunde wieder abgebürstet wird.
Lacklederschuhe dürfen auf keinen Fall mit Schuhcreme behandelt, sondern nur mit einer speziellen Lacklederpaste eingerieben und poliert werden! Glyzerin hält Lackschuhe elastisch. Damit Lackschuhe nicht brüchig werden, sollten sie ab und zu mit Terpentin abgerieben und anschließend mit einer Lackledercreme nachbehandelt werden. Im Winter sollten Lacklederschuhe vor dem Tragen leicht angewärmt werden, so springt der Lack nicht.

Lederhandschuhe, die schmutzig geworden sind, bekommt man wieder sauber, wenn man etwas Glyzerin in das Waschwasser gibt, es macht das Leder dehnfähig und weich. Wenn sie dann nach dem Trocknen mit der Innenseite einer Bananenschale abgerieben werden, glänzen sie wieder wie neu.
Waschlederhandschuhe werden am besten angezogen und dann mit Seifenschaum gewaschen.
Wildlederhandschuhe werden besonders schonend in lauwarmem Seifenwasser gewaschen, dem man vorher etwas Salmiakgeist und Stearinsäure zugegeben hat. Anschließend lässt man sie an der Luft trocknen.
Flecken auf Wildlederhandschuhen können vorsichtig mit feinem Sandpapier abgerieben werden, anschließend wird mit Puder nachbehandelt.
Hart gewordene Lederhandschuhe sowie Nappahandschuhe werden am besten mit etwas Rizinusöl durchgeknetet. So werden sie wieder geschmeidig und fast wie neu.
Zu enge Lederhandschuhe legt man einfach für ein paar Stunden in ein feuchtes Tuch.

Weiße Gardinen strahlen im Sonnenlicht und lassen einen Raum gleich viel wohnlicher wirken. Aber nur, wenn sie blütenrein sind.

Lederkoffer und **-taschen** werden wieder wie neu, wenn sie mit Rizinusöl eingerieben werden. Nach einer kurzen Einwirkzeit wird das überschüssige Öl mit einem Lappen wegpoliert.
Und schwarze Lederhandtaschen glänzen wieder wie neu, wenn man sie mit Zitronensaft abreibt.

Gardinen und Vorhänge

Beim Frühjahrsputz war für meine Mutter und mich früher das Gardinenwaschen immer die schlimmste Aufgabe. Die riesigen Stoffladungen in der Wanne von Staub und Rauch zu befreien, war ein Kraftakt, das kann ich Ihnen sagen. Und da wir früher keine Rollläden hatten, war das eine Menge. Glücklicherweise gibt es heute in der Waschmaschine einen Waschgang extra für Gardinen und Vorhänge, der besonders schonend wäscht und meist auch nicht schleudert. Das Wasser wird nur abgepumpt, die Vorhänge kann man dann (wirklich kurz!) kurzschleudern lassen oder aber mit der Hand ausdrücken. So spart man sich eine aufwendige Handwäsche und muss nicht ewig bügeln. Werden die Gardinen kurz vor dem Waschen abgenommen, knittern sie am wenigsten.

Gardinen dürfen nicht zu schmutzig sein, wenn sie beim Waschen wieder richtig sauber werden sollen. Wenn es also in einem Haushalt besonders stark staubt oder geraucht wird, gehören Fensterbehänge öfter als nur ein- bis zweimal jährlich gewaschen.

Die Wäsche darf erst gefaltet und in den Schrank geräumt werden, wenn sie absolut trocken ist. Das gilt auch nach dem Bügeln, sonst entstehen Stockflecken.

Die Rollringe müssen locker in ein Tuch eingebunden werden (oder einen alten Nylonstrumpf), damit sie beim Waschen an den Vorhängen bleiben. Große Ringe allerdings müssen entfernt werden, ebenfalls Stecknadeln sowie Metallröllchen. Kunststoffröllchen dagegen können dranbleiben. Zur Sicherheit können sie eingewickelt werden.
Für eine normale Waschtrommel (sie fasst ca. 5 Kilo) rechnet man nicht mehr als 1–1½ Kilo Gardinen. So werden sie sauber, knittern aber nicht zu stark.
In jedem Fall sollte Spezialwaschmittel für Gardinen verwendet werden, das weniger Schaum entwickelt, und keine höhere Temperatur als 30–40 °C.
Flecken- und Gardinensalze kann man sich eigentlich sparen, denn sie sind nichts anderes als Bleichmittel. Da meist aber sowieso nur ein paar hartnäckige Flecken zu entfernen sind, reicht es vollkommen, diese mit Gallseife vorzubehandeln.
Wenn man farbige Vorhänge in leicht gesalzenem Wasser einweicht, dann bleichen die Farben beim Waschen nicht aus und der Schmutz löst sich besser.
Gardinen werden wie neu, wenn dem letzten Spülwasser Zucker zugegeben wird.
Zartgelbe, aber verblasste Gardinen erhalten ihre gedämpfte Farbe wieder, wenn dem letzten Spülbad ein Tee aus etwa einem Dutzend Teebeuteln zugegeben wird. Hierfür wird ein schwarzer Tee gebrüht, je nach Farbwunsch stärker oder schwächer, und am besten in einem großen Gefäß oder der Badewanne zum Spülbad der Gardinen gegeben. Diese müssen immer wieder durchgeschwenkt werden, damit die Farbe gleichmäßig angenommen wird. Daher dürfen die Teebeutel auch niemals direkt zu den Gardinen gegeben werden, das gäbe Flecken. Danach wird noch einmal mit klarem Wasser gespült, um Teerückstände zu entfernen. Dann an der frischen Luft trocknen oder leicht feucht aufhängen (wenn die Gardinen nicht gebügelt werden müssen).
Da Vorhänge nur ganz vorsichtig angeschleudert werden dürfen, sollten sie nach dem Waschen so schnell wie möglich wieder aufgehängt werden, damit keine Knitterfalten entstehen. Sollten die Vorhänge noch zu nass sein, können sie liegend getrocknet werden.
Die Anzahl der Waschgänge pro Jahr kann man übrigens verringern, indem man hin und wieder zum Staubsauger greift: Auf niedrigster Stufe wird der Staub einfach abgesaugt.

WÄSCHE TROCKNEN

Bei uns war früher immer ganz klar: Die Wäsche wird im Garten aufgehängt auf der Wäscheleine zwischen den alten Obstbäumen. Diesen Luxus der frischen Luft kann sich ja leider nicht jeder leisten, aber trotzdem sollte nicht alles direkt in den Trockner wandern. Und da auch bei uns nicht immer schönes Wetter war, weiß ich wohl den ein oder anderen Trick, wie am besten in der Wohnung getrocknet wird. Das Etikett gibt genaue Auskunft darüber, ob ein Kleidungsstück geschleudert und im Trockner behandelt werden darf. Bei vielen Waschmaschinen kann man heute die Drehzahl der Schleuder wählen: Mindestens 650 Umdrehungen sollten möglich sein – damit kann man manches relativ schonend schleudern. Für robuste Teile – wie etwa Frotteehandtücher und Bettwäsche, aber auch manche Kleidungsstücke – sind durchaus 1200 Umdrehungen pro Minute angebracht. Die Wäsche ist dadurch nicht mehr nass, wenn sie aus der Maschine kommt. Manche Teile können sogar sofort gebügelt werden.

Wolle, Strickwaren, elastische Fasern und manche empfindliche Stoffe dürfen nicht elektrisch getrocknet werden.
Kunstfasern dürfen auch im elektrischen Trockner nur kalt behandelt werden. Andernfalls gehen sie ein oder knittern sehr stark.
Farbige Wäsche sollte stets nur im Schatten trocknen. An der prallen Sonne würden die Farben ausbleichen.

oder Plissee – gab's bei uns früher natürlich noch nicht, aber ich muss sagen, das schaut schon ganz fesch aus manchmal) werden am besten nass zum Trocknen auf einen Kleiderbügel gehängt.

Empfindliche Stoffe (Seide, Krepp, Chiffon) werden in ein Handtuch eingerollt, welches nach dem Waschen die überschüssige Feuchtigkeit entfernt. Anschließend werden sie auf einen Kleiderbügel gehängt und im Zimmer getrocknet.

Gewaschene **Woll-** bzw. **Stricksachen** sollten nicht auf die Wäscheleine gehängt werden, sondern auf einem Handtuch ausgebreitet liegend trocknen. Die Kleidungsstücke dürfen niemals in die Nähe einer Heizung gelegt werden – sie werden sonst hart und unansehnlich.

Der Papa: also ich persönlich kann sowieso prima auf Woll- und Stricksachen verzichten. Besonders am Hals. Weil das nämlich juckt wie die Sau, auch wenn sie noch so vorsichtig gewaschen sind. Nur an den Füßen ist Wolle prima. Zumindest in der kalten Jahreszeit.

DIE BESTEN BÜGELTRICKS

Auch beim Bügeln gilt es einige Tricks zu beachten, und schon geht es viel leichter und man verschwendet nicht zu viel Zeit am Bügelbrett. Ich zum Beispiel werde von meinen Buben viel lieber am Herd gesehen ...

Auch hier gilt: Immer zuerst aufs Etikett schauen. Hier sieht man auf einen Blick, ob ein Kleidungsstück überhaupt gebügelt werden darf, und wenn ja, bei welcher Temperatur. Ein Punkt bedeutet: bei schwacher Hitze bügeln; zwei Punkte besagen: warm bügeln; drei Punkte erlauben heißes Bügeln.

Die meisten Stoffe lassen sich in feuchtem Zustand am besten bügeln. Deshalb findet man bei vielen Wäschetrocknern auch die Einstellmöglichkeit für »bügelfeuchte Wäsche«. Ist die Wäsche bereits gänzlich trocken, sollte man sie vor dem Bügeln anfeuchten: zum Beispiel mit einer Sprühflasche, wie sie zum Einsprühen von Pflanzen verwendet wird.

Ein guter Trick, um Zeit, Kraft und Energie zu sparen: Die Alufolie reflektiert die Hitze und bügelt so von unten mit.

Weiße Baumwolle hingegen wird an frischer Luft und im Sonnenlicht getrocknet besonders weiß: Die Sonne bleicht nämlich noch nach. Hat man die Möglichkeit, sollte auch im Winter im Freien getrocknet werden. Wenn man dem letzten Spülwasser in Maschine oder Handwaschbecken etwas Salz zugibt, strahlt die Wäsche wieder wie neu.

Nylon, Wolle und **Seide** sollte jedoch nicht an der Sonne trocknen: Farbverlust wäre die Folge. Wolle und Seide werden zudem brüchig.

Leichte Kleidungsstücke aus **Polyacryl, elastischen Stoffen, Nylon** und auch **Faltenstoffe** (sogenannter Crinkle

Das richtige Bügeleisen

Trockenbügeleisen glätten die Wäsche einfach durch Hitzeeinstrahlung.

Dampfbügeleisen sind so gebaut, dass sie über einen Wasserbehälter Dampf erzeugen können. Dieser befeuchtet dann die Wäsche, bevor die glatte Bügelfläche darübergleitet. Dampfsprüheisen lösen zusätzlich zum Dampf einen Dampfstrahl aus, der die Wäsche an der gewünschten Stelle besonders befeuchtet. Mit einem solchen Bügeleisen hat man schon einen enormen Vorteil gegenüber unseren Großmüttern früher, die sehr viel mehr Kraft aufwenden mussten, um ihre Stoffe glatt zu bekommen.

Das Bügeln geht erheblich leichter, wenn man beim Einsprühen der Wäsche vor dem Bügeln etwas Weichspüler in das Wasser gibt. Wenn zum Einsprühen der Wäsche warmes Wasser verwendet wird, zieht es schneller in die Wäsche ein als kaltes. Bereits zum Bügeln befeuchtete Wäsche, die nicht gleich gebügelt werden kann, wird in eine Plastiktüte gelegt. Sie ist auch am nächsten Tag noch nicht ausgetrocknet, im Gegenteil, sie lässt sich besonders gut bügeln.

Leichter geht das Bügeln, wenn das Bügelbrett mit Metallfolie überspannt wird. Die Folie reflektiert die Hitze, die Wäsche wird von unten »mitgebügelt«. Das erspart viel Zeit, vor allem bei großen Stücken, wie zum Beispiel Bettwäsche.

Seide wird immer unter einem feuchten Tuch gebügelt. Das Bügeleisen sollte nur lauwarm sein, sonst bricht die Seide oder läuft sogar ein.

Querverarbeitete Stoffe dürfen nur in Fadenlaufrichtung gebügelt werden!

Sämtliche Teile der **Bettwäsche** werden am besten auf links gewaschen und gebügelt. So lassen sie sich einfach über das Bettzeug stülpen.

Bunt bestickte Decken werden am besten von links mit einem mit Essig befeuchteten Tuch so lange gebügelt, bis das Tuch trocken ist. Die Stickerei kommt dabei gut heraus, die Farben leuchten frisch durch den Essig. Ich hab noch so eine Decke von meiner Mutter und sie schaut tatsächlich noch frisch wie am ersten Tag aus – zumindest was die Farben angeht.

Baumwolle sollte immer von links gebügelt werden. Wenn Sie von rechts gebügelt werden soll, vorher anfeuchten.

Frisch gebügelte Wäsche sollte immer auslüften und absolut trocken sein, bevor sie in den Schrank kommt. Sonst entstehen schnell Stockflecken, die schwer zu entfernen sind.

Hausmittel Essig – auch beim Bügeln der Star

Sonnenbestrahlung und auch häufiges Waschen lassen schöne Textilfarben leicht ausbleichen. Sie werden wieder wie neu und damit frisch und kräftig, wenn in das destillierte Wasser, mit dem man das Dampfbügeleisen auffüllt, etwas Essig gegeben wird.

Die Farben erstrahlen ebenfalls, wenn das feuchte Bügeltuch in Essig getränkt wird.

Um Ablagerungen vom Bügeleisen von Zeit zu Zeit zu entfernen, wird es zu gleichen Teilen mit Wasser und Essig gefüllt. Nach dem Einschalten muss man warten, bis es zu dampfen beginnt, dann wird es abgeschaltet. Nach einer Stunde Einwirkzeit sollte gründlich mit klarem Wasser nachgespült werden. Heutzutage gibt es ja tatsächlich auch schon selbstreinigende Bügeleisen. Wenn das Eisen eine solche Funktion besitzt, muss meist nur Wasser eingefüllt werden und mit einer speziellen Dampftaste einmal »durchgedampft« werden.

Sehr gut zum Reinigen der Bügelfläche des Bügeleisens eignet sich übrigens einfaches Backofenspray. Eine Kleinigkeit davon wird auf das noch warme Bügeleisen gesprüht und nach kurzer Einwirkzeit abgewischt. Oder man reibt vorsichtig mit einem Topfkratzer die warme Bügelfläche ab.

FRISCH UND MOTTENFREI IM SCHRANK

Ich weiß noch, wie früher in der Schule die Freundinnen immer erzählt haben, sie hätten wieder Motten zu Hause. Richtig schöne Kleider sind dadurch kaputt gegangen. Bei uns gab's das nie. Meine Mutter hatte ein paar einfache Tricks, die Motten von Vornherein abgeschreckt haben. Ich mach das noch heute so und hatte noch nie Probleme.

Am besten ist es, wenn der Kleider- und Wäscheschrank gegen Motten gesichert wird. Bei meiner Oma hat die Kleidung oft nach Mottenkugeln gerochen, aber das muss nicht sein. Ein beliebtes und uraltes Mittel gegen Motten sind Gewürznelken, von denen einige in den Schrankfächern verteilt werden. Gewürznelken riechen aromatisch-würzig und halten Motten fern. Am besten ist natürlich –

Dass Motten den zarten Duft von Lavendel nicht mögen, kann man kaum verstehen. Aber recht soll's uns sein, können wir so doch die Wäsche schützen.

wie in früheren Zeiten und bei höheren Ständen üblich – ein Kleider- und Wäscheschrank aus Zedernholz: Das Aroma dieses Holzes zieht Motten erst gar nicht an. Allerdings: Zedernholz gehört nicht gerade zu den günstigen Holzsorten. So behilft man sich besser mit Zedernholzringen, die an die Aufhängbügel der Kleiderbügel gesteckt, oder mit kleinen Zedernholzstückchen, die im Wäscheschrank verteilt werden. Auch mit Kräutern gefüllte Leinensäckchen werden gerne zwischen die Wäsche gelegt: zum Beispiel Lavendel, Steinklee, Holunderholz, Nelken oder auch Kaffeebohnen verbreiten starke Düfte, die Motten vertreiben. Ein ganz einfaches Mittel ist Kernseife zwischen der Wäsche.
Ist es doch einmal zu Mottenbefall gekommen, sollte man eine längere Kälteperiode im Winter nutzen: Die mottenbefallene Kleidung wird bei -10 °C nachts ins Freie gehängt, tagsüber wieder in die Wärme. Diese Prozedur wird mehrmals wiederholt: Die meisten Motten überleben diese Temperaturschwankungen nicht lange ...

FLECKEN-ABC

Es passiert immer wieder, auch wenn man noch so vorsichtig ist. Und es sind ja nicht nur die Kinder, die immer wieder kleckern, auch bei uns Erwachsenen bleiben Bluse und Krawatte oft nicht unversehrt. Auch wenn das zunächst peinlich ist und man es am liebsten nicht erwähnen würde, ist es meist doch am besten, den Fleck sofort zu behandeln, solange er noch frisch ist; dann ist die Chance, ihn anstandslos wieder zu entfernen, sehr viel größer. Doch auch wenn ein Fleck erst später entdeckt wird, gibt es noch immer Mittel und Tricks, ihn wieder zu entfernen:
Klarer **Alkohol** wird sofort mit lauwarmem Wasser ausgespült. Ältere Flecken können mit warmem Weingeist oder verdünntem Salmiakgeist abgerieben werden, dann wird mit klarem Wasser nachgespült.
Blut wird am besten erst nur mit kaltem Wasser behandelt – wenn möglich sofort unter einem starken Wasserstrahl, ohne zu reiben –, danach wird mit einer warmen Waschmittellösung gewaschen.

Der Simmerl: Das kann gut funktionieren, hilft aber in meinem Beruf reichlich wenig. Wenn ich mir nämlich jedes Mal die Metzgersschürze vom Leib reißen und unters Wasser halten würde, sobald ein Blutfleck draufkommt, ja dann hätte ich kaum noch die Zeit, auch nur einen einzigen Leberkäs zu produzieren. Und da hätte meine werte Kundschaft kein Verständnis dafür. Nicht das geringste.

Brandflecken in weißer Wäsche sind kein Problem. Das Stück wird mit kaltem Wasser befeuchtet, mit Salz bestreut und in die Sonne gelegt. Nach einigen Stunden müsste der Fleck weg sein.
Ei lässt man zunächst eintrocknen. Danach wird der Stoff abgerieben oder ausgebürstet. Zurückbleibende Eiflecken werden dann erst mit kaltem und danach mit warmem Wasser behandelt.
Fett/Speiseöl: Wurde die gute Bluse mit Bratensaft verunziert, dann wird der Fleck sofort mit Kartoffelmehl, Roggenmehl oder Talkumpuder bestreut, mit kaltem Wasser

Toben und Spielen in der freien Natur – nichts ist schöner für die Kleinen. Und auch Grasflecken bekommt man mit dem richtigen Mittel wieder raus.

ausgespült und das gute Stück so heiß, wie es das Material erlaubt, gewaschen.

Fettflecken in empfindlichen Stoffen lassen sich auch gut mit Terpentin reinigen. Danach das Terpentin gut ausspülen und wie gewohnt waschen.

Fettflecken in weniger empfindlichen Stoffen können mit Geschirrspülmittel bearbeitet werden.

Gemüseflecken sollten möglichst schnell mit kaltem Wasser ausgewaschen werden. Falls Rückstände bleiben, so können sie mit Borax bestreut oder in einer Boraxlösung eingeweicht werden. Nach einiger Einwirkzeit wird gründlich nachgewaschen.

Grasflecken werden, sofern sie trocken sind, mit Spiritus entfernt – niemals mit Wasser! Feuchte Grasflecken beseitigt man, indem man sie mit verdünntem Wein- oder Salmiakgeist, zu gleichen Teilen mit Wasser gemischt, einreibt und mit klarem warmem Wasser nachspült.

Helle Flecken auf dunklen Stoffen können mit Kaffee entfernt werden.

Joghurtflecken rückt man am besten mit lauwarmem Wasser zu Leibe.

Kaffee- oder **Teeflecken** auf weißen Tischdecken mit Salz bestreuen (das zieht die Verfärbung heraus), trocknen lassen, das Salz dann abbürsten und die Tischdecke ganz normal waschen. Bunte Sachen werden eher mit Feinwaschmittel – oder als Schnelllösung mit Mineralwasser (und das ginge auch bei Weißem) – behandelt.

Karottenflecken kommen auf den Lätzchen kleiner Kinder oder auf der Babywäsche häufig vor. Der noch frische Fleck wird einfach mit Schmierseife bearbeitet oder es wird sofort etwas Babyöl daraufgegeben und das Stück anschließend normal in der Waschmaschine gewaschen.

Kaugummi auf Stoff löst sich leicht ab, wenn das Kleidungsstück in einem Beutel verpackt in der Tiefkühltruhe etwa eine Stunde ruht. Der Kaugummi wird bröckelig und kann dann gut ausgebürstet werden. Dass das so einfach geht, hab ich aber meinen Buben nie verraten. Für die galt: Kaugummi kommt mir nicht ins Haus!

Malerfarben sollten vor dem Waschen in verdünntem Essig eingeweicht werden.

Der Franz: die Susi war vielleicht sauer, als ich sie mal beim Spaziergang einfach in die Wiese geschubst hab. Also nicht sofort. Aber hinterher halt. Als sie auf ihrem nagelneuen Sommerkleid ungefähr eine Million Grasflecken hatte. Aber die Oma hat das freilich schon wieder hingekriegt.

ben, die überschüssige Flüssigkeit wird mit Löschpapier aufgesogen, dann wird das Wäschestück mit Wasser ausgespült und gewaschen.
Parfümflecken in sehr empfindlichen Stoffen erfordern große Vorsicht, denn es können Ränder entstehen. Zuerst werden sie mit Alkohol abgetupft, anschließend in lauwarmem Feinwaschmittel durchgedrückt.

Die Susi: Also das passiert mir leider schon das eine oder andere Mal. Weil man halt auch gut duften will, gell. Erst recht, wenn man ausgeht und die nagelneue Seidenbluse trägt. Aber zum Glück hab ich ja die Oma. Und die hat es bis jetzt jedes Mal wieder hingekriegt.

Gegen **Rostflecken** hilft eine preiswerte Methode: nämlich das Abreiben mit saurer Milch.
Rußflecken bestreut man dick mit Salz. Nach gut 15 Minuten Einwirkzeit hat das Salz den Ruß herausgezogen und kann abgesaugt werden.
Rotweinflecken auf einem Kleidungsstück werden ebenfalls sofort dick mit Salz bestreut. Der Rotwein wird dadurch aufgesaugt. Anschließend wird das Salz abgeklopft und der Fleck mit Essigwasser oder Zitronensaft beträufelt und mit Feinwaschmittel ausgewaschen.

Sehen gefährlich aus, sind aber hilfreich. Die dunklen Flaschen schützen vor Licht und verlängern die Haltbarkeit.

Mayonnaiseflecken werden zunächst mit handwarmem Wasser ausgespült. Dann wird das Kleidungsstück auf eine saugende Unterlage gelegt, mit Glyzerin eingerieben und nach dem Einwirken gewaschen.
Milch muss man immer zuerst mit kaltem Wasser entfernen und danach mit heißem Wasser auswaschen.
Obstflecken sollten mit möglichst heißem Wasser behandelt werden (man informiert sich zuerst auf dem Etikett, wie heiß der Stoff gewaschen werden darf!). Dann wird mit warmem Alkohol behandelt und mit klarem Wasser nachgespült. Obstflecken können auch mit Essig oder Zitronensaft beträufelt und nach dem Einwirken mit Feinwaschmittel in kaltem Wasser ausgerieben werden.
Ölfarbflecken werden mit einer Mischung aus gleichen Teilen Terpentin, Salmiakgeist und Seifenspiritus eingerie-

Die Oma: Rotweinflecken sind bei uns relativ häufig. Wenn nämlich der Eberhofer, also der alte, mal wieder seinen Moralischen kriegt. Und seine blöde Musik hört, diese englische. Und seinen Tabak raucht und dazu eben einen Rotwein trinkt. Da kannst du fast drauf wetten, dass da am nächsten Tag welche auf seinem Gewand sind.

Schokolade sollte erst erkalten und wird dann möglichst vorsichtig mit einem Messer abgehoben. Der Fleck wird anschließend mit kaltem Wasser befeuchtet, mit Borax bestreut und in handwarmem Wasser ausgespült.
Schweißflecken sollten vor dem normalen Waschgang in warmem Essigwasser eingeweicht werden.

Speiseeisflecken entfernt man mit einer Mischung aus Seifenspiritus und Salmiakgeist und spült mit klarem Wasser nach.

Stockflecken bekämpft man, indem man die Wäsche vor dem normalen Waschgang in verdünntem Essig oder in saurer Milch einweicht.

Urinflecken werden immer zuerst mit kaltem Wasser ausgewaschen, dann mit möglichst heißer Seifenlauge. Eventuell zurückbleibende Flecken können mit verdünntem Salmiakgeist behandelt werden, der dann mit klarem Wasser ausgewaschen wird.

Der Franz: Also, Oma, muss das jetzt sein?
Die Oma: Ja!

Vogelschmutz reibt man am besten vorsichtig mit warmem Salzwasser ab. Eingetrocknete Flecken werden in Salzwasser eingeweicht und mit klarem Wasser nachbehandelt.

Wachsflecken von Kerzen werden mit Lösch- oder Zeitungspapier entfernt. Dabei wird das Papier auf den Fleck gelegt und mit dem Bügeleisen so lange darübergebügelt, bis das Wachs von dem Papier aufgesaugt ist. Das Papier wird dabei immer wieder verrutscht bzw. erneuert.

Für Flecken unbekannter Herkunft

Hier noch ein paar Extratipps, denn es kann ja durchaus mal vorkommen, dass man nicht genau weiß, wie und wodurch ein Fleck entstanden ist. Besonders bei Kindern ist es oft schwierig nachzuvollziehen, was den Fleck verursacht hat.

Die Oma: Ja, das kommt schön öfters mal vor bei Kindern. Und dabei spielt es überhaupt keine Rolle, wie alt die Kinder sind ...

Ein schnell wirkender Fleckentferner ist reines Mineralwasser mit Kohlensäure. Man gießt einfach ein bisschen auf den Fleck und nimmt nach kurzer Einwirkzeit die Flüssigkeit mit einem Handtuch oder einem Schwamm auf.

Ältere Flecken reibt man mit einer Mischung aus 2 Esslöffeln Waschmittel und 3 Esslöffeln Essig ein. Dann wird mit einem saugfähigen Tuch, so gut es geht, getrocknet, die Flecken sollten weg sein.

Gegen vielerlei Flecken hat sich auch die gute alte Gallseife bewährt.

Eine Mischung aus Waschmittel und warmem Wasser hilft gegen besonders hartnäckige Flecken. Die Seifenlauge wird mit einer weichen Bürste kreuz und quer auf den Fleck gerieben. Abtrocknen, es sollte nichts mehr zu sehen sein. Wenn es nicht geklappt hat, wird die Prozedur noch einmal wiederholt.

Nach dem Behandeln der Flecken sollte die nasse Stelle mit einem Föhn getrocknet werden, das verhindert Fleckenränder.

Nicht nur zu Weihnachten ein Problem, doch Kerzenwachs auf dem Tischtuch lässt sich mit einem einfachen Trick wieder entfernen.

Um Möbel richtig zu pflegen, bedarf es ein paar besonderer Mittelchen. Mit diesen ausgestattet, bleiben die Stücke lange wie neu.

DIE PFLEGE VON MÖBELN UND ACCESSOIRES

Für den wöchentlichen Hausputz genügt es vollkommen, Möbel, seien sie aus Holz, Leder, Rattan oder ähnlichen Materialien, mit dem Staubtuch oder Staubsauger zu säubern. Da hat sich seit meiner Jugend nichts geändert, einmal in der Woche sollte man da schon ran. Für mehr ist weder Zeit noch Notwendigkeit geboten. Allerdings haben auch diese Möbel von Zeit zu Zeit eine richtige und gründliche Reinigung und Pflege nötig. Und nicht zuletzt, wenn ein unschöner Fleck das ein oder andere Polster oder Schränkchen ziert, sind diese wertvollen Tipps eine unverzichtbare Hilfe.

MÖBELPFLEGE

Holzmöbel

Für die Möbelpflege gilt: Spezielle Mittel sind nicht unbedingt nötig. Bei schon behandeltem Holz genügt einfaches Staubwischen mit einem weichen Tuch.

Gröbere Verschmutzungen werden am besten mit einem angefeuchteten Lappen entfernt. Wenn nötig, wird ein Spritzer Geschirrspülmittel daraufgegeben. Danach wird alles gut trocken gerieben, damit keine Wasserflecken entstehen.

Unbehandeltes Holz nimmt Schmutz stark auf und quillt bei der geringsten Feuchtigkeit. Geschützt wird es mit einer lösemittelfreien Politur auf Emulsionsbasis. Man kann je nach Oberfläche und Farbe auch unter Polituren aus natürlichen Stoffen wählen. Bienenwachse kommen da genauso infrage wie bestimmte Öle (Leinölfirnis) oder Naturharzöle. Am besten lässt man sich hier vom Experten beraten.

Wenn mit Möbelpflegemitteln gearbeitet wird, muss der Raum stets gut belüftet sein.

Auch die Farben der Holzmöbel frischen wieder auf, wenn das Möbelstück mit einem speziellen Öl eingerieben wird (zum Beispiel Teaköl). Dabei verschwinden auch kleinere Kratzer.

> *Der Franz: Dieses Kapitel finde ich persönlich völlig überflüssig. Weil ich Möbel erst mag, wenn sie Spuren haben. Das macht sie eben lebendig. Drum, genau aus diesem Grund, gibt's bei mir keine Politur. Weder eine selbst gemachte noch eine gekaufte.*

Jede gekaufte Politur pflegt besser, wenn einige Tropfen Essig untergemischt werden. Wir haben früher Möbelpolitur immer selbst hergestellt. Das ist kostengünstig und ganz einfach. Man mischt einfach Essig mit etwas Öl. Erfolg erzielt man auch mit einer Mischung aus etwas Salz und Speiseöl. Stark verschmutzte, gebeizte Möbel können vorsichtig mit Terpentin abgerieben werden.

Auf hochglanzpolierten Möbeln können schnell Wischflecken entstehen, die jedoch mit etwas Talkumpuder auf einem Tuch wieder entfernt werden können.

Schubladen klemmen oft, vor allem bei alten Möbeln. Etwas Kerzenwachs oder ein Seifenstück hilft: eines von beiden auf die klemmenden Stellen gestrichen – und die Schubladen gleiten problemlos.

Knarrende Holztreppen werden mit farbloser Schuhcreme eingerieben, nicht mit Bohnerwachs. Das Knarren hört so sicher auf. Oder es wird eine Lösung aus Schmierseife auf die knarrenden Stellen gestrichen. Das Holz sollte dabei aber wegen Rutschgefahr nicht nass werden!

Polstermöbel

Wer sich neue Polstermöbel zulegt, rechnet natürlich nicht damit, dass sie gleich gereinigt werden müssen. Aber – das werde nicht nur ich aus Erfahrung wissen – früher oder später wird es dazu kommen: Der Lieblingssessel hat einen Fleck oder wirkt nach einiger Zeit einfach etwas schmuddelig ... Abnehmbare Polsterbezüge sind ein Glücksfall, denn meist sind sie dann nämlich auch waschbar. In jedem Fall findet man an der Innenseite irgendwo ein Etikett mit

Das Wohnzimmer auf der Veranda – herrlich! Allerdings ist das Sofa mehr Staub und Schmutz ausgesetzt und muss öfter gereinigt werden.

Pflegehinweisen. Und dem ist zu entnehmen, ob man persönlich die Waschmaschine anwirft oder ob das Ganze dem Fachmann in der chemischen Reinigung überlassen werden muss.

Wenn die Bezugsstoffe selbst gewaschen werden, ist den Pflegehinweisen zu entnehmen, welches Waschprogramm gewählt werden muss. Nach der Wäsche kann man sich normalerweise das Bügeln sparen, wenn der Bezug noch leicht feucht auf das Möbelstück aufgezogen wird. Selbstverständlich darf man ihn aber erst wieder benutzen, wenn alles ganz trocken ist!

Gegen unangenehme Gerüche, die sich ganz gerne in Polstermöbeln festsetzen, gibt es heutzutage zum Glück Textilerfrischer: Sie entfernen sämtliche Alltagsgerüche (Rauch, Moder- und Küchengerüche, Geruch von Haustieren) in Polstern, Teppichen oder Vorhängen. Wir mussten immer stundenlang lüften und ein bisschen vom Geruch blieb trotzdem immer hängen. Moderne Textilerfrischer sind meist Sprays auf Wasserbasis und können daher sicher und problemlos auf fast allen Textilien angewendet werden, die mit Wasser in Kontakt kommen dürfen. Sie eignen sich besonders gut für Polstermöbel. Manche dieser Produkte haben eine zusätzliche antibakterielle Wirkung und sind damit in der Lage, das Wachstum geruchserzeugender Bakterien zu verhindern. Allerdings sind Textilerfrischer kein Ersatz für die Reinigung von Textilien.

Ledermöbel

Als mein Mann und ich frisch verheiratet waren, haben wir uns eine schöne Ledergarnitur geleistet. Und was war die bequem! Und sie hat sich lang gehalten, glauben Sie mir. Leder ist wirklich ein wunderbares Material. Die richtige Pflege, und es ist quasi unzerstörbar. Die einfachsten Mittel zur Reinigung von Leder sind zunächst einmal lauwarmes Wasser und ein mildes Waschmittel. Mit einem weichen Tuch wird der Schmutz vom Leder abgerieben. Auch Sattelseife eignet sich gut zum Säubern von verschmutztem Leder.

Nach der Reinigung muss Leder sofort gepflegt werden. Für normales Leder (vom Rind, Schwein, Kalb oder Lamm) verwendet man am besten Rinderfett, Lanolin oder Rizinusöl. Das Fett oder Öl wird mit einem weichen Tuch (oder den Fingern) ins Leder eingerieben und man lässt es einige Minuten einziehen. Sobald das Leder weich ist, wird das überschüssige Fett oder Öl mit einem zweiten weichen sauberen Tuch abgerieben.

Bei glatten Ledersorten kann man versuchen, Flecken äußerst vorsichtig mit feinstem Sandpapier oder besser noch mit einem Mikrofasertuch zu entfernen. Dabei darf niemals zu stark gerieben werden, sonst verkratzt das Leder. Wildleder muss regelmäßig gesäubert werden – am besten mit einem Spezialtuch, das die feine raue Oberfläche nicht glättet, sondern wieder aufrichtet.

FLECKENTFERNUNG BEIM MOBILIAR

So mancher Fleck verunstaltet die fast neue Couch, die einst wunderschönen Polster haben seit der letzten Feier Rotweinflecken und auch der heiß geliebte Ledersessel weist scheußliche Stellen auf. Was tun? Auch bei solch hartnäckigen Flecken muss man nicht zu teuren Sprays oder Spezialmitteln greifen. Ein paar einfache Grundmittel, die in jedem Haushalt vorhanden sein sollten, reichen aus, die Möbel wieder schön und sauber zu bekommen. Diese

Holzpolitur aus der Küche

Mittel sind meist vielseitig einsetzbar, nicht nur bei verfleckten Möbeln oder Teppichen, sodass sich die Anschaffung bzw. Herstellung gleich doppelt lohnt. Und im Handumdrehen ist man fast jeden schlimmen Fleck auf Möbeln los.

Flecken auf **Korbmöbeln** können gut mit Mentholspiritus beseitigt werden.

Für Flecken auf **Marmor** eignet sich ein einfacher Radiergummi, möglichst ein Tintengummi. Ein weiterer Trick für Marmorflächen: Auf eine frisch aufgeschnittene Zitrone wird Salz gestreut. Damit wird leicht über den Fleck gerieben, nicht zu fest, sonst leidet die Politur. Anschließend wird mit Seife und Wasser nachgewaschen.

Flecken auf **polierten Holzmöbeln** werden mit einem Lappen entfernt. Der wird am besten in Wasser getaucht, in dem zuvor Sauerkraut gewässert wurde. Mit einem trockenen Tuch wird nachgerieben.

Flecken auf **Eichenmöbeln** lassen sich besonders gut entfernen mit Zigarrenasche. Mein Opa war ein starker Raucher und die Oma war immer stinksauer, wenn er wieder überall einfach seine Asche verteilt hat. Nur bei Eichenmöbeln, da war das ja fast schon praktisch …

Fleckige **Nussbaummöbel** werden am besten mit Öl und Salz behandelt.

Verschmutzte **Baumwoll-** oder **Leinenbezüge** werden mit einem weichen Kunststoffradiergummi abgerieben.

Gegen **Wasserringe** auf Holz wird ein Tuch mit Wasser befeuchtet und etwas Zahnpasta daraufgegeben. Damit wird der Fleck abgerieben. Gegen sehr hartnäckige Wasserflecken empfiehlt sich zusätzlich etwas Natron.

Kerzenwachs auf Holzflächen wird einfach mit einem Föhn aufgeweicht und dann mit Papiertüchern entfernt. Nachgewischt wird mit Essigwasser.

Leim- und **Klebstoffreste** auf Möbeln kann man am besten mit Margarine oder Speiseöl entfernen.

Um **Klebeverbindungen** zu lösen, wird reichlich Essig auf die Stelle geträufelt, so löst sich der alte Leim.

Brandflecken auf Holztischen werden mit etwas Mayonnaise bestrichen. Nach 30 Minuten Einwirkzeit wird das Ganze gut abgerieben.

Kleben **Papierreste** auf Holz, dürfen sie auf keinen Fall mit einem Messer oder einem anderen scharfen Gegenstand abgekratzt werden. Stattdessen wird das Papier mit etwas Öl beträufelt und nach einer kurzen Einwirkzeit mit einem weichen Lappen abgerieben. Nach Bedarf wird die Behandlung wiederholt.

Kleinere Schmutz- oder auch Fettflecken auf **Wildleder** werden mit feinem Sandpapier behandelt. Dabei darf man aber nicht zu stark oder zu lange reiben, damit die Lederoberfläche nicht beschädigt wird.

Bei zarteren Schnitzereien ist es natürlich schwieriger, Staub aus den Ritzen zu entfernen, als bei dieser Holztür.

REINIGUNG VON WOHNACCESSOIRES

Aber natürlich hat man neben dem Mobiliar noch jede Menge Accessoires und persönliche Gegenstände, die sich über die Jahre sammeln. Da wäre zum Beispiel der alte Holzbilderrahmen von meinem Opa oder das Silberbesteck, das meine Oma mir zur Hochzeit vermacht hat. Solche Dinge haben einen persönlichen, »moralischen« Wert, aber natürlich auch einen materiellen. Es versteht sich von selbst, dass man sie besonders gut reinigen und pflegen muss.

Schnitzereien reinigen

Bei gewachsten, gebeizten sowie mehrfach gebeizten Schnitzereien ist es am besten, wenn diese mit einer weichen, sauberen Schuh- oder Kleiderbürste, einem trockenen Tuch oder einem feinen Pinsel vorsichtig vom Staub befreit werden.

Die Bürste hat den Vorteil, dass durch das Bürsten gleichzeitig die Oberfläche wieder aufpoliert wird. An schlecht zugänglichen Stellen wird einfach eine Zahnbürste verwendet. Niemals feucht abwischen oder mit einem Mikrofasertuch reinigen, dadurch wird die Oberfläche beschädigt!

Falls die gewachste, gebeizte oder mehrfach gebeizte Holzschnitzerei nach ein paar Jahren stumpf und matt aussehen sollte, wird die Schnitzerei nach dem Abstauben mit flüssigem Antikwachs hauchdünn eingelassen und nach etwa einer Stunde Trocknungszeit (je nach Wachs) mit einer weichen, sauberen Bürste wieder aufpoliert. Dies lässt zum Beispiel Holzfiguren wieder in einem neuen Glanz erstrahlen.

Bemalte Schnitzereien, egal ob antik, Color, mit Wasserfarben bemalt oder in Blattgold gefasst, sollten nur mit einem weichen Tuch, Staubwedel oder mit einem weichen Pinsel, jedoch niemals feucht oder mit anderen Putzmitteln, gereinigt werden, um Beschädigungen der Bemalung zu vermeiden. Ebenso sollte beim Gold nicht fest aufgedrückt und gerieben werden – hier wird nur mit einem weichen Tuch und ohne Druck vorsichtig gesäubert. Andernfalls wird das Gold mit der Zeit abgerieben.

Der Papa: Ja, so macht das die Oma. Und wenn sie mal wieder mit dem Franz zum Einkaufen fährt, dann fragt sie mich, ob ich das mit den Schnitzereien erledigen kann. Und freilich kann ich, ist ja auch kein Ding. Ich hol dann den Föhn aus dem Bad, kalte Stufe, und los geht's. Und dann ist er weg, der Staub, und die Oma freut sich. Aber bloß nicht weitersagen!

Vergoldete Bilderrahmen können zum Putzen mit einer rohen Kartoffel abgerieben werden. Für solche Bilderrahmen eignet sich auch ganz einfacher Weinessig. Mit einem Pinsel oder einem Tuch wird er auf den vergoldeten Rahmen ganz vorsichtig aufgetragen. Nach kurzer Einwirkzeit wird mit klarem Wasser nachgewischt und der Rahmen an der Luft getrocknet. Für die Säuberung von vergoldeten Spiegel- oder Bilderrahmen eignet sich auch ein mit Spiritus getränkter Wattebausch. Sie werden behutsam damit abgetupft!

Spiegel- oder Bilderrahmen werden mit lauwarmem Salmiakwasser gesäubert.

Ölgemälde müssen sehr vorsichtig gereinigt werden, um sie nicht zu zerstören. Ein Lappen wird in warme Milch getaucht und das Bild vorsichtig damit abgerieben. Anschließend wird das Bild am besten mit einem Seidentuch getrocknet.

Silber

Ob Ziergegenstände oder Besteck – alles muss von Zeit zu Zeit gründlich geputzt werden. So manches verkratzt oder wird stumpf. Und weil ja – wie ich von den jungen Damen im Ort mitbekomme – Erbstücke wie mein gutes Silber wieder ganz im Trend liegen, sollte man schon darauf achten, dass es noch eine Weile schön bleibt. Zum Beispiel sollte man nicht zu oft polieren – sonst ist das Silber schnell abgenutzt.

Schwarz angelaufenes Silber wird am besten mit einer Mischung aus Kreidepulver, etwas Essig und Alkohol geputzt. Das ist am wirksamsten.

Fleckiges Silberbesteck wird in saurer Milch gereinigt. Das Besteck wird 20–30 Minuten eingelegt und anschließend in lauwarmem Wasser abgewaschen.

Leicht angelaufenes Silber kann auch folgendermaßen gereinigt werden: Das Silber wird in einem Gefäß auf Alufolie gelegt, Salz dazugegeben und kochendes Wasser darübergegossen. Es wird nun eine Stunde stehen gelassen, dann wird die Flüssigkeit abgeschüttet. Zuletzt wird das Silber mit einem weichen Tuch blank gerieben.

Wenn Silber von Grünspan befallen ist, eignet sich eine Mischung aus Salzwasser und etwas Salmiakgeist zur Reinigung. Anschließend werden die Gegenstände mit einem weichen Tuch wieder blank gerieben.

Silberne Gegenstände laufen nicht so schnell an, wenn ein Stück Kreide dazugelegt wird oder sie in einem Plastikbeutel aufbewahrt werden.

Kupfer, Messing und andere Metalle

Für Kupfer- und Messingteile eignet sich eine selbst gemachte Essigpaste. Dafür werden einige Esslöffel Essig mit Mehl und Salz dünnflüssig zusammengerührt und damit wird das Metallstück bestrichen. Nach einiger Zeit wird die Paste abgewaschen und mit einem Tuch oder Leder glänzend nachpoliert.

Einfach genial: Angelaufene Kupferkessel, die man zum Beispiel zum Marmelade Kochen braucht, werden mit einer Zwiebel wieder blank.

Grünspan lässt sich von Messing und Kupfer leicht mit unverdünntem Essig entfernen oder mit einer Mischung aus Salzwasser und etwas Salmiakgeist.

Angelaufenes Kupfer wird wieder blank mit einer Lösung aus Essig und Salz. Diese Mischung im Verhältnis 1:1 wird vor der Behandlung erhitzt, die Kupferteile werden damit abgerieben oder einige Stunden darin eingelegt, dann wird nachpoliert. Man kann angelaufenes Kupfer aber auch mit einer halben rohen Zwiebel wieder blank reiben.

Angelaufenes Messing sollte mit einer halben in Salz getauchten Zitrone kräftig abgerieben werden. Auch Zitronensaft pur oder Sauerkraut können helfen. Dann wird mit Wasser nachgespült und mit einem Tuch poliert.

Frisch geputzte Türklinken, Wasserhähne oder Stangen aus Messing glänzen wesentlich länger, wenn sie dünn mit Bohnerwachs eingerieben werden.

Bronze wird mit einem Wildlederlappen und Spiritus gereinigt.

Ein kleiner Tropfen Öl reicht für das Putzen von Nickel.

Zum Reinigen von Zinn wird mit Terpentin befeuchtete Schlämmkreide verwendet.

Zinngegenstände werden wie neu, wenn sie mit warmem Bier behandelt werden.

Und, kaum zu glauben: Mit Zigarrenasche können Teile aus Gold, Silber, Zinn, Messing und auch Kupfer sehr gut gereinigt werden.

Der richtige Schwamm, das richtige Mittel und schon ist Putzen gar keine Tortur mehr.

PUTZEN

Geht es Ihnen nicht auch so: Wenn der Frühjahrsputz endlich geschafft ist, da fühlt man sich schon besonders gut. Die Wohnung blitzt, alles ist spiegelblank – zumindest für eine Weile. Selbst wenn eine Unmenge Arbeit dahintersteckt, lohnt sich dieser Großputz einmal im Jahr. Meine Mutter hatte immer einen Spruch von Wilhelm Busch parat: »Ja! Reinlichkeit macht viele Mühe/Doch später macht sie auch Pläsier.« Lange Zeit war es üblich, in Haushalt und Küche aggressive Produkte anzuwenden, um alles blitzsauber zu wienern. Ohne Chemie, so meinen viele, lassen sich starke Verschmutzungen und Bakterien nicht entfernen. Tatsächlich lässt sich vieles aber mit ganz natürlichen Mitteln beseitigen. Ich mach das immer noch so, wie meine Oma das schon gemacht hat. Warum mit scharfen Mitteln arbeiten, wenn es gar nicht nötig ist?!

> **Die Oma**
> *Grade bei Sonderangeboten sind ja haufenweise Aufkleber drauf gepappt. Ich mein, ich will mich nicht beschweren: Je mehr Aufkleber, desto günstiger. Aber wenn man die dann alle einzeln und mühsam abrubbeln muss, ist man schon eine Weile beschäftigt. Zum Glück ist der Franz auf die Idee mit dem Öl gekommen. Da sieht man mal, dass »Omatipps« gar nicht immer unbedingt von der Oma kommen mussen.*

NATÜRLICHE PUTZMITTEL

Man muss nicht zur »Chemiekeule« greifen, um im Haushalt alles sauber und rein zu haben. Ich kauf ja auch gern günstige Angebote, aber im Grunde findet man in jeder Küche kleine Helfer, die genauso gut und auf natürliche Art und Weise reinigen und pflegen. Und da spart man erst recht! Es ist schon erstaunlich, was so einfache Dinge wie Essig, Salz, Öl, Backpulver, ja selbst saure Milch alles »schaffen« …

Essig
Essig ist ein sanftes Allzweckmittel. Wer es noch nicht ausprobiert hat, sollte es schleunigst tun. Denn Essig ist wirklich ein Alleskönner; er hilft zum Beispiel gegen alle möglichen Flecken in Küche und Bad, in Wohn- und Schlafzimmer, im Kinderzimmer oder im Hobbykeller. Natürlich wird beim Putzen kein Kräuteressig oder gar der heute so moderne Aceto Balsamico verwendet: Einfachster Haushaltsessig genügt. Man kann selbstverständlich auch Essigessenz verwenden: Auf der Flasche findet man jeweils genaue Hinweise, wie die Essigessenz für unterschiedlichste Haushaltsarbeiten am wirkungsvollsten verdünnt wird. Besonders hilfreich ist Essig, wenn es um das Reinigen von Glas geht: In das Putzwasser zum Fensterputzen gibt man eine halbe Tasse Essig und genauso viel Salmiakgeist. Zum Reinigen wird ein weicher Lederlappen, zum Nachpolieren trockenes Zeitungspapier verwendet. Für Milchglasscheiben eignet sich am besten heißes Essigwasser für die gründliche Reinigung. Und mit Essig im Spülwasser werden Kristallgläser schön blank.

Speiseöl
Allzu oft sind Aufkleber auf gekauften Waren nur schwer zu entfernen. Mit Öl geht's ganz leicht: Der Aufkleber wird mit Salatöl eingerieben und nach einer gewissen Einwirkzeit abgerubbelt.

Alufolie
Alufolie gab es bei uns früher noch nicht, aber sie ist für einige Dinge so schön nützlich. Wenn zum Beispiel die Herdplatten mal so richtig schmutzig oder verkrustet sind, hilft zerknüllte Alufolie ganz wunderbar. Einfach damit abreiben und schon sind sie wieder blank. Das geht natürlich nur bei Elektroherdplatten, nicht beim Ceranfeld!

Obst
Aluminiumtöpfe, zum Beispiel vom Campinggeschirr, die matt und auch unansehnlich sind, werden wieder blank, wenn darin Rhabarber-, Apfelschalen, Spinatabfälle oder Obstkerne einige Minuten lang ausgekocht werden. Danach wird der Topf ausgerieben. Das liegt an der Oxalsäure, hat mir der Bub erklärt, wie er studiert hat. Mir persönlich ist das ja wurscht, solange es nur funktioniert.

Glyzerin
Staubtücher nehmen den Staub besser auf, wenn sie nach dem Waschen nochmals mit Wasser und etwas Glyzerin gespült werden. Danach werden sie gut ausgedrückt und zum Trocknen aufgehängt.

Savon noir – die »schwarze Seife« selbst gemacht
Eine Freundin, die mit ihrem Mann nach Frankreich gezogen ist, hat mir ein Rezept für ein wahres Wundermittel mitgebracht, wie sie wieder einmal bei uns zu Besuch war: Savon noir ist ein biologisch abbaubares Universalmittel, das in Wasser gelöst zugleich reinigt und pflegt: Fußböden und Oberflächen aller Art in Bad und Küche, Fenster, Leder, Wäsche, Geschirr, Kupfer, Silberbesteck, Fahrzeuge. Sogar das Fell von Haustieren kann damit gewaschen und gegen Parasitenbefall geschützt werden. Auch Pflanzen können mit einer Savon-noir-Lösung besprüht und so vor Blatt- und Schildläusen, roten Spinnen etc. geschützt werden.

 Savon noir

103 g Pottasche
170 ml kaltes Wasser
30 g Leinöl
450 g Olivenöl
100 g Sheabutter
32 Tropfen Antiranz

Vorbereitung: Als Vorsichtsmaßnahme müssen Schutzbrille und Gummihandschuhe getragen werden, die Dämpfe dürfen nicht eingeatmet werden, daher muss in gut belüfteten Räumen oder im Freien gearbeitet werden.

1. Zuerst wird einige Stunden vor der eigentlichen Zubereitung die Lauge hergestellt. Die Pottasche wird im Wasser in einem hohen Gefäß unter vorsichtigem Rühren mit einem Holzlöffel vollständig aufgelöst.
2. Leinöl, Olivenöl, Sheabutter und Antiranz werden im Wasserbad geschmolzen.
3. In die erkaltete Öl-Butter-Mischung wird nun die Pottaschelauge gegeben und mit dem Pürierstab vorsichtig verrührt. Unbedingt beachten: Das Rühren muss immer wieder unterbrochen werden, damit die Paste sich nicht zu schnell erwärmt. Es wird so lange gerührt, bis eine homogene Paste entstanden ist. Diese muss nun im Wasserbad sieden und immer wieder mit dem Holzlöffel umgerührt werden. Dabei ändert sich ihre Beschaffenheit mehrmals – körnig, flüssig, sämig, breiig und schließlich durchsichtig. Dann ist die Savon noir fertig.
4. Die Prozedur kann 1 bis 2 Stunden dauern. Die fertige Savon noir wird in einem Kunststoff- oder Glasbehälter aufbewahrt und kann für Haushaltszwecke auch gleich verwendet werden.

PUTZMITTEL AUS DEM HANDEL

Nicht nur die wirklichen Chemiereiniger, auch Bio-Reiniger für den Haushalt werden oft mit synthetischen Stoffen versetzt – so zum Beispiel mit Duftstoffen, die für frischen und natürlichen Geruch sorgen. Dazu kommen dann noch Farbstoffe, damit der Reiniger grün oder gelb aussieht – und so die Eigenschaften »zitronenfrisch« oder »umweltfreundlich« besonders hervorhebt. Da darf man sich nicht täuschen lassen. Am besten schaut man immer genau das Etikett an und achtet auf die Angaben über die Inhaltsstoffe – das sagt weitaus mehr aus. Und auch hier gilt nicht wie sonst so oft: Viel hilft viel.

Der Franz: Wie wir noch klein waren, der Leopold und ich, da gab's im Fernsehen eine Werbung und da hieß es: »Mit diesem Wundermittel kriegen Sie wirklich ALLES weg!« Die Oma hat es dann gekauft und ich hab's mir nachts aus der Küche geholt und auf dem Leopold sein Nachttischchen gestellt. Aber wie ich morgens aufgewacht bin, war er immer noch da.

Allzweckreiniger
Mit Allzweckreiniger werden die meisten Verschmutzungen an wasserbeständigen Oberflächen gereinigt. Er sollte möglichst wenig Tenside enthalten (10–20 Prozent) und höchstens 4 Prozent Phosphate – beide sind in der Umwelt nämlich nur schwer abbaubar. Handspülmittel können ebenfalls als Neutralreiniger verwendet werden.

Alkoholreiniger
eignen sich für lackierte und glasierte Flächen, Glas, polierte Stein- und versiegelte Holzböden, die damit streifenfrei sauber werden. Zum Putzen sind keine sehr hohen Dosierungen nötig. Die im Reiniger enthaltenen Alkohole sind leicht biologisch abbaubar.

Scheuermittel
werden vor allem zum Lösen von älteren und hartnäckigen Verschmutzungen verwendet. Sie enthalten sogenannte Abrasivstoffe (zum Beispiel Marmormehl, Kreide, Quarz- oder Bimsmehl), die dafür sorgen, dass der Schmutz sich löst. Scheuermilch ist flüssig und enthält dieselben Abrasivstoffe, ist aber milder in der Wirkung und kann meist auch auf Emaille und Kunststoff angewendet werden.

Sanitärreiniger
werden vor allem zur Reinigung von Bad und WC verwendet – und hier tut gründliche Reinigung besonders not.

Kalkflecken auf Armaturen sind lästig. Denn glänzen die Armaturen, wirkt gleich das ganze Bad sauber und rein.

Dennoch kann auf aggressive Mittel verzichtet werden: Ein Sanitärreiniger auf Zitronensäurebasis wirkt zwar langsamer, aber ebenso gründlich wie die diversen Spezialmittel. Aber Achtung: Emaillierte Flächen können durch saure Sanitärreiniger stumpf werden!

BAD UND WC

Gerade in Bad und WC legt man besonderen Wert auf Sauberkeit und Hygiene. Denn hier geht's um die Körperpflege und da kann man keinen Schmutz um sich gebrauchen. Heutzutage – wir mussten bei der Oma früher ja noch aufs Plumpsklo gehen – ist das ja auch einfacher als gedacht. Fliesen, Keramik und Armaturen lassen sich hervorragend auch ohne viel chemische Zusätze reinigen.

Armaturen

Chrom glänzt wie neu durch das Reinigen mit Petroleum oder Terpentin. Immer wird mit einem weichen Lappen nachpoliert.

Hartnäckige Kalkränder um Wasserhähne verschwinden, wenn ein essiggetranktes Tuch über Nacht um den Hahn gewickelt wird.

Kalkflecken auf Armaturen werden mit Haushaltsessig oder mit einer milderen Zitronensäure aufgelöst (1–2 Teelöffel in ½ Liter Wasser). Diese bekommt man in Apotheken, Drogerien und auch in manchen Supermärkten.

Verkalkte Duschköpfe aus Metall werden in Essigwasser (Verhältnis 1:1) gekocht und noch etwa 15 Minuten in der Lösung liegen gelassen.

Duschköpfe aus Kunststoff weicht man am besten über Nacht in einer Essig-Wasser-Lösung ein.

Wanne, Waschbecken und WC

Farbige Badewannen aus Kunststoff sind besonders empfindlich gegen Kratzer. Solche Schrammen werden vermieden, indem die Wanne mit einem feuchten Tuch mit Bullrich-Salz (Natron) gereinigt wird.

Oft bilden sich von tropfenden Wasserhähnen in der Badewanne und im Waschbecken gelbe Flecken. Wenn Zitronensaft auf die Stellen geträufelt wird, sind die Flecken bald verschwunden.

Einen Zitrusreiniger fürs WC kann man leicht selbst herstellen. Erst werden 10 Milliliter Spülmittel mit 5 Tropfen Zitronenöl vermischt. Dann werden 210 Milliliter destilliertes Wasser und 25 Gramm Zitronensäure in eine Kunststoffschüssel gegeben und es wird so lange gerührt, bis

Sowohl klassische Teekessel als auch elektrische Wasserkocher müssen regelmäßig entkalkt werden.

eine klare Flüssigkeit entstanden ist. Nun wird die Spülmittel-Zitronenöl-Mischung zugegeben und vorsichtig umgerührt – fertig! In eine Flasche umgefüllt, reicht dieser Reiniger für etwa ein Vierteljahr.

Kalk in der Toilettenschüssel wird mit Essig beseitigt. Auf die Kalkränder wird über Nacht essiggetränktes Toilettenpapier gelegt, dann wird mit der Bürste nachgeschrubbt.

KÜCHE

Die Küche ist für mich der Raum, wo Sauberkeit am wichtigsten ist. Wo es um Nahrungsmittel und ihre Zubereitung geht, ist Hygiene einfach unabdingbar. Aber eine chemische »Schicht« auf allen Gegenständen und Oberflächen kann man natürlich auch nicht gebrauchen. Daher sollte man hier eher mit natürlichen Hausmitteln »arbeiten« als mit scharfen Produkten aus dem Supermarkt.

Küchenschränke und Oberflächen

Holzküchen und fettige Frontflächen aus Holz werden wieder schön sauber mit verdünnter Essigessenz auf einem Fensterleder. Der matte Holzschimmer bleibt mit dieser Reinigungsmethode erhalten.

Kunststoffoberflächen bekommt man mit warmem Wasser, in das man etwas Spülmittel und Essig gibt, wieder blank. Nachgerieben wird mit einem weichen trockenen Tuch.

Spüle

Edelstahlspülbecken werden nach einiger Zeit oft blind. Mit einer Paste aus Schlämmkreide und Essig eingerieben, feucht nachgewischt und mit einem trockenen Tuch poliert, sieht es wieder aus wie neu.

Edelstahl kann auch mit der Innenseite einer ausgepressten Zitrone besonders glänzend gerieben werden.

Hartnäckig verschmutzte Chromteile poliert man am besten mit einem mehlbestäubten weichen Lappen auf.

Umweltschonend ist ein Schuss Essig statt Spülmittel beim Abspülen. Oder die halb geleerte Spülmittelflasche wird mit Essig aufgefüllt. Das Geschirr wird dann besonders sauber und glänzend.

Es kann vorkommen, dass es aus dem Ausguss riecht. Dann wird eine Tablette Natron (Bullrich-Salz) auf das Sieb gelegt und diese mit kochendem Wasser übergossen.

Herd und Ofen

Übergekochte Milch auf der Herdplatte – wer kennt das nicht?! Die Milch sollte sofort mit einem feuchten Tuch abgewischt werden. Dann gibt man einige Spritzer Essig auf die noch heiße Herdplatte. Hässliche Flecken lassen sich so vermeiden. (Übrigens: Mit einem Tropfen Essig auf der heißen Herdplatte lassen sich auch Fliegen aus der Küche vertreiben.)

Ein Brei aus Bullrich-Salz und Wasser ist für die Reinigung einer Herdplatte besonders schonend.

Hartnäckigen Verkrustungen im Ofen rückt man am besten mit einer Paste aus Backpulver, Salz und Wasser zu Leibe. Die verschmutzten Stellen werden einfach mit der Paste bestrichen und diese muss möglichst über Nacht einwirken. Danach wird der Ofen mit einem feuchten Schwammtuch ausgewischt. Eine andere Möglichkeit ist, die Ofenwände mit einer Mischung aus Spülmittel und Essig im Verhältnis 1:1 einzusprühen. Nach einer Einwirkzeit von 30 Minuten haben sich die Verkrustungen gelöst und können mit einem feuchten Lappen weggewischt werden.

Geschirr und Utensilien

Holzbretter, die man ja so oft in der Küche verwendet, werden wieder fast wie neu, wenn sie mit Essigwasser abgerieben werden.

Ton- und Steinguttöpfe nehmen mit der Zeit, wenn sie lange unbenutzt stehen, manchmal einen dumpfen Geruch an. Wenn die Töpfe mit heißem, verdünntem Essig ausgespült werden, verschwindet der Geruch.

Angebranntes in Töpfen oder Pfannen ist oft schwer zu entfernen. In solchen Fällen werden Essig und Salz in dem Topf aufgekocht. Nach dem Abkühlen wird die Schmutzschicht ausgewischt und es wird klar nachgespült.

Von außen werden Aluminiumtöpfe mit einer Mischung aus Zigarettenasche und Seifenpulver zu gleichen Teilen gereinigt. Der Topf strahlt wieder wie neu.

Verkalkte Töpfe und Kessel werden am besten mit einer Zitronensäure-Wasser-Mischung (2 Esslöffel Zitronensäure auf 1 Liter Wasser) ausgekocht, wobei darauf geachtet werden sollte, dass auch alle Kalkränder mit der Lösung bedeckt sind.

Gerade das von der Oma geerbte Geschirr sollte sehr vorsichtig behandelt werden. Nicht jedes Porzellan verträgt Spülmaschine oder Mikrowelle.

Verkalkte Gefäße, wie etwa Blumenvasen, werden ebenfalls mit dieser Lösung aufgefüllt und einen Tag lang stehen gelassen, dann werden mit einer Flaschenbürste alle Ränder kräftig nachgeschrubbt.

Enghalsige Glasvasen lassen sich schlecht säubern. Hier wird einfach warmes Wasser eingefüllt und darin Fleckensalz (etwa 1 Teelöffel) aufgelöst. Diese Mischung lässt man einige Zeit einwirken.

Der Franz hat zur Arbeit oft eine Thermoskanne Kaffee dabei, wenn er auf Außendienst ist. Da er sie nie richtig ausspült, ist sie irgendwann natürlich unglaublich schmutzig. Wenn ich sie dann mal wieder in die Finger krieg, ist sie hinterher aber wieder wunderbar sauber: Einige zerkleinerte Eierschalen werden mit 1 Esslöffel Essig und etwas heißem Wasser in die Kanne gegeben und diese wird gut verschlossen. So lange schütteln, bis sich alle Rückstände gelöst haben. Danach wird mehrere Male gründlich mit warmem Wasser nachgespült.

> **Die Oma:** Natürlich weiß er das nicht. Er mag's nämlich nicht, wenn man an seiner heiligen Kanne rummacht.
> **Der Franz:** Also das mit den verschmutzten Thermoskannen ist natürlich ein richtiger Schmarrn. Ich hab jetzt meine seit sieben Jahren und die war noch niemals verschmutzt.

Teeränder aus Teetassen verschwinden am besten mit Salz. Die feuchte Tasse wird mit Salz ausgestreut, feucht ausgewischt und mit klarem Wasser ausgespült.

Sogar Brandflecken auf Porzellan lassen sich entfernen: Der Fleck wird kräftig mit einem Korken ausgerieben, der erst in Wasser und dann in etwas Salz getaucht wurde.

Elektrogeräte

Ein Segen ist heutzutage ja auch die Mikrowelle. Früher mussten wir auf dem Herd oder im Ofen kalt gewordene Speisen aufwärmen. Aber bei den ungeduldigen Männern bei mir im Haus bin ich wirklich froh um das Gerät. Man sollte es aber möglichst nach jeder Benutzung reinigen, also feucht auswischen und dabei Fett- und Soßenspritzer entfernen. Bei hartnäckigen Verschmutzungen wird eine Schüssel mit heißem Wasser und einer Zitronenscheibe in

Blütenstaub, Regen und Abgase lassen Scheiben schnell verschmutzen. Besonders Fenster zur Straße hin sollte man öfter als zweimal im Jahr putzen.

der Mikrowelle so lange erhitzt, bis sich Wasserdampf bildet. Danach wird alles mit einem feuchten Tuch ausgewischt.

Wer seine Elektrogeräte regelmäßig entkalkt, spart Energie und schont die Geräte. Am besten eignet sich zum Entkalken Zitronensäure. Auf 1 Liter Wasser werden 2 gehäufte Esslöffel Zitronensäure gegeben.

Für das Entkalken der Kaffeemaschine lässt sich die Zitronensäure-Wasser-Mischung folgendermaßen verwenden: Die Lösung wird in den Wasserbehälter der Kaffeemaschine gegeben, die Maschine wird eingeschaltet. Wenn die Hälfte der Flüssigkeit durchgelaufen ist, wird die Maschine ausgeschaltet. Nach ein paar Stunden, in denen das Mittel zieht, wird die Maschine wieder eingeschaltet, damit der Rest durchläuft. Danach sollte die Maschine noch vier- bis fünfmal mit klarem Wasser durchlaufen, dann ist der Kalk samt allen Rückständen der Säure verschwunden.

Tauchsieder oder Wasserkocher verkalken meist sehr schnell. Tauchsieder werden am besten über Nacht in kaltes Essigwasser gehängt – Wasserkocher einfach mit kaltem Essig-Wasser-Gemisch aufgefüllt. Bei sehr starkem Kalkbelag ist es besser, wenn die Geräte mit Essig-Salz-Wasser ausgekocht werden. Auch die oben genannte Zitronensäure-Wasser-Mischung eignet sich zum Auskochen.

Bei Geschirrspülmaschinen, die nicht täglich benutzt werden, kommt es manchmal zu unangenehmen Gerüchen. Wenn eine Handvoll Bullrich-Salz in die Maschine gestreut wird, absorbiert dieses die Gerüche.

Der Kühl- sowie der Tiefkühlschrank sollten einmal im Jahr abgetaut werden. Wenn man nach dem Abtauen und der Reinigung den Kühlschrank bzw. Tiefkühlschrank mit Glyzerin ausreibt, dann vereist er nicht mehr so schnell – und das hilft Strom sparen. Und noch ein Tipp: Die Gummidichtungen an Kühlschränken, Gefriertruhen und -schränken werden haltbarer und dichten auch besser ab, wenn sie hin und wieder mit Talkumpuder eingerieben werden. Gegen Gerüche im Kühlschrank wird eine Schale mit Natron (oder auch Backpulver, in dem Natron enthalten ist) offen in eines der Fächer gestellt. Es hilft auch ein halber Apfel. Der Apfel sollte wöchentlich erneuert werden.

FENSTER UND TÜREN

Auch wenn sie auf der Prioritätenliste vielleicht nicht die Nummer 1 haben, so sind blitzblanke Fenster und fleckenlose Türen doch ein Zeichen für einen gepflegten Haushalt. Meine Oma hat immer viel Wert auf saubere Fenster gelegt, weil die ja schließlich auch nach außen hin zeigen, wie sauber ein Haushalt geführt wird. Die Technik ist dabei das A und O.

Fenster werden folgendermaßen geputzt:
In einen Eimer Wasser wird ein Spritzer Allzweckreiniger gegeben (im Verhältnis 1:100 bis 1:200). Mit einem Schwammtuch werden die Fensterscheiben gesäubert. Dann wird mit einem Fensterwischer (gibt es in Breiten von 35 und 45 Zentimetern) das Wasser »abgezogen«, und zwar bahnenweise und leicht überlappend waagerecht oder senkrecht. Damit kein Wasser auf den Boden tropft, wird das Schwammtuch untergehalten. Nach jeder Bahn wird der Wischgummi mit einem Tuch getrocknet, damit keine Streifen entstehen. Zum Schluss werden die Kanten der Glasscheibe mit einem Leder (oder einem fusselfreien Tuch) abgestrichen – dabei auf die Ecken achten!

Ein anderes, altbewährtes »Fensterputz-Rezept« geht so:
In das Putzwasser zum Fensterputzen wird ½ Tasse Essig gegeben und genauso viel Salmiakgeist. Gereinigt wird mit einem weichen Lederlappen, nachpoliert mit trockenem Zeitungspapier. Wenn es einmal ganz schnell gehen soll, wird ein weiches Tuch in Essig getaucht und damit übers Fensterglas gewischt.

Achtung: Nie bei Frost Fenster putzen!
Für die gründliche Reinigung von verschmutzten Milchglasscheiben eignet sich am besten heißes Essigwasser (Vorsicht, Dämpfe!).

Der Simmerl: Bei uns in der Metzgerei wird das Fenster ja jeden Tag neu geputzt. Weil wir ja täglich was anderes im Angebot haben und das muss dann halt auch draufstehen, gell. Das Putzen übernimmt in der Regel der Max, da frischt er sich quasi sein Taschengeld auf. Aber wie jetzt: Vorsicht Dämpfe? Ist da was, das wir wissen müssten?

Ein altes Hausmittel gegen stark verschmutzte Fensterscheiben sind auch ungeschälte Zwiebelhälften, mit denen die Scheiben abgerieben werden. Die verschmutzte Fläche der Zwiebel wird dabei immer wieder abgeschnitten. Wenn danach die Scheiben geputzt werden, ist auch jeglicher Fliegendreck entfernt.

Blinde Fensterscheiben werden wieder blank, wenn mit einem in Oliven- oder Leinöl getränkten Wolllappen darübergerieben wird. Nach einer Stunde Einwirkzeit wird mit Seidenpapier nachgerieben. Wenn man jetzt wie üblich putzt, sind die blinden Stellen verschwunden. Dasselbe Rezept hilft auch bei blinden Spiegeln.

Unansehnlich gewordene weiße **Türen** wirken wie renoviert oder frisch gestrichen, wenn sie mit einer Seifenlösung abgewaschen werden, der ein Schuss Petroleum zugegeben wurde. Die Türen glänzen auch ohne Nachpolieren.

Klemmende Türen werden in der Angel mit Bohnerwachs oder Paraffin eingerieben.

Glänzende Glastüren bekommt man, wenn diese mit einem in Essig getränkten Schwamm abgerieben werden.

Übrigens: Glasflächen, Spiegel und auch Fenster bleiben von Fliegen verschont, wenn die Flächen mit Essigwasser abgerieben werden.

WÄNDE UND TAPETEN

Auch Wände und Tapeten sind nicht vor Schmutz und Flecken sicher. Auch wenn es nicht oft oder schnell geschieht, so kann es doch passieren, dass eine Hand einen Abdruck hinterlässt oder sich Staub und Schmutz um die Lichtschalter herum sammeln. Gerade, wenn man wie ich einen Haushalt mit Männern führt. Das heißt aber nicht, dass sofort gestrichen oder neu tapeziert werden muss. Auch hier hilft so manches Hausmittel.

Flecken auf der Tapete werden zunächst einmal mit einem feuchten Tuch behandelt. Wichtig: Die entsprechende Stelle darf stets nur abgetupft und nicht -gerieben werden. Wenn das nicht hilft, wird ein Wattebausch in eine Mischung aus Waschbenzin und Magnesia (Magnesiumcarbonat) getaucht und der Fleck damit betupft. Nach einiger Einwirkzeit wird mit einem frischen Wattebausch nachgerieben.

Leichte Flecken auf der Raufasertapete lassen sich auch gut mit einem Radiergummi aus Kunststoff entfernen.

Fettflecken auf Tapeten werden mit Löschpapier und Bügeleisen entfernt. Oder mit einem benzingetränkten Wattebausch.

Unbekannte Flecken verlangen besondere Vorsicht. Wenn möglich, muss erst an einer nicht sichtbaren Stelle mit Essig, Weingeist oder auch Zitronensaft getestet werden. Auch einfacher Seifenschaum kann schon helfen. Der Fleck wird eingerieben, dann wird mit klarem Wasser nachgereinigt.

Matt gewordene Fliesen und auch Kacheln werden schnell wieder glänzend, wenn Zeitungspapier oder ein Fensterleder in eine Salmiaklösung getaucht und sie damit abgerieben werden.

FUSSBÖDEN

Fußböden werden natürlich stets stark strapaziert, besonders im Eingangsbereich oder in der Küche. Früher hatten wir fast im ganzen Haus Steinfliesen, aber der Holzfußboden im Wohnzimmer hat immer extra viel Pflege gebraucht.

Kunststoff, Ton, Stein und auch versiegeltes Holz werden am besten mit warmem Wasser (kann durchaus Brauchwasser sein) und einem Spritzer Spülmittel gereinigt.

Bei stärker verschmutztem Boden genügt Wasser mit einem Schuss Allzweckreiniger.

Holzböden dürfen nicht mit wassergelösten Wachsen gepflegt werden: Sie würden das Holz zum Quellen bringen. Meine Oma hat immer mit Bohnerwachs gearbeitet und ich nehme es auch ab und an noch gerne. Man braucht auch gar nicht die Bohnerwachse kaufen, die es so im Laden gibt. Immerhin haben die normalerweise bis zu 75 Prozent Lösemittel und sind daher nicht unbedingt umweltfreundlich, sagt der Leopold – gerade, wenn man sie über Jahre hinweg anwendet. In Bioläden oder gut sortierten Baumärkten kann man jedoch Bohnerwachs auf Bienenwachsbasis kaufen.

Man kann Bohnerwachs auch selbst herstellen, dann weiß man natürlich ganz genau, was enthalten ist. Allerdings sind die Zutaten nicht einfach zu bekommen und müssen teilweise bestellt werden. Da muss ich dann immer einen meiner Buben um Hilfe bitten.

Für das Bohnerwachs benötigt man Terpentin, Bienenwachs und Carnaubawachs im Gewichtsmengenverhältnis 6:2:1 (Carnaubawachs stammt von der gleichnamigen, in Brasilien beheimateten Palme).

Das Bienenwachs wird in die Hälfte des Terpentins eingestreut und dann im Wasserbad aufgelöst. Im restlichen Terpentin wird das Carnaubawachs auf dieselbe Weise gelöst. Danach werden die beiden Wachslösungen zusammengeschüttet, sehr gut verrührt und in einen verschließbaren Behälter gegeben. Auch während des langsamen Erkaltens wird immer wieder umgerührt.

Hinweis: Wegen des Anteils an Terpentin besteht eine gewisse Feuergefährlichkeit. Das gilt auch für die mit Bohnerwachs (auch wenn man gekauftes Wachs verwendet!) getränkten Lappen. Deshalb – und auch um sie vor dem Hartwerden zu schützen – werden die Putzlappen in einer fest verschließbaren Dose aufbewahrt.

Vor der Pflege mit Bohnerwachs wird der Boden zunächst gut gereinigt. Wenn er trocken ist, wird das Bohnerwachs auf die gesamte Bodenfläche aufgetragen. Unsere Großmütter nahmen dazu einen »Blocker« – eine schwere, etwa ziegelförmige Bürste. Das Wachs kann aber auch mit einem am Schrubber befestigten Lappen oder Stoffrest aus Naturfaser aufgetragen und verteilt werden. Danach wird nachpoliert – per Hand oder wieder mit dem Schrubber und einem Lappen, und zwar so lange, bis das Wachs ins Holz eingedrungen ist und die Bodenfläche sanft glänzt. Wer größere Flächen bohnern will, leiht sich am besten im Baumarkt oder Bodenfachhandel eine Poliermaschine aus. Vorsicht: Durch das Wachsen wird die Bodenoberfläche glatt und rutschig! Geeignetes Schuhwerk schützt vor unliebsamen Ausrutschern.

Parkettböden, die mit Teppichen belegt sind, sollten nicht mit Bohnerwachs behandelt werden. Das Wachs wird durch den ständigen Gebrauch sonst auf den Teppich getragen: Die Wolle verklebt, der Teppich verschmutzt schneller.

Flecken auf Linoleum- und PVC-Böden

Absatzstriche lassen sich durch leichtes Scheuern mit der harten Seite eines Spülschwamms bestens entfernen.

Farbflecken lassen sich von Linoleum- und PVC-Böden nach etwa zehn Minuten leicht ablösen. Sie dürfen nicht mehr feucht, aber auch nicht eingetrocknet sein.

Lackspritzer auf solchen Böden, die etwa durch Malerarbeiten entstanden sind, werden vorsichtig und zeitnah mit einer Kunststoffspachtel entfernt. Letzte Reste können mit Terpentin oder Benzin beseitigt werden.

Nach wie vor eine effektive Methode, um Teppiche zu entstauben: mit dem Teppichklopfer über der Teppichstange.

Teer sowie Striche von **Kugelschreiber** und **Filzstift** verschwinden nur dann, wenn sie sofort nach ihrer Entstehung mit Speiseöl behandelt werden: Das Öl wird leicht aufgetragen und nach einigen Minuten Einwirkzeit wird der vom Öl aufgenommene Schmutz mit einer Spülmittellösung abgewaschen. Ältere Flecken von Teer, Kuli und Filzstift lagern sich im Kunststoff ein und können nicht mehr beseitigt werden!
Andere Flecken werden ganz vorsichtig mit feiner Stahlwolle abgerieben. Die Stahlwolle sollte vorher mit Terpentin oder Terpentinersatz befeuchtet werden.

Flecken auf Terrakottaböden

Im Eingangsbereich und in der Küche werden oft Terrakottafliesen verlegt. Sie sollten wegen der ständigen Verschmutzungsgefahr mit einer speziellen Imprägnierung versehen werden. Gerade in der Küche kommt es oft zu Fettspritzern oder Getränkeflecken.
Getränkeflecken (Tee, Kaffee, Cola, Rotwein, Fruchtsäfte) und auch **Tinte** verschwinden rasch, wenn sie mit einer Entfärberlösung (aus der Drogerie) nachbehandelt werden. Anschließend wird mit klarem Wasser nachgewischt. Ist der Fleck immer noch sichtbar, so wird er mit einem Lappen betupft, der mit Chlorbleichlauge (gibt es in Drogerien und Apotheken) getränkt wurde.
Natursteinfliesen, die nicht glasiert sind, werden mit einer schwachen Essiglösung fleckfrei gemacht. Auch hier wird natürlich mit klarem Wasser nachgewischt.

TEPPICHE UND TEPPICHBÖDEN

Teppiche und Teppichböden, seien sie fest verlegt oder nicht, geben der Wohnung einen besonders gemütlichen und wohnlichen Touch. Ich mag sie besonders im Schlafzimmer, dann kann man da auch wunderbar barfuß zum Bett gehen. Sie sind außerdem leicht zu reinigen, da für gewöhnlich der Staubsauger reicht. Man sollte aber darauf achten, dass ein moderner Staubsauger auch kleinste Teilchen schafft. Mit älteren Geräten wird der Staub nur aufgewirbelt – ein wahrer Alptraum für Asthmakranke und Allergiker.
Lose Teppiche werden am ehesten durch Klopfen draußen staubfrei; das war früher bei der Oma immer der reinste Spaß, wenn jeder mal so richtig draufhauen durfte. Der Vorteil ist, dass die Luft in den Innenräumen unbelastet bleibt. Früher war es eine Selbstverständlichkeit, den kalten Winter für die Teppichreinigung zu nutzen: Die Teppiche wurden einfach mit der »schönen« Seite nach unten in nicht zu nassen Neuschnee gelegt und vorsichtig geklopft.
Um die Farben eines Teppichs wieder aufzufrischen, gibt es ebenfalls einen ganz einfachen Trick: Ein Schwamm oder ein Tuch wird in Essigwasser getaucht, leicht ausgedrückt oder -gewrungen und der Teppich damit behandelt.

Flecken auf Teppichen und Teppichböden

Das Wichtigste bei Flecken auf Teppichen oder Teppichböden ist schnelle Reaktion, wenn es passiert ist. Fast alle Flecken lassen sich schnell und problemlos mit lauwarmem Wasser entfernen, wenn sie sofort nach ihrer Entstehung folgendermaßen behandelt werden: Mit einem sauberen Hand- oder Geschirrtuch wird die Flüssigkeit aufgenommen, dabei darf nicht allzu sehr gerieben werden. Der Fleck muss immer von außen nach innen bearbeitet werden, um Ränder zu vermeiden. Ein »echtes« Fleckenmittel sollte immer erst dann eingesetzt werden, wenn der Fleck vollkommen ausgetrocknet ist.

Ist der Fleck schon älter – wenn zum Beispiel aus Angst vor einem Anpfiff die Buben nicht gesagt haben, dass mal wieder was danebenging –, werden zuerst die eingedickten und eingetrockneten Reste entfernt – am besten mit einem Messerrücken oder einem Löffel. Oft genügt es auch, wenn die Teppichstelle ausgebürstet und abgesaugt wird. Bleiben jetzt noch Reste sichtbar, wird mit lauwarmem Wasser behandelt. Erst wenn auch das erfolglos bleibt, wird zu stärkeren Methoden gegriffen.

Spül- oder Waschmittel sollten zur Fleckentfernung auf Teppichböden nicht gleich eingesetzt werden. Denn die darin enthaltenen reinigungsaktiven Substanzen führen dazu, dass das Gewebe nach der Fleckentfernung schneller schmutzt. Es kann – etwa bei zu starkem Reiben – sogar zu Verfilzungen kommen!

Teppichreinigungsmittel in Form von Trockenpulver oder Shampoo reinigen zwar porentief, doch viele Teppiche und Teppichböden schmutzen nach einer solchen Reinigung ebenfalls schneller als vorher, denn klebrige Rückstände bleiben in jedem Fall zurück – und die ziehen kleinste Schmutzpartikelchen an. Abgesehen davon können viele dieser Mittel Allergien verursachen.

Blut wird am besten mit kaltem Wasser entfernt oder der Fleck mit Mineralwasser besprüht und anschließend gut abgetupft. Danach wird er mit verdünntem Salmiakgeist behandelt und mit einem Veloursleder getrocknet. Blutflecken können aber auch nach dem Eintrocknen ausgebürstet werden. Danach wird der Fleck mit verdünntem Salmiakgeist eingerieben und mit einem feuchten Tuch abgewischt.

Brandspuren sind wohl das Unangenehmste auf einem Teppich. Es gibt aber einen Trick: Mit einer Rasierklinge werden Fasern aus dem Teppichflor geschnitten. Dann wird auf das Brandloch Alleskleber gegeben, die Fasern werden hineingedrückt und mit einem schweren Gegenstand beschwert. So verschwindet das Brandloch unter den Teppichfasern.

Fett kann man mit einer Salmiaklösung ausreiben.

Filzschreiber, Klebstoff, Kuli, Lack und **Teer** müssen sofort mit einem lösemittelhaltigen Mittel behandelt werden. Hierbei ist stets genau die Gebrauchsanweisung zu beachten. Gealterte Flecken dieser Herkunft auf synthetischen Teppichböden sind bereits in die Fasern gewandert und lassen sich nicht mehr entfernen.

Grasflecken werden vorsichtig mit Weingeist oder verdünntem Salmiakgeist eingerieben. Dann werden sie mit warmem Seifenwasser abgewischt und mit klarem Wasser nachbehandelt.

Kaffee oder **Tee** wird erst einmal abgetupft, dann mit etwas flüssigem Allzweckreiniger (oder auch Spülmittel) behandelt.

Für **Kaugummi** gibt es spezielle Eissprays: Der Fleck wird damit vereist, danach wird der alte Kaugummi zerklopft und die Reste werden abgesaugt. Kaugummi lässt sich auch ohne Vereisung, aber mit Speiseöl entfernen: Es wird etwas Öl auf den Kaugummi geträufelt, nach einigen Minuten lässt er sich mit einem Löffel leicht abheben. Letzte Reste werden mit Speiseöl oder Terpentin abgerieben. Das Öl wird dann mit einem Teppichschaum entfernt.

Kleber lassen sich eventuell mit ölfreiem Nagellackentferner entfernen. Der Rand wird vorsichtig betupft, denn der Kleber sollte sich von unten lösen. Dann kann er mit einem Messerrücken abgehoben werden. Zur Nachbehandlung wird die Stelle gut ausgebürstet.

Malerfarbe wird zuerst mit lauwarmem Wasser betupft. Dann wird behutsam mit einem in Essig getränkten Tuch nachgerieben.

Marmelade und **Honig** sind besonders klebrig. Und diese Flecken kamen bei uns leider besonders häufig vor ... Man bearbeitet sie am besten mit ein wenig Spülmittel. Der Fleck wird vorsichtig mit einem Tuch betupft und mit einem farblosen, neutralen Essig nachbehandelt.

Milch muss sofort entfernt werden, sonst entwickelt sich ein sehr unangenehmer Geruch, wenn die Milch sauer wird. Sie wird vorweg mit klarem Wasser abgetupft, dann sollte man mit Weingeist, Spiritus oder verdünntem Salmiakgeist nachbehandeln und diesen wiederum mit lauwarmem Wasser ausreiben.

Obstflecken werden mit kaltem Wasser beträufelt, das mit einem saugfähigen Tuch aufgesogen wird. Zum Entfernen eventueller Reste wird Seifenspiritus verwendet.

Von **Ölfarbe** wird zunächst so viel wie möglich abgekratzt, der zurückbleibende Fleck wird dann mit Terpentin oder Salmiakgeist entfernt.

Welch Ungeschick! Aber keine Panik, auch Rotweinflecken bekommt man in den Griff, wenn man schnell reagiert.

Ölflecken sollten zunächst mit Roggenmehl, Talkpuder oder Maismehl bestreut werden. Nach dem Trocknen werden sie ausgebürstet, dann wird mit klarem Wasser nachgerieben.

Rost kann mit Kleesalz entfernt werden. Nach der Behandlung wird gründlich mit klarem Wasser nachgetupft.

Rotweinflecken werden am besten sofort mit Salz bestreut. Nach dem Einwirken wird das Salz abgesaugt, wenn nötig wird die Stelle mit schäumendem Spülmittel nachbehandelt. Bei farbigen Textilien muss man vorsichtig sein, da das Salz nach dem Aufsaugen des Rotweins die Textilfarben angreifen kann.

Schimmel auf hellen Teppichen wird mit einem Brei aus verdünntem Salmiakgeist und Kartoffelmehl bestrichen, nach dem Trocknen ausgebürstet, dann muss man mit Alkohol nachreiben. Schimmelflecken auf dunklen Stücken werden mit einer Mischung aus 1 Teil Salmiakgeist und 4 Teilen Wasser eingerieben. Die Stelle wird mit klarem Wasser nachbehandelt.

Schokolade wird zunächst, so gut es geht, mit einem Messer entfernt. Danach wird die Stelle mit Wasser – erst mit einem kalt, dann mit einem warm befeuchteten Schwamm – abgerieben.

Sekt wird mit lauwarmem, reinem Wasser behandelt, nie mit Seifenwasser.

Wachs muss erst vollkommen aushärten. Dann wird mit einem Messer möglichst viel abgekratzt und die Stelle mit Waschbenzin, Weingeist oder Spiritus weiterbehandelt. Wachs auf nicht waschbaren Materialien wird am besten mit einem Löschpapier oder auch Zeitungspapier ausgebügelt. Der Vorgang wird so oft wiederholt, bis das Wachs weg ist. Noch besser als mit dem Bügeleisen entfernt man Wachs mit dem Föhn: Filterpapier wird auf den Wachsfleck gelegt und die Stelle erwärmt. Das erwärmte Wachs fließt ins Papier, das mehrmals gewechselt werden muss.

Wasserflecken können mit Essig oder verdünntem Salmiakgeist ausgebürstet werden, danach wird mit einem feuchten Tuch nachgerieben.

Weißweinflecken werden zunächst mit warmem Wasser abgerieben und danach mit reinem Alkohol oder einer essighaltigen Seifenlösung behandelt. Dann wird mit klarem warmem Wasser nachgerieben und die Stelle am besten mit einem Veloursleder getrocknet. Auf keinen Fall darf man hier Salz verwenden, da Weißwein kaum Farbstoffe besitzt und das Salz direkt die Textilfarbe des Teppichs angreifen würde.

UNGEZIEFERBEKÄMPFUNG

Ungeziefer in der Wohnung ist eine wahre Plage. Gerade bei uns auf dem Land gibt es natürlich jede Menge Fliegen und andere Tiere, die ab und an den Weg ins Haus finden. Meine Oma hatte aber eine ganze Anzahl von Hausmitteln und Vorsichtsmaßnahmen, mit denen man fast alles Ungeziefer in Haus oder Wohnung in Schach halten kann. Und dabei muss es noch nicht einmal immer vernichtet werden.

Düfte gegen Fliegen und Mücken

Eine halbe mit Nelken gespickte Zitrone hält die geflügelten Tierchen auf Abstand. Ätherische Öle helfen ebenfalls, zum Beispiel Zitronenöl, Lavendelöl oder Sandelholzöl – ein paar Tropfen davon werden einfach auf den Fensterrahmen gegeben.

Fliegen machen einen großen Bogen um Basilikumblätter oder Brennnesseln auf dem Fensterbrett, auch um ein Gefäß mit Tomatenblättern am Fenster.

Nützlich ist auch eine enghalsige Flasche, gefüllt mit Honig-, Sirupwasser oder Limonade und zusätzlich einem Tropfen Spülmittel auf der Fensterbank.

Selbst destillierte Duftwasser aus Rosen oder Rosmarin machen natürlich schon was her. Allerdings bedarf es besonderer Schulung und spezieller Geräte.

Frisches Fleisch (z. B. beim Grillen im Freien) wird mit Zitronenmelisseblättern vor Fliegen geschützt.
Beim Kochen und auch Essen sollten die Fenster geschlossen bleiben. Etwas anderes ist es, wenn in der Wohnung oder auf der Terrasse/dem Balkon Durchzug herrscht: Da wird man von Fliegen sicher nicht belästigt.
Um Mücken von Terrasse und auch Balkon fernzuhalten, wird ein Tuch mit einigen Tropfen Nelkenöl getränkt und aufgehängt.
Eine langfristige Chance gegen Fliegen bietet die nächste Renovierung: Wenn Wände, Möbel oder etwas anderes weiß gestrichen werden sollen, mischt man etwas Lorbeeröl mit in die Farbe, denn Fliegen meiden Lorbeer.

Was gegen Ameisen hilft

Zunächst muss die Ameisenstraße verfolgt werden, um den »Futterplatz« ausfindig zu machen. Wichtig: Erst wenn die Königin stirbt, ist man alle anderen Ameisen auch los. Ein Schwamm wird in Zucker getränkt und ausgelegt. Wenn die Ameisen sich darauf gesammelt haben, wird der Schwamm in kochend heißes Wasser getaucht. Das klingt brutal, ist aber die schnellste und damit humanste Art der Bekämpfung.
Alternativ können auch Köderdosen mit einem Gemisch aus Borax und Zucker im Verhältnis 1:1 ausgelegt werden.

*Der Franz: Ein Flammenwerfer tut's auch. Einfach auf den Futterplatz halten, eine knappe Minute lang und gut ist's.
Ist ebenso human, da schnell, macht aber deutlich mehr Spaß.*

Silberfischchen im Badezimmer

Die Fugen an der Wanne oder am Waschbecken im Bad sollten ab und zu gründlich mit kochendem Wasser ausgespült werden.
Silberfischchen verstecken sich gerne unter Gips. Daher wird bei Dunkelheit ein feuchter, mit Gips bestreuter Baumwolllappen als künstliches Versteck ausgelegt. Am nächsten Morgen kann der Lappen samt den darunter versteckten Silberfischchen im Freien ausgeschüttelt oder in heißes Wasser getaucht werden.
Ein gutes Mittel ist auch eine Mischung aus Borax und Zucker im Verhältnis 1:1, die vor die Schlupflöcher gestreut wird.

RAUMDÜFTE

Jede Wohnung hat einen ganz eigenen Duft. Wenn man sie das erste Mal betritt, wird einem das ganz bewusst. Ganz einfach zu beeinflussen ist Geruch mit selbst gemachten Raumdüften.
Ich weiß noch heute, wie es bei meiner Oma gerochen hat. Sie hatte immer Duft-Potpourris – große Schalen oder durchbrochene Holzkästchen, in denen getrocknete Blüten und Blätter aus dem Garten lagen, die einen feinen Duft

Ein Potpourri aus gesammelten und getrockneten Blüten duftet nicht nur herrlich, es ist auch ein dekoratives Element für Fensterbrett oder Kommode.

verströmten. Wer einen eigenen Garten oder eine Terrasse hat, kann sich immer wieder mit frischen, duftenden Blüten versorgen. Besonders beliebt sind zum Beispiel Rosenblüten oder Lavendel, Flieder oder Jasmin, aber im Grunde können alle stark duftenden Pflanzen verwendet werden, je nach Geschmack.

Angenehmen Duft in der Wohnung kann man auch durch Öle erzielen: Mit Duftlampen etwa. Dabei steht über einem Teelicht eine Schale mit Wasser, in die Duftöl geträufelt wird. Durch das Erhitzen des Wassers verteilt sich das Aroma im ganzen Raum. Es gibt unzählige Sorten von Ölen: liebliche und herbe, frische und schwere, anregende und entspannende, Blüten-, Holz- und Gewürzaromen. Selbst auf die Jahreszeit abgestimmten Raumduft kann man genießen. Da ist wirklich für jeden Geschmack und jede Stimmung etwas dabei.

Für die Adventszeit reicht es aus, einfach eine Orange mit Gewürznelken zu spicken, und schon duftet es weihnachtlich. Dasselbe wird mit ein paar Orangen- oder Mandarinenschalen erreicht, die auf einem Teller auf die Heizung gestellt werden, mit frischen Tannenzweigen oder mit einer Schale, die gefüllt ist mit Orangen, Granatäpfeln, Zimtstangen und Äpfeln.

Ich werfe ja nicht gerne was weg. Alte Kerzenreste zum Beispiel, die kann man ganz wunderbar in Duftkerzen verwandeln, indem man sie – mit dem eigenen Lieblingsduft versetzt – neu gießt. Dazu wird ein Docht benötigt (gibt es im Bastelladen), ein Behälter, in dem die Kerze später abgebrannt werden kann (etwa ein Keramikschälchen) und das gewünschte Duftöl. Die Wachsreste werden im Wasserbad (und da am besten in einem hitzebeständigen Behälter) geschmolzen. Das flüssige Wachs wird dann mit dem Docht und ein paar Tropfen des gewünschten Duftöls in den Kerzenbehälter gegeben. Man lässt es erstarren – fertig ist die Duftkerze. Selbst gemachte Duftkerzen sind übrigens auch ein wunderbares Mitbringsel oder Geschenk!

Für Gesundheit und Schönheit

Wir wurden früher nicht sehr oft zum Arzt geschickt. Erstens waren wir viel an der frischen Luft und selten krank, zweitens war der Arzt weit weg, aber vor allem hatte unsere Oma immer selbst wunderbare Mittel, mit denen sie uns bestens versorgt hat. Und auch heute ist es nicht immer nötig, direkt zur Apotheke oder zum Arzt zu gehen. Für echte und die kosmetischen »Wehwehchen« gibt es so gute Mittel aus der Natur, die man ganz einfach selbst herstellen kann. Da spart man sich Zeit und Geld und weiß, was man hat.

Ein Tee aus überbrühten Gänseblümchen hilft bei leichten Hautausschlägen.

Es soll ja tatsächlich Leute geben, die wegen jedem Wimmerl oder dem kleinsten Schnupfen umgehend zum Arzt rennen. Oder gar zum Heilpraktiker. Meistens sind das die Gleichen, die sich dann drüber aufregen, was diese Herren in Weiß so verdienen. Dabei kann man sich gerade mit kleineren Wehwehchen wunderbar auch selber helfen. Egal ob bei Eisenmangel, Hautkrankheiten oder gar Fieber, es ist gegen fast alles ein Kraut gewachsen. Johanniskraut etwa oder Spitzwegerich, Dill, Kamille oder Zitrone sind seit Jahrhunderten schon vertraute und wirksame Heilpflanzen. Vom Mundgeruch bis hin zum Hühnerauge, alles lässt sich erfolgreich behandeln. Sogar bei Blasen- oder Altersbeschwerden findet sich problemlos ein wirksames Mittelchen. Völlig natürlich und in der Regel auch fast kostenlos.

Einmal ganz abgesehen von den wahren Wundermitteln, die unsere Natur für die Schönheitspflege zur Verfügung stellt. Da kann man direkt aus dem Vollen schöpfen. Und dabei spielt es überhaupt keine Rolle, ob Sie etwas für die Haut, die Augen, für die Hände oder Füße oder aber auch für die Zahnpflege brauchen. Von Lotionen über Düfte bis hin zur Haarpflege – die Zutaten dafür finden Sie allesamt in der Natur. Da kann so etwas völlig Unspektakuläres wie eine einfache Kartoffel schiere Wunder bewirken. Bei Cellulite beispielsweise, ich spreche aus Erfahrung!

Und falls sich jetzt trotz aller Bemühungen Ihr Frosch immer noch nicht in einen Prinzen verwandelt hat, da haben wir auch noch einen wertvollen Tipp in Sachen Aphrodisiakum. Wenn das nichts hilft, hilft nichts mehr.

NATÜRLICHE HEILMITTEL

Früher sind wir auch nicht gleich in die Apotheke gelaufen, wenn es mal hier zwickte oder da juckte. Erstens war die Pharmaindustrie noch nicht so weit wie heute, es gab gar nicht so viele Mittel. Zweitens waren Arzneimittel teuer und vom Hof war der Weg zur Apotheke recht weit. Außerdem war es auch gar nicht nötig. Meine Mutter hatte von ihrer Mutter jede Menge Hausmittel mitgegeben bekommen, mit denen einiges selbst zu behandeln war. Richtige Medikamente hat sie selbst hergestellt. Man sollte aber nicht vergessen, dass Hausmittel zwar Naturheilmittel sind, doch genauso wie andere Arzneien haben auch sie Nebenwirkungen. Was die Natur uns anbietet, ist nicht automatisch heilend oder gar völlig unschädlich. Genau wie pharmazeutische Arzneimittel können Hausmittel ihre Wirkung schon in kleinster Dosierung erreichen.

Folgendes sollte man deshalb beachten:

Hausmittel müssen genauso sorgfältig angewendet werden wie andere Medikamente.

Man muss auf genaueste Dosierung achten.

Sie sollten nicht länger als nötig eingenommen werden.

Am besten führt man genau Buch über die eigene Hausapotheke.

Zunächst muss der Hausarzt informiert werden, wenn man sich mit Hausmitteln behandeln möchte. Viele Ärzte sind nicht abgeneigt, neben der Schulmedizin alternative Heilmittel zu akzeptieren oder therapieunterstützend zu verwenden.

Treten während der Anwendung mit Hausmitteln Magenschmerzen, Übelkeit, Durchfall oder allergische Hautreaktionen auf, sollte man das Mittel sofort absetzen!

Sollten diese Beschwerden nicht 2 Tage nach dem Absetzen des Mittels verschwunden sein oder sich gar verschlimmert haben, muss man seinen Arzt oder Therapeuten aufsuchen!

Bei starken Schmerzen und großen Beschwerden muss in jedem Fall unverzüglich der Arzt oder Therapeut aufgesucht werden!

Hinweis für Diabetiker

Nicht alle aufgeführten Rezepte sind für Diabetiker geeignet! Diabetiker dürfen nur mit Fruchtzucker süßen und müssen dies mit den Broteinheiten verrechnen. Bitte überprüfen Sie die Zutaten vor der Zubereitung und tauschen unverträgliche gegebenenfalls aus.

Hausmittel gegen Beschwerden von A bis Z

Nicht, dass Sie jetzt denken, ich würde mich nur um mich selbst drehen, und deshalb geht's mit Altersbeschwerden los. Und Sie brauchen sich auch nicht zu fragen, warum der Schnupfen so weit weg von Fieber und Erkältung bekämpft wird – ich habe mich einfach für eine alphabetische Sortierung in Gesundheitsfragen entschieden, das erschien mir irgendwie logisch. Der Leopold fand das auch, und der muss es ja schließlich wissen, unser Bibliothekar, unser Siebengscheiter.

ALTERSBESCHWERDEN

Jünger werden wir alle nicht, das merke ich jeden Tag aufs Neue. Vieles wird immer beschwerlicher und man merkt einfach, wie der Körper abbaut. Manche Körperfunktionen werden langsamer, so manches »Zipperlein« beeinträchtigt das Wohlbefinden, man muss zudem mit seinen Kräften haushalten. Deshalb sind die Hausmittel bei Altersbeschwerden darauf ausgerichtet, Schwächen zu lindern bzw. gar zu beheben oder ganz allgemein den Organismus zu stärken. Ich hab kein Mittel, das einen wieder jünger werden lässt, aber mit so manchem fühlt man sich doch gleich wieder ein bisschen besser. Viel Wasser zu trinken und sich zu bewegen ist in jedem Fall wichtig.

Spitzwegerich ist leicht zu sammeln. Ein Sirup daraus hilft gegen trockenen Reizhusten (siehe Seite 140).

Um ein solches Brot zu essen, muss man sich vielleicht überwinden. Aber auf die Wirkung vertraut man schon lange.

Knoblauch: Zur Behandlung von Arterienverkalkung, Durchblutungsstörungen und zur Senkung des Bluthochdrucks, wirkt gefäßreinigend und stellt die natürliche Gefäßspannung wieder her. Mein Opa hat jeden Tag eine Knoblauchzehe gekaut und er ist weit über 90 geworden!
Anwendung: Täglich werden 2 frische Knoblauchzehen, z. B. auf einem Röstbrot, gegessen oder ein Präparat aus der Apotheke oder dem Reformhaus eingenommen. Bitte die Angaben auf der Verpackung beachten!

Der Franz: Ich tendiere eher zu Tipp Nummer 2. Rein aus geruchstechnischen Gesichtspunkten. Für Eremiten allerdings ist auch Ersteres durchaus denkbar. Und aus zuverlässiger Quelle weiß ich, dass der Opa, also der von meiner Oma eben, ein solcher war. Ob er es wegen des Knoblauchs wurde, ist mir allerdings nicht bekannt.

Rosmarin-Salbei-Rotwein-Elixier: Ein altbewährtes Rotweinrezept zur allgemeinen Stärkung.
Zubereitung: Je 1 Handvoll frischer Rosmarin und Salbeiblätter werden vermischt. Die Mischung wird in einem Tontopf mit 1 Liter herbem, naturreinem Rotwein übergossen. Nach 12 Stunden wird der Tontopf im Wasserbad erhitzt. Man lässt die Mischung ½ Stunde unter dem Siedepunkt ziehen und dann auf Körpertemperatur abkühlen. Nun wird 1 Esslöffel Fruchtzucker untergerührt und die Mischung nochmals 1 Stunde zugedeckt stehen gelassen. Sie wird durch ein Mulltuch abgeseiht und in eine dunkle Glasflasche gefüllt. Gut verschlossen im Kühlschrank aufbewahrt ist das Elixier 1 Monat haltbar.
Anwendung: Zweimal täglich vor dem Mittag- und Abendessen wird 1 Likörglas voll getrunken.

Ein »altes« **Herz** kann man nicht verjüngen, doch Hausmittel mit den richtigen Gewürzen können bei Beschwerden helfen. Dabei wird auch die Verdauung besser geregelt. Scharfe Gewürze wie Ingwer, Muskat, Rettich, Paprika, Pfeffer oder Senf können ein älteres Herz wieder in Schwung bringen. Und noch dazu gibt's dem einen oder

Nicht nur hilfreich zur Stärkung, sondern auch würzig und lecker. Ein Mittel wie Rosmarin-Salbei-Rotwein nimmt man gerne ein.

Galgantwurzelmus ist schnell angerührt und hilft bei Einnahme über mehrere Wochen gegen Kurzatmigkeit.

anderen Gericht einen wunderbaren Geschmack – so wird aus Heilmittel Genuss!

Galgantwurzel-Mus: Hilft bei leichten Herzstauungen mit Kurzatmigkeit.
Zubereitung: 6 Gramm Galgantwurzelpulver werden mit je 12 Gramm Majoran- und Selleriesamenpulver und 4 Gramm weißem Pfeffer gemischt. Alle Pulver werden in 400 Gramm flüssigen Honig gerührt und alles zusammen langsam im Wasserbad erwärmt und zu einem Mus verrührt.
Anwendung: Als Kur wird über 4–6 Wochen – bei Bedarf auch über mehrere Monate – täglich dreimal je ½ Teelöffel eingenommen, am besten in Honig-Petersilien-Wein (siehe unten).

Honig-Petersilien-Wein: Für Herz und Kreislauf.
Zubereitung: 19 Stängel frische Petersilie samt Blättern werden in einem Topf mit 2 Esslöffeln Weinessig etwa 5 Minuten aufgekocht. Dann werden 80–150 Gramm Honig oder Fruchtzucker (nach Geschmack) und 1 Liter naturreiner Wein zugegeben und die Mischung wird weitere 5 Minuten gekocht. Danach wird der Wein abgeschäumt, durch einen Kaffeefilter abgeseiht und in Flaschen gefüllt. Die Wirkung kann man durch das Mitkochen einer Petersilienwurzel verstärken. Gut verschlossen im Kühlschrank aufbewahrt ist der Wein 1 Monat haltbar.

Anwendung: Trinken Sie dreimal täglich 1 Likörgläschen voll, immer nach dem Essen. Der Wein wirkt mehr oder weniger stark entwässernd.
Obacht: Dieses Hausmittel muss bei Wadenkrämpfen sofort abgesetzt werden. Entwässernde Mittel dürfen nicht über einen längeren Zeitraum ohne Rücksprache mit dem Arzt oder Therapeuten eingenommen werden!

Weißdorntee: Als Kur bei altersbedingten Herzschwächen. Der Tee zeigt auch über einen längeren Zeitraum keine Nebenwirkungen.
Zubereitung: 1 Teelöffel getrocknete Weißdornblüten wird in eine Tasse gegeben und mit heißem Wasser übergossen. 10 Minuten ziehen lassen, dann abseihen. Je nach Geschmack kann der Tee mit Honig, Fruchtzucker oder süßem Sanddornsaft gesüßt werden.
Anwendung: Als Kur werden täglich 2 Tassen des Tees über einen Zeitraum von 6–8 Wochen getrunken.

Appetitlosigkeit kommt bei vielen älteren Menschen vor, in unserer Familie allerdings ist mir das noch nie untergekommen. Mit ganz einfachen Mitteln kann man den Appetit anregen.

> *Der Franz: Also bei mir persönlich kann das durchaus einmal vorkommen, dass ich so null Komma null Appetit hab. Dann, wenn der Leopold in unseren Hof hineinquietscht nämlich und sich an unseren Mittagstisch hockt. Da schmeckt's mir halt ums Verrecken nicht. Und da hilft auch kein Ingwer. Ganz im Gegenteil.*

Kandierter Ingwer: Gegen Appetitlosigkeit. Wirkt umso besser, je schärfer er schmeckt. Als Fertigprodukt oder selbst gemacht:
Zubereitung: Es werden frische geschälte Ingwerwurzel und Zucker im Gewichtsverhältnis 2:1 benötigt, 1 knapper Esslöffel Rübensirup pro 100 Gramm Ingwer, 1 Prise Salz sowie feiner Kristallzucker auf einem flachen Teller. Der Ingwer wird geschält und quer zur Faser in dicke Scheiben

(ca. 4 Millimeter) geschnitten. Nun wird der Ingwer knapp mit Wasser bedeckt weich gekocht, herausgenommen und abgetropft. Danach werden Zucker, Rübensirup und Salz mit ein paar Esslöffeln Wasser verrührt und aufgekocht. Die Ingwerscheiben werden darin vorsichtig so lange gekocht, bis der Ingwer glasig wird und die Flüssigkeit fast verdampft ist. Der Zucker darf dabei nicht karamellisieren. Der Ingwer wird herausgenommen und im feinen Kristallzucker gewälzt.
Anwendung: Jeweils vor den Mahlzeiten werden einige Stückchen Ingwer gegessen.

Preiselbeermus: Wirkt appetitsteigernd bei Verdauungsschwäche. Als Fertigprodukt oder selbst gemacht:
Zubereitung: Man benötigt 500 Gramm Preiselbeeren, 125 Gramm Zucker, 1–2 Gewürznelken und 125 Gramm Honig. Die Beeren werden in einer Schüssel etwas zerdrückt, mit dem Zucker vermischt und 2 Stunden stehen gelassen. Der entstandene Saft wird mit den Gewürznelken in einem Topf aufgekocht und dann zugedeckt etwa ½ Stunde geköchelt. Die Gewürznelken werden herausgenommen, der Honig zugegeben und alles nochmals aufgekocht. Das Mus wird danach in vorgewärmte Gläschen mit Schraubdeckel gefüllt und diese werden sofort verschlossen. Ergibt 2 Gläser à 200 Gramm.
Anwendung: Man nimmt 3–4 Wochen als Kur täglich 1–2 Teelöffel Preiselbeermus morgens nach dem Aufstehen und vor jeder Mahlzeit ein.
Achtung: Diabetiker müssen vor dieser Kur ihren Arzt befragen!

BLASEN- UND NIERENBESCHWERDEN

Blase und Nieren gehören zu den wichtigsten Entgiftungsorganen unseres Körpers. Hausmittel können – immer im Einverständnis mit dem Arzt – auf natürliche Art Linderung und Heilung bringen, insbesondere wenn nur eine leichte Störung dieser Organe vorliegt oder wenn über lange Zeitabschnitte eingesetzte starke pharmazeutische

Ein Tee aus Brennesselblättern, Holunderbeeren und Schlüsselblumen hilft bei Problemen mit der Blase.

Mittel reduziert eingesetzt werden sollen. Meine Oma hatte allerlei Tees, Teemischungen, Heilbäder und Auflagen parat, wenn sich bei einer von uns mal wieder eine Blasenentzündung angebahnt hat.

Blasentee-Mischung: Hilft besonders bei Erkältungskatarrhen der Blase.
Zubereitung: 2 Handvoll Brennnesselblätter und je 1 Handvoll Holunderbeeren und Schlüsselblumen werden vermischt. 1 Teelöffel der Mischung wird in einen Topf gegeben, mit 1 Tasse kochendem Wasser übergossen, 3 Minuten geköchelt und dann abgeseiht.
Anwendung: Mehrmals täglich wird je 1 Tasse Tee schluckweise getrunken.

Die Susi: Also ich bin froh und dankbar, wenn mir die Oma einen Tee vorbeibringt, wenn ich's mal wieder an der Blase hab. Der hilft nämlich sofort. Natürlich muss ich mir dann immer anhören, dass man bei dem Wetter halt auch nicht im kurzen Rock rausgeht. Das hilft aber eben nicht sofort.

Queckentee: Für eine gründliche Durchspülung der Nieren, er wirkt heilend und schmerzlindernd.
Zubereitung: 1–2 Teelöffel Queckenwurzel werden in eine Tasse gegeben und mit kochendem Wasser übergossen. 10 Minuten ziehen lassen, dann abseihen.
Anwendung: Nach Belieben werden mehrere Tassen täglich getrunken.

Schachtelhalmbad: Kräftigt die Blasenfunktion und beugt Nieren- und Blasenerkrankungen vor.
Zubereitung: 100 Gramm Schachtelhalme werden in einem großen Topf mit 2 Liter warmem Wasser übergossen und müssen 1 Stunde ziehen. Nun wird dieser Aufguss bis zum Sieden erhitzt und 15 Minuten lang gekocht, dann abgeseiht.
Anwendung: Der Absud wird einem Vollbad zugesetzt. Badetemperatur 38 °C, Badezeit 10–15 Minuten. Nach dem Bad empfiehlt sich Bettruhe von mindestens 60 Minuten. Das Bett sollte auf jeden Fall vorgewärmt werden!

Die eisenhaltigen Blätter der Walderdbeere kann man einfach selbst sammeln. Mit kochendem Wasser überbrüht ergibt sich ein Tee gegen Eisenmangel.

EISENMANGEL

Meine Mutter hat immer gesagt, Blutarmut und Eisenmangel sind bei keiner Frau »normal«, und hat uns ab und zu vom Arzt untersuchen lassen. Hat er eine solche Mangelerscheinung festgestellt, wurden wir allerdings mit einem Hausmittel gezielt behandelt, und das hat ganz besonders gut geholfen:

Erdbeertee: Erdbeeren enthalten nicht nur viel Vitamin C, sondern sind auch reich an Folsäure, Calcium, Magnesium und Eisen.
Zubereitung: 2 Teelöffel junge Walderdbeerblätter werden in eine kleine Kanne gegeben und mit ¼ Liter kochendem Wasser übergossen. 10 Minuten ziehen lassen, dann abseihen.
Anwendung: Diese Teemenge wird tagsüber getrunken.

ENTSPANNUNG UND SCHLAFVORBEREITUNG

Ohne Entspannung kann kein Mensch die nötige Ruhe finden. Wenn der Tag mal wieder aufregend war und der Franz vor lauter Verbrecherjagd ganz aufgekratzt ist, mach ich ihm immer eins dieser Hausmittel:

In solch einer Umgebung kann man sich ja nur entspannen. Ein wohltuendes Kräuterbad hilft bei nervösen Schlafstörungen.

Fenchel-Honig-Milch: Als Einschlafhilfe.
Zubereitung: 2 Teelöffel zerdrückte Fenchelsamen werden mit ¼ Liter Vollmilch aufgekocht, durch ein Sieb abgeseiht und nach dem Abkühlen mit 2 Esslöffeln Honig verrührt.
Anwendung: Die Fenchel-Honig-Milch wird etwa ½ Stunde vor dem Zubettgehen getrunken.

Lavendelbad/Melissenbad: Wirkt entspannend und beruhigend bei nervösen Einschlafstörungen.
Zubereitung: 50–60 Gramm Lavendel- oder Melissenblüten werden in einem Topf mit 1 Liter Wasser zum Sieden gebracht und nach 10 Minuten abgeseiht.
Anwendung: Dieser Absud wird dem Badewasser zugegeben. Die Badedauer sollte etwa 15 Minuten bei 38 °C betragen.

Melissen-Orangenblüten-Teemischung: Gegen Schlafstörungen wegen Hektik und Überanstrengung.
Zubereitung: 25 Gramm Melissenblätter, je 10 Gramm Orangenblüten und Hagebuttenfrüchte mit Samen sowie 5 Gramm Hibiskusblüten (Rote Malve) werden vermischt. 2 Teelöffel der Mischung werden in eine kleine Kanne gegeben und mit ¼ Liter kochendem Wasser übergossen. 10 Minuten ziehen lassen, dann abseihen. Nach Belieben kann mit 1 Teelöffel Honig gesüßt werden.
Anwendung: Vor dem Zubettgehen wird ½ Tasse Tee getrunken.

Oliventee: Zur Entspannung.
Zubereitung: 2 gehäufte Teelöffel getrocknete Olivenblätter (aus Apotheke oder Reformhaus) werden in eine kleine Kanne gegeben und mit ¼ Liter kochendem Wasser übergossen. 10 Minuten ziehen lassen, dann abseihen. Nach Geschmack wird mit Honig gesüßt.
Anwendung: Vom Oliventee wird 3 Wochen lang abends je 1 Tasse lauwarm getrunken.

Passionsblumentee: Gegen Schlafstörungen und nervöse Unruhe.
Zubereitung: 2 gehäufte Teelöffel Passionsblumenkraut werden in eine kleine Kanne gegeben und mit ¼ Liter ko-

chendem Wasser übergossen. 10 Minuten ziehen lassen, dann abseihen.
Anwendung: Täglich sollten 2 Tassen des Tees ungesüßt getrunken werden.

Rotwein mit Zusätzen: Ein wirksamer Schlummertrunk.
Zubereitung: Je 10 Gramm Baldrianwurzel, Hopfenblüten, Melissenblätter und Johanniskraut sowie 5 Gramm Lavendelblüten werden im Mörser sehr fein zerstoßen. Die Kräuter werden in eine Literflasche gegeben, die mit einem mittelschweren Rotwein aufgefüllt wird. Alles wird gut durchgeschüttelt und noch eine Stange Zimt zugegeben. Die Mischung muss 10 Tage ziehen, dabei wird die Flasche ab und zu geschüttelt, dann wird der Wein abgeseiht. Gut verschlossen im Kühlschrank aufbewahrt ist der Wein 1 Monat haltbar.
Anwendung: Vor dem Zubettgehen wird 1 Likörglas davon getrunken.

Der Papa: Das mag schon alles stimmen, was die Oma da so an Rezepten weiß. Bestätigen kann ich das allerdings nicht. Weil, wenn ich einmal nicht schlafen kann oder einfach schlecht drauf bin, dann hilft Rotwein. Und zwar ohne jede Wurzel. Natürlich braucht's da schon etwas mehr als ein Likörglas voll, gell. Dazu noch ein kleines Zigarettchen oder zwei, und du schläfst wie ein Toter. Jede Wette.

FIEBER UND ERKÄLTUNG

Eine Erkältung erwischt jeden einmal: ein kratzender Hals, eine laufende Nase, Niesen und Husten. Im Volksmund sagt man »Grippe« – eine falsche Bezeichnung, wie der Leopold mir erklärt hat, denn Grippe ist medizinisch gesehen eine Viruserkrankung. Erkältungskrankheiten, die man als »Grippe« bezeichnet, sind meist »grippale Infekte«. Wie dem auch sei: Hustenreiz und Schnupfen gehören dazu wie Fieber oder eine Nebenhöhlenentzündung, aber für alles gibt es Hausmittel. Einige können vorbeugend eingenommen werden, um die Abwehrkräfte des Körpers zu stärken und den Krankheitserregern entgegenzuwirken. So manches Mittel kann aber auch bei chronischen Erkrankungen der Bronchien, bei Asthma und Raucherkatarrh Linderung oder sogar Heilung bringen.

Der Franz: Wie der Leopold erklärt hat ... Als hätte der die Erkältung erfunden. Lächerlich! Die Oma hat schon immer gewusst, was der Franz braucht, wenn er so elendig daliegt. Lange noch bevor der gescheite Leopold sein Wissen unter die Menschheit gebracht hat.

Ein **Essigstrumpf** bringt das Fieber schnell zum Sinken.
Vorbereitung: 1 Teil Essig wird mit 5 Teilen zimmerwarmem Wasser gemischt, insgesamt braucht man ½–¾ Liter Flüssigkeit. Die Baumwollkniestrümpfe werden in die Mischung gelegt.
Anwendung: Beide getränkten Strümpfe werden dem Patienten angezogen, dann werden die Beine mit wollenen Tüchern umwickelt. 1 Stunde bleiben die Essigstrümpfe am Bein. Die Anwendung wird zwei- bis dreimal täglich durchgeführt, bis das Fieber gesunken ist.

Wadenwickel helfen besonders bei starkem Fieber und auch wenn die Buben sie nicht mochten, sie haben immer geholfen.
Auf die untere Hälfte der Matratze sollte eine sehr saugfähige oder wasserdichte Unterlage gelegt werden, damit das Bett nicht durchnässt. Nun werden 2 Handtücher in Wasser mit einer Temperatur von 18–20 °C getaucht, um die Waden gewickelt, die dann auf die Unterlage gebettet werden. Die Füße sollten dabei aber immer warm bleiben, Socken oder eine Wärmflasche auf den Füßen können hilfreich sein.
Achtung: Sämtliche fiebersenkenden Packungen und Wickel dürfen nicht mit zu kaltem Wasser angelegt werden, sonst kann es zu Kreislaufbeschwerden kommen. Je höher das Fieber und je empfindlicher der Patient ist, desto höher sollte die Temperatur des Wasser sein.

NATÜRLICHE HEILMITTEL

Knoblauch mit Zitrone: Bei Halsbeschwerden.
Zubereitung: 2 Zehen Knoblauch werden zerdrückt und mit 2 Esslöffeln Olivenöl im Saft einer Zitrone vermischt.
Anwendung: Es wird täglich dreimal 1 Teelöffel eingenommen.

Leinsamentee: Zum Gurgeln und als Halswickel.
Zubereitung: Man lässt 3 Esslöffel Leinsamen im Kühlschrank in 1 Tasse vollfetter Milch quellen. Nun werden die Leinsamen mit 2 Tassen Wasser in einen Topf gegeben und die Mischung wird kurz aufgekocht.
Anwendung: Entweder wird der Sud abgeseiht und gegurgelt oder der abgefilterte Leinsamen wird auf ein Leinentuch gestrichen und dieses als Halswickel angelegt.

Malzessig: Als Gurgelmittel und zum Inhalieren.
Zubereitung als Gurgelmittel: ½ Teelöffel Salz und 1 Esslöffel Essig werden in ca. ¼ Liter lauwarmes Wasser gegeben.
Zubereitung für die Inhalation: 1 Teil Malzessig wird auf 4 Teile heißes Wasser gegeben und der Dampf inhaliert.

Quittenwein: Bei konstitutioneller Heiserkeit.
Zubereitung: 2 reife Quitten werden klein geschnitten und mit je 1 Zweig Rosmarin und Thymian und 2 Gewürznelken in einen Tontopf gelegt. Nun wird 1 Liter herber, naturreiner Weißwein mit der Quitten-Gewürz-Mischung zum Kochen gebracht, z. B. im Backofen. Nach dem Abkühlen ruht der Topf 1 Woche unberührt. Dann werden 2 Esslöffel Honig oder Fruchtzucker zugegeben und das Ganze wird nochmals auf 180 °C erhitzt. Nach weiteren 10 Tagen in einem kühlen Keller oder im Kühlschrank kann der Wein abgeseiht werden. Ist er eingetrübt, muss er nochmals erhitzt und abgefiltert werden, bis er klar bleibt. Gut verschlossen im Kühlschrank aufbewahrt ist der Wein 1 Monat haltbar.
Anwendung: Dreimal täglich wird 1 Esslöffel davon eingenommen.

Ein simpler »Saft« gegen Halsschmerzen: Knoblauch mit Zitrone und Öl vermischt lindert die Schmerzen und hilft bei der Heilung.

Ein **Heublumenhemd** bewährt sich seit Langem bei fieberhaften Erkältungen.
Zubereitung: 300 Gramm Heublumen werden in einem Topf mit 5 Liter Wasser übergossen, einige Minuten gekocht, dann abgeseiht.
Anwendung: Ein zusammengelegtes Leinenhemd wird in den Heublumensud getaucht, gut ausgewrungen und dem Patienten gut warm angezogen. Danach ist Bettruhe nötig, gut zugedeckt. Das Hemd bleibt etwa ½ Stunde am Körper. Danach wird es ausgezogen und der Patient mit frischer Wäsche wieder zu Bett gebracht.

HALS UND RACHEN

Auch gegen Trockenheit und Kratzen im Mund und Rachen und damit einhergehende Schluckbeschwerden hatten wir schon früher einfache Hausmittel wie Gurgelmittel, heilenden Tee oder sogar Wickel. Sie haben eine gute und schnelle Wirkung.

Zitronensaft: Zum Trinken oder als Gurgelmittel.
Zubereitung: Der Saft ¼ Zitrone wird mit etwa ⅛ Liter warmem, abgekochtem Wasser gemischt.
Anwendung: Mit der ungesüßten Mischung wird dreimal täglich etwa 1 Minute gegurgelt.

Zitronen-Salz-Mischung: Als Gurgelmittel.
Zubereitung: Der Saft 1 Zitrone wird mit ½ Teelöffel Meersalz oder Emser Salz vermischt und in ein Glas Wasser gegeben.
Anwendung: Damit wird am besten drei- bis viermal täglich gegurgelt.

HAUTPROBLEME

Bei uns früher auf dem Land, da gab es so etwas eigentlich ja nicht. Wenn einer eine echte Hautkrankheit wie die Schuppenflechte oder Gürtelrose hatte, ist er natürlich gleich zum Arzt gegangen, da hilft kein Hausmittel. Aber Hautprobleme aufgrund von Allergien oder Ähnlichem hatten wir praktisch nicht. Bei Warzen, Hühneraugen oder Hautausschlag kann man da aber mit so manchem Hausmittel helfen.

Knoblauch: Gegen Warzen.
Anwendung: Von der geschälten Knoblauchzehe werden dünne Scheiben abgeschnitten, auf die Warze gelegt und mit einem Pflaster befestigt. Über Nacht einwirken lassen.

Löwenzahn-Saft: Gegen Warzen.
Anwendung: Die Warzen werden mehrmals täglich mit dem weißen Milchsaft des Löwenzahns betupft.

Wenn meine Oma **wunde** oder **spröde Haut** an den Händen und Füßen hatte, was bei einem so langen Tag auf dem Hof natürlich oft vorkam, wusste sie das optimale Mittel. Auch wenn man viel stehen oder gehen muss, kann es zu schwieligen und rissigen Stellen kommen, weshalb ich dem Leopold für abends nach einem Tag in der Buchhandlung auch immer die gleichen Tipps geb.

Hirschtalg: Gegen rissige und wunde Stellen, bei aufgesprungenen Lippen und gegen wund geriebene Stellen an der Innenseite der Oberschenkel. Beim Kauf in der Apotheke oder Drogerie sollte darauf geachtet werden, dass wirklich Hirschtalg enthalten ist.
Anwendung: Die betroffenen Stellen werden zunächst mit warmem Wasser und einer milden Seife gereinigt. Danach wird etwas Hirschtalg aufgetragen und leicht einmassiert.

Rizinusöl hilft, vor allem wenn Hautentzündungen durch Scheuern oder Schwitzen entstanden sind.
Anwendung: Die betroffenen Stellen werden vorsichtig mit ein paar Tropfen Rizinusöl eingerieben.

Rosmarin-Beinwell-Balsam: Hilft sehr gut gegen Fuß- und Hautpilz.
Zubereitung: 10 Gramm Rosmarin und 20 Gramm Beinwellwurzeln werden mit ¾ Liter Olivenöl in einer Schüssel vermischt und im Wasserbad zunächst kalt aufgesetzt. Das Ganze wird ½ Stunde erhitzt (es darf nicht kochen!) und anschließend auf Körpertemperatur abgekühlt. Die Ölmischung wird durch ein Mulltuch abgeseiht, ausgedrückt und über Nacht stehen gelassen. Am nächsten Tag werden 40 Gramm Bienenwachs geschmolzen und nach und nach in die Rosmarin-Beinwell-Olivenöl-Mischung gegeben. Es soll eine salbenartige Konsistenz entstehen, die durch weitere Zugabe von Bienenwachs erreicht werden kann.
Anwendung: Der Rosmarin-Beinwell-Balsam wird auf die von Hautpilz betroffenen Körperstellen aufgetragen.

Hühneraugen verschwinden, wenn man die betroffenen Hautstellen mit Hauswurz-Saft oder Umschlägen behandelt. Ich geh aber trotzdem ganz gern zur Behandlung, denn das ist dann fast ein bisschen so wie ein Ausflug ins Spa.

Gurgeln mit Leinsamen in Milch und Wasser gekocht hilft gegen Halsschmerzen.

NATÜRLICHE HEILMITTEL

Manche lieben den Duft, doch leider ist er nichts für Heuschnupfengeplagte. Frisch gemähtes Gras lässt Allergiker niesen und ihre Nase laufen.

Hauswurz-Saft:
Zubereitung: Die fleischigen Blätter von Echter Hauswurz werden zerquetscht.
Anwendung: Der frische Saft wird auf die Hühneraugen geträufelt und außerdem noch ein leicht zerquetschtes Hauswurzblatt darübergelegt. Mit einer Mullbinde wird alles befestigt, es sollte über Nacht einwirken.

Zitronen:
Anwendung: 1 Scheibe einer frisch geschnittenen Zitrone wird über Nacht auf das Hühnerauge gebunden. Das wird so lange durchgeführt, bis das Hühnerauge verschwunden ist.

Hautausschläge und **Ekzeme** können mit natürlichen Hausmitteln oft gelindert werden.

Lärchensalbe: Lindert bei Ekzemen, Hautausschlägen und Hautflechten.
Zubereitung: 10 Gramm frische Lärchenbaumspitzen werden im Mixer zu einem Brei verrührt, dieser wird kurz erwärmt, dann in 100 Gramm frisches warmes Schweineschmalz oder Vaseline eingerührt und erhitzt. Pflanzenteile sollten immer bei hohen Temperaturen in Fett erhitzt werden, damit keine Infektionsgefahr entsteht. Das heiße Fett (oder die Vaseline) wird durch ein Mulltuch abgeseiht.
Anwendung: Die Lärchensalbe wird mehrmals täglich direkt auf die trockene, rissige Haut oder juckende Stellen gegeben.

Schafgarbentee: Innerlich bei Ekzemen.
Zubereitung: 1 Esslöffel Schafgarbentee aus Blüte und Kraut wird mit ¼ Liter kochendem Wasser aufgebrüht, muss 3 Minuten ziehen und wird dann abgeseiht.
Anwendung: Der Tee wird schluckweise getrunken.
Tipp: Der Tee hat sich auch als Vorbeugungsmittel gegen Infektionen bei Operationen bewährt. Er wird dann 3 Tage vor und 10 Tage nach einer Operation getrunken.

HEUSCHNUPFEN – POLLENALLERGIEN

Hätten wir früher so viele Allergien der Atemwege gehabt wie die jungen Leute von heute, dann hätten wir die Arbeit auf dem Hof vergessen können. Aber es gibt sie eben immer mehr und inzwischen kenn ich auch so einige Hausmittel, die helfen können, die Symptome zu lindern. Man lernt ja nie aus.

Augentrosttee:
Zubereitung: 1 Teelöffel Augentrostkraut wird mit 1 Tasse Wasser aufgekocht. 5 Minuten ziehen lassen, dann in ein Gefäß abseihen.
Anwendung: Dreimal täglich wird 1 kleine Tasse Tee getrunken.

Kalter Gesichtsguss:
Anwendung: Regelmäßig zweimal täglich wird der Duschkopf der Handbrause für etwa 5–10 Sekunden auf die Nase gerichtet und kaltes Wasser über die Nase gegossen.

Zwiebeln:
Anwendung: Rohe Zwiebelscheiben werden in ein Glas Wasser gelegt, davon wird täglich 1 Glas getrunken.

HUSTEN UND BRONCHITIS

Begleiter bei grippalen Infekten sind oft Husten und Bronchitis. Bei uns im Garten wachsen da jede Menge Pflanzen, die man gar nicht als Heilpflanzen wahrnimmt unbedingt. Die ätherischen Öle haben aber eine gute Wirkung. Sie erleichtern morgens nach dem Aufstehen das Abhusten des zähen Schleims.

Ein altbewährtes Mittel, das sicher jeder kennt: Heiße Milch mit Honig wird am besten direkt vor dem Schlafengehen getrunken.

Früchte-Elixier:
Zubereitung: Je 10 Gramm gedörrte Heidelbeeren, Hagebutten und Kressesamen werden vermischt. Die Mischung wird für 3 Minuten in 1 Liter herbem, naturreinem Weißwein aufgekocht, danach abgeseiht und es werden 20 Gramm Alantwurzel für 1 Tag in die Weinmischung gelegt. Dann wird nochmals abgeseiht und das Früchte-Elixier in Flaschen abgefüllt. Gut verschlossen im Kühlschrank aufbewahrt ist das Elixier 1 Monat haltbar.
Anwendung: Es wird dreimal täglich 1 Likörglas des Elixiers vor und nach dem Essen getrunken, und das über 2–3 Wochen.

Schlüsselblumentee:
Zubereitung: 2 Teelöffel Schlüsselblumenblüten werden in einer kleinen Kanne mit ¼ Liter kochendem Wasser übergossen. 10 Minuten ziehen lassen, dann abseihen. Nach Belieben kann mit 1 Löffel Honig oder Fruchtzucker gesüßt werden.
Anwendung: Täglich dreimal wird 1 Tasse des Tees getrunken.

Heiße Milch mit Honig: Löst den Schleim in den Bronchien.
Zubereitung: Auf 1 Tasse vollfette Milch (keine H-Milch oder Magermilch!) wird 1 Esslöffel Honig gegeben. Das

NATÜRLICHE HEILMITTEL **139**

Ganze wird in einem kleinen Topf erhitzt (es darf aber nicht kochen).
Anwendung: Nach Bedarf werden 1–2 Tassen der Milch getrunken.

Rettich: Hilft gegen Husten, Asthma und fieberhafte Erkältungen.
Zubereitung: Von einem Winterrettich wird die Wurzel abgeschnitten und er wird von oben her ausgehöhlt. Nun wird durch das untere Ende ein kleines Loch gebohrt. Der Rettich wird mit braunem Kandiszucker gefüllt und auf ein Trinkglas gesetzt. Nach und nach tropft Sirup ins Glas.
Anwendung: Der Sirup wird mehrmals täglich löffelweise eingenommen.

Zitrone mit Olivenöl: Gegen starken Husten.
Zubereitung: Olivenöl wird mit Zitronensaft zu gleichen Teilen gemischt und gut durchgeschüttelt.

Sieht witzig aus, ist aber absolut wirksam. Rettichsirup hilft bei Atemwegserkrankungen.

Anwendung: Diese Mischung wird in kleinen Schlucken eingenommen.
Achtung: Dieses Hausmittel soll nicht bei Sodbrennen und Durchfallneigung eingenommen werden!

Reizhusten tritt bei fast jeder Erkältung auf, die sich bis in den Rachen und/oder Kehlkopf hinunterzieht.

Muskatwickel: Verhilft zum Durchschlafen bei Reizhusten.
Zubereitung: Ungesalzenes Schweineschmalz oder Vaseline wird messerrückendick auf einen Leinenlappen (etwa 10 Zentimeter im Quadrat) gestrichen. Nun wird ½ Teelöffel Muskatnusspulver (oder Muskatblüte, dann ist die Wirkung stärker) auf das Fett gegeben und gut eingestrichen.
Anwendung: Der Muskat-Fett-Lappen wird auf die Brust gelegt und mit einem großen Wollschal umwickelt. Er bleibt über Nacht am Körper. Frisch vorbereitet kann der Wickel jeden zweiten Tag angewendet werden.

Thymian-Salbei-Teemischung: Gegen Reizhusten.
Zubereitung: Je 1 Handvoll Thymian und Eukalyptusblätter und je die halbe Menge Salbei und Holunderblüten werden vermischt. 1 Esslöffel der Mischung wird in eine Tasse gegeben und mit kochendem Wasser übergossen. 10 Minuten ziehen lassen, dann abseihen.
Anwendung: Täglich wird sechsmal 1 Tasse getrunken. Man bereitet sich am besten eine Tagesration zu, die in der Thermosflasche aufgehoben werden kann.
Achtung: Der Tee ist wegen der Holunderblüten schweißtreibend. Wer diese Wirkung nicht erreichen möchte, lässt die Holunderblüten weg.

Spitzwegerichsirup: Hilft vor allem gegen trockenen Reizhusten.
Zubereitung: 2 Handvoll junge frische Spitzwegerichblätter (findet man auf Wiesen und im Wald) werden gehackt und mit etwa ½ Liter Wasser (die Blätter sollen im Topf knapp bedeckt sein) etwa 10 Minuten leicht gekocht. Dann wird der Sud abgeseiht und im Verhältnis 1:1 mit Zucker so lange unter Rühren aufgekocht, bis er eindickt. Ist der Spitzwegerichsirup zähflüssig, wird er vom Herd genommen. Der abgekühlte Sirup wird in sauber ausgespülte, am besten dunkle Glasflaschen abgefüllt.

Variante: Spitzwegerichsirup kann auch mit Honig hergestellt werden. 25 Gramm Spitzwegerichblätter werden grob gehackt, mit ½ Liter Wasser in einem Topf aufgekocht und müssen nun ½ Stunde ziehen. Danach wird der Sud abgeseiht und nochmals so lange leicht gekocht, bis er um die Hälfte reduziert ist. Der auf etwa 40 °C abgekühlte Sud (Fingerprobe: gut handwarm) wird in 175 Gramm Waldhonig eingerührt. Wenn der Honig sich völlig aufgelöst hat und der Sirup abgekühlt ist, wird er in dunkle Glasflaschen abgefüllt.
Anwendung: Es wird dreimal am Tag 1 Teelöffel voll eingenommen.

Königskerzentee: Hilft bei chronischer Bronchitis und Asthma.
Zubereitung: 2 Teelöffel Königskerzenblüten werden in einer kleinen Kanne mit ¼ Liter kochendem Wasser übergossen. 10 Minuten ziehen lassen, dann abseihen. Es wird mit 1 Teelöffel Honig oder Fruchtzucker gesüßt.
Anwendung: Täglich morgens nach dem Aufstehen wird 1 Tasse des Tees getrunken.

Ysop: Zum Einreiben bei Bronchitis oder Asthma.
Zubereitung und Anwendung: 3 Tropfen Ysopöl werden mit 2 Esslöffeln Mandelöl gemischt. Damit wird täglich die Brust eingerieben.

> Der Franz: Eine Katzenallergie, das ist es, was ich hab. Und dagegen weiß noch nicht mal die Oma ein Mittel. Da braucht bloß so ein Viech fünf Meter vor mir über die Straße laufen und schon geht's los und nicht mehr weg. Niesen, Weinen, Schluckbeschwerden. Unglaublich, wirklich!

INSEKTENSTICHE

Insektenstiche waren bei uns früher im Sommer an der Tagesordnung. Wenn man in der Nähe von Vieh und Weiden wohnt, lässt sich das kaum vermeiden. Sofern man allerdings nicht allergisch auf das Insektengift reagiert, sind sie gut mit Hausmitteln zu behandeln. Sie stillen den Juck-

Wenn man zu Hause ist, sollte man auf jeden Fall direkt eine rohe Zwiebel auf den Insektenstich legen. So schwillt er ab und juckt nicht so stark.

reiz und sorgen dafür, dass Schwellungen abklingen. Wenn der Stich trotzdem aufschwillt, sollte jedoch der Arzt aufgesucht werden. Bei Stichen im Kopf, Hals- oder Rachenbereich muss man in jedem Fall unverzüglich einen Arzt aufsuchen!!

Rohe Zwiebel hilft zum Abschwellen und gegen Juckreiz. 1 frisch aufgeschnittene Zwiebel wird auf die Hautstelle gelegt.
Auch Lavendelöl, essigsaure Tonerde und verdünnter Salmiakgeist wirken.

Zucker entzieht einem Bienenstich das Gift. 1 angefeuchtetes Stückchen Würfelzucker wird einfach auf den Stich gelegt.

Zerstoßene Blätter vom **Spitzwegerich** werden auf Bienen- oder Mückenstiche gelegt, das lindert die Schwellung und den Juckreiz.

Kühlen mit **Eis** oder **Kühlakku** hilft bei Wespenstichen. Zunächst wird der Stachel mit einer Pinzette herausgezogen oder mit den (sauberen!) Fingernägeln. Die Stichstelle wird mit Eiswürfeln oder einem in Stoff eingeschlagenen Kühlakku gekühlt.

KINDERKRANKHEITEN

Wie meine Buben noch klein waren, hatten sie natürlich auch alle möglichen typischen Kinderkrankheiten. Auch da kann man sehr gut mit Hausmitteln behandeln, aber man muss besonders aufpassen. Der Organismus eines Kindes reagiert anders als der eines Erwachsenen. Da nutzt es nichts, die Dosis von Hausmitteln einfach nur zu reduzieren. Die meisten Kinderärzte stehen Hausrezepten durchaus positiv gegenüber. Gerade bei Säuglingen und Kleinkindern versuchen auch sie, soweit möglich, natürliche anstatt chemischer Arzneimittel einzusetzen.

Blähungen kommen bei Säuglingen sehr häufig vor, vor allem, wenn die Muttermilch zur Ernährung nicht ausreicht und zugefüttert werden muss. Wird ein Säugling kurz nach der Flasche unruhig, krümmt er sich und schreit, kann man auf Blähungen schließen. Sie verursachen Magen- und Darmkrämpfe und können genauso schmerzhaft wie beim Erwachsenen sein. Der Leopold ist immer ganz scharf auf meine Tipps, hat er doch selbst jetzt ein süßes kleines Baby.

Dilltee: Zur Anregung der Verdauung.
Zubereitung: 1 Teelöffel Dill wird in eine kleine Kanne gegeben und mit ¼ Liter kochendem Wasser übergossen. 10 Minuten ziehen lassen, dann abseihen.
Anwendung: Dem Kind wird davon nach dem Füttern 1 Teelöffel voll gegeben.

Fenchel: Bei Blähungen mit Stuhlverstopfung. Fencheltee.
Anwendung: 1 Teelöffel Fencheltee aus dem Reformhaus wird in die Flaschennahrung gegeben.

Milchschorf und **Ekzeme** treten bei Säuglingen öfter auf.

Stiefmütterchentee: Zum Abheilen von Milchschorf und Ekzemen.
Zubereitung: 1 Teelöffel Stiefmütterchenkraut wird in eine kleine Kanne gegeben und mit ¼ Liter kochendem Wasser übergossen. 10 Minuten ziehen lassen, dann abseihen.
Anwendung: Der Tee wird statt der vorgeschriebenen Wassermenge der Flaschennahrung zugegeben oder als Umschlag aufgelegt.

Kamille: Äußerlich gegen Ekzeme und Hautausschläge.
Zubereitung: 3 Esslöffel Kamillenblüten werden in eine kleine Kanne gegeben und mit ¼ Liter kochendem Wasser übergossen. 10 Minuten ziehen lassen, dann abseihen.
Anwendung: Ein Leinenlappen wird in etwas Kamillentee getaucht und die Hautstellen werden damit betupft.

Kamillen-Inhalation: Hilft bei Säuglingsschnupfen. Der ganze Raum wird mit dem Kamillenduft erfüllt, das Kind nimmt so über die normale Atmung die Wirkstoffe der Heilpflanze auf.
Zubereitung: 1 Handvoll Kamillenblüten wird in einer Schüssel mit 1 Liter kochendem Wasser aufgegossen.
Anwendung: Die Schüssel wird neben das Kinderbett gestellt. Zugleich werden mehrere Tücher mit dem Aufguss befeuchtet und im Kinderzimmer aufgehängt.

Majoransalbe: Gegen Blähungen und Schnupfen.
Zubereitung: 1 Teelöffel Majoranpulver wird mit 1 Teelöffel Weingeist, beides aus der Apotheke, vermischt. Nach einigen Stunden gibt man der Mischung 1 Teelöffel frische, ungesalzene Butter zu. Alles zusammen wird im Wasserbad erwärmt und durch ein Mulltuch abgeseiht.
Anwendung: Nach dem Abkühlen wird die Nase des Säuglings mit der Majoransalbe mehrmals täglich eingerieben.

Auch wenn man heute ja ganz moderne Windeln hat – ich hab früher noch Windeln waschen müssen! –, lässt es sich bei Säuglingen und Kleinkindern trotzdem nicht vermeiden, dass der kleine Popo hin und wieder wund wird oder sogar eine sogenannte Windeldermatitis entsteht.

Honig: Gegen Wundstellen am Babypopo.
Zubereitung: Honig und Lebertran werden zu gleichen Teilen gemischt.
Anwendung: Die Mischung wird beim Säugling auf die wunden Stellen aufgetragen.

Zahndurchfall tritt bei Säuglingen auf, wenn die ersten Zähne durchkommen. Während dieser Zeit sind die Abwehrkräfte geschwächt, es kann zu Durchfällen kommen, die hervorgerufen werden durch Gärungserreger aufgrund des Reibens des Kindes am Zahnfleisch. Sie gelangen so in den Magen-Darm-Trakt. Als junge Mutter hab ich so

Nicht nur bei Krankheit wohltuend: Eine Wärmflasche lässt einen im Winter viele kalte Abende kuschelig verbringen.

was alles ja auch erst gar nicht gewusst. Wie gut, dass ich da immer meine Mutter fragen konnte.

Heidelbeertee: Gegen Zahndurchfall.
Zubereitung: 1 gehäufter Esslöffel getrocknete Heidelbeeren wird in einem Topf mit ¼ Liter kaltem Wasser aufgesetzt, zum Sieden gebracht und nach etwa 10 Minuten Kochen abgeseiht.
Anwendung: Drei- bis fünfmal täglich werden 1–2 Teelöffel des Heidelbeertees der Flaschennahrung zugegeben.

Bauchschmerzen treten bei Kindern häufiger auf. Oft liegt keine organische Ursache zugrunde, sondern eine akute Magenreizung, wenn das Kind zu schnell oder zu kalt gegessen oder zu viel zu sich genommen hat.
Achtung: Sind Bauchschmerzen nach einem Tag nicht verschwunden oder treten sie kurz nach einer Hausmittelbehandlung wieder auf, muss unbedingt ein Arzt aufgesucht werden! Es kann sich dabei nämlich auch um das Warnzeichen einer Blinddarmentzündung handeln.

Kamillentee: Für eine schnelle Linderung der Bauchschmerzen.
Zubereitung: 1 Teelöffel Kamillenblüten (oder Kamille mit Pfefferminzblättern zu gleichen Teilen gemischt) wird in eine kleine Kanne gegeben und mit ¼ Liter kochendem Wasser übergossen. 5 Minuten ziehen lassen, dann abseihen.
Anwendung: Das Kind sollte 1 Tasse des ungesüßten Tees sehr warm und schluckweise trinken.

Wärmflasche: Schmerzlindernd und entkrampfend für die Muskeln bei Bauchweh.
Anwendung: Eine Gummiwärmflasche wird mit möglichst heißem Wasser gefüllt (so heiß, wie es der kleine Patient ertragen kann). In ein Tuch gewickelt wird die Wärmflasche auf den Bauch gelegt.

Roher Apfel:
Anwendung: Ein geschälter Apfel wird gerieben. Wenn er bräunlich verfärbt ist, bekommt ihn das Kind zu essen.

Erkältung kommt bei Kindern häufig vor: Sie spielen im Freien, auch bei nasskaltem Wetter, bei Regen und Schnee. Was war das doch immer eine Freude, wenn der erste Schnee gefallen war! Wir sind sofort rausgestürmt und haben Schneemänner gebaut. Meine Mutter hat uns gelassen und wenn sich eine Erkältung angekündigt hat, hat sie uns eben direkt eines ihrer Hausmittel gegeben.

Hagebutten-Kamillen-Tee:
Zubereitung: Je 10 Gramm Hagebutten, Kamillenblüten und Wacholderbeeren sowie 5 Gramm Petersilienwurzel werden vermischt. 1 Esslöffel der Mischung wird in 1 Tasse kochendes Wasser gegeben, muss 15 Minuten ziehen und wird dann abgeseiht.
Anwendung: Von dem Tee sollte das Kind täglich 1–3 Tassen trinken.

Heißes Fußbad: Zur besseren Durchblutung des Körpers, vor allem aber des Nasen- und Rachenraums.
Anwendung: Ein Eimer wird mit heißem Wasser gefüllt, so heiß es das Kind aushalten kann. Es stellt Füße und Waden bis zum Knie in den Eimer, etwa 5 Minuten lang. Anschließend werden die Gliedmaßen trocken gerieben.

Lindenblütentee: Gleichzeitig zu dem heißen Fußbad, vorbeugend und gegen Fieber.
Zubereitung: 1 Teelöffel Lindenblüten wird in eine kleine Kanne gegeben und mit ¼ Liter kochendem Wasser übergossen. 5 Minuten ziehen lassen, dann abseihen. Nach Geschmack wird mit 1 Teelöffel Honig gesüßt.
Anwendung: Das Kind sollte 1 Tasse Tee lauwarm und schluckweise trinken.

Fieber tritt bei erkälteten Kindern oft und sehr schnell auf. Auch wenn der kleine Patient leidet, sollte es nicht sofort mit starken fiebersenkenden Mitteln bekämpft werden. Ich weiß noch, wie der Franz immer geweint hat, aber das Fieber hilft dem Körper eben, selbst mit den Krankheitserregern fertig zu werden. Nur hohes Fieber über 39 °C sollte bekämpft werden, denn es belastet den Kreislauf.

Ganzkörperwaschung: Wirkt fiebersenkend um etwa 1 °C.
Anwendung: Zimmerwarmes Wasser wird mit etwas Essig gemischt. Ein raues Handtuch wird hineingetaucht, leicht ausgedrückt und damit schnell der Körper abgewaschen. Man geht folgendermaßen vor: Hände und Füße, Arme und Beine, Brust, Bauch und Rücken werden immer in Richtung Herz abgerieben. Danach soll das Kind nicht ganz abgetrocknet werden. Es wird sofort wieder ins Bett gelegt und gut zugedeckt. Ganzkörperwaschungen können mehrmals täglich wiederholt werden.

Husten kann Kinder bei Erkältungen sehr quälen. Oft wird er verschleppt und entwickelt sich zu einer hartnäckigen Bronchitis. Nach Rücksprache mit einem Arzt kann man versuchen, den Husten, der mit einer Erkältung einhergeht, durch Hausmittel zu heilen.

Fenchelhonig: Die ätherischen Öle wirken krampflösend und desinfizieren die gereizten Bronchien. Fenchelhonig ist im Reformhaus erhältlich.
Anwendung: Das Kind sollte drei- bis fünfmal täglich je 1 Teelöffel Fenchelhonig einnehmen.

Hustenbalsam: Kann gut selbst hergestellt werden. Das Rezept stammt noch von meiner Urgroßoma und hilft.

Ein selbst gemachter Hustensaft, der auch Kindern schmeckt: Rettichhonig (siehe Seite 146.

Viel Trinken, vor allem heißen Tee, wirkt bei Erkältung und Fieber Wunder.

Zubereitung: Je ½ Tasse Sternkieferharz und kalt gepresstes Olivenöl werden zusammen sämig gerührt, dann 7 Tropfen Thymianöl zugegeben.
Anwendung: Der Hustenbalsam wird auf Brust und Rücken aufgetragen, mit einem Baumwolltuch bedeckt, darüber noch ein Wolltuch gewickelt.

Lakritze:
Zubereitung: 1 Teelöffel Süßholzwurzel muss etwa 10 Minuten in einer großen Tasse heißen Wassers ziehen. Dann wird die Flüssigkeit abgeseiht.
Anwendung: Das Kind sollte täglich 1–2 Tassen von dem Tee möglichst warm trinken.

Rettichhonig:
Zubereitung: Ein ganzer Rettich wird geraspelt und zusammen mit dem austretenden Rettichwasser in eine Tasse gegeben. 3–4 Esslöffel Honig werden daruntergemischt, nun sollte das Ganze ein paar Stunden ziehen. Dann wird alles durch ein Leinentuch abgepresst.
Anwendung: Das Kind sollte täglich 1–2 Teelöffel Rettichhonig einnehmen.

Zwiebelmilch:
Zubereitung: 3 große Zwiebeln werden mit den Schalen (nur die äußerste wird entfernt) klein geschnitten und in einen Tontopf geschichtet. 1 Gewürznelke, 1 Teelöffel brauner Zucker und 1 Zweiglein Thymian werden zugegeben und alles gut mit Wasser bedeckt. Man lässt die Mischung etwa 2 Stunden auf kleiner Flamme köcheln. Dann wird sie abgeseiht und der Saft aus den Zwiebeln gepresst. Vor dem Trinken wird ½ Tasse des Zwiebelsafts mit ½ Tasse heißer Milch aufgefüllt.
Man kann den Zwiebelsaft auch kalt ausziehen: Der Zucker und die klein gehackten Zwiebeln werden für 12 Stunden in einen Topf geschichtet, dann wird das Wasser zugegeben und alles ausgepresst. Sonst wird wie oben verfahren.
Anwendung: Von der Zwiebelmilch wird zwei- bis dreimal täglich 1 Tasse getrunken.

KOPFSCHMERZEN

Manche Leute haben häufig und regelmäßig starke Kopfschmerzen. Zunächst sind die Ursachen meist unbekannt, auf jeden Fall sollte man versuchen, diese von einem Arzt herausfinden zu lassen. Einige Hausmittel ohne Nebenwirkungen können außerdem ausprobiert werden. Solche Kopfschmerzen, wie meine Männer sie manchmal nach Hause bringen, sind allerdings anderweitig zu behandeln (siehe Seite 155).

Ätherische Öle: Pfefferminzöl oder Mentholöl gegen Kopfweh.
Anwendung: Die Schläfen werden mit ein paar Tropfen des entsprechenden Öls eingerieben.
Achtung: Neurodermitiker und Kleinkinder unter 18 Monaten dürfen nicht mit ätherischen Ölen behandelt werden wegen Haut- bzw. Schleimhautreizungen.

Kaltes Armbad: Es bewirkt einen klaren Kopf und ist anregend.
Anwendung: Die Hände und Unterarme werden ein paar Minuten unter fließendes kaltes Wasser gehalten. Anschließend wird die Haut mit einem rauen Handtuch trocken gerieben.

Achtung: Wer wegen Herzkrankheiten behandelt wird, darf kalte Armbäder nur nach Rücksprache mit dem Arzt oder Therapeuten anwenden!

Kräutertees: Bewährt haben sich schmerzlindernde Tees aus Hopfen, Ingwer, Kamille, Lavendel, Melisse, Minze oder Rosmarin.
Zubereitung: Je 1 Teelöffel der getrockneten Kräuter oder ein Teelöffel frisch geriebene Ingwerwurzel müssen in 1 Tasse kochendem Wasser 5 Minuten ziehen, dann wird der Tee abgeseiht.
Anwendung: Nach Bedarf werden 1–2 Tassen Tee schluckweise getrunken.

Malzessig: Äußerlich gegen Kopfschmerz.
Anwendung: Ein zusammengefaltetes Stück Packpapier wird in Malzessig eingeweicht und gegen die schmerzende Stirn gehalten.

Zwiebelpackung:
Zubereitung: Eine große Zwiebel wird klein gehackt und die Stücke in eine Gazebinde gewickelt.
Anwendung: Diese Packung wird für 20 Minuten in den Nacken gelegt und mit einem warmen Handtuch gut abgedeckt.

MAGENBESCHWERDEN, BLÄHUNGEN, DURCHFALL

Auch wenn wir früher härtere körperliche Arbeit auf dem Hof verrichten mussten, so war es doch noch gemütlicher, wie ich finde. Heute ist alles viel stressiger, hektischer und schnelllebiger. Ich merk das an meinen Enkeln: Sie haben zum Beispiel viel häufiger Beschwerden von Magen und Darm – mal abgesehen von Appetitlosigkeit, da warte ich vergeblich drauf. Aber ein »verdorbener Magen«, Blähungen, Sodbrennen oder Völlegefühl, das kommt häufig vor, wenn auch noch der letzte Knödel durch sie hindurch musste oder sie mir partout kein Stück vom Sonntagsbraten für eine leckere Fleischsülze übrig lassen wollten. Auch Durchfall oder Verstopfung gibt's öfter mal. Sind die Beschwerden im Magen-Darm-Bereich nicht zu heftig, kann man aber zum Glück gut auf Hausmittel zurückgreifen.

*Der Franz: Magen-Darm-Beschwerden sind durch die vermehrte Anwesenheit vom Leopold auf unserem Hof kaum zu vermeiden.
Der Leopold: In der Tat: Ich krieg's ganz schlimm mit dem Magen, wenn der Franz die kleine Uschi in die Luft wirft. Das kann nämlich schlimm ausgehen so was. Ganz, ganz schlimm.
Der Franz: Der Leopold, der hat nämlich als Kind mal sein Meerschweinchen in die Luft geworfen. Und weil er halt von Haus aus ein total unsportlicher Typ ist ...*

Saure Gurken: Zur Appetitanregung.
Anwendung: Bei Appetitlosigkeit wird zwischen den Mahlzeiten hin und wieder 1 saure Gurke gegessen.

Vogelbeerenmarmelade: Gegen Appetitlosigkeit, besonders am Morgen.
Zubereitung: Die Vogelbeeren werden mit Wasser weich gekocht, dann werden sie durch ein Sieb passiert. Mit der gleichen Gewichtsmenge Zucker und einem Schuss Weißwein wird nun eine Marmelade gekocht.
Anwendung: Vor dem Frühstück werden 2 Teelöffel der Vogelbeermarmelade gegessen.

Nur roh sind Vogelbeeren giftig. Verkocht und als Marmelade sind sie nicht nur köstlich, sondern helfen außerdem gegen Appetitlosigkeit.

Dass ein Schnaps nach dem Essen helfen soll, ist weithin bekannt. Am besten hilft bei Verdauungsproblemen ein Kümmelschnaps.

Benediktenkrauttee: Bei Magen- und Darmbeschwerden.
Zubereitung: 1 Teelöffel Benediktenkraut wird in einen Topf mit ½ Liter kochendem Wasser gegeben. 5 Minuten ziehen lassen und dann abseihen.
Anwendung: Bei Bedarf wird 1 Tasse des ungesüßten Tees vor den Mahlzeiten getrunken.

Koriandertee: Wirkt durch die ätherischen Öle des Korianders krampflösend, entblähend und verdauungsfördernd. Bei Verdauungsstörungen sollte man Koriander oft als Gewürz in der Küche verwenden.
Zubereitung: 1 Teelöffel zerstoßener Koriander wird mit 1 Tasse kochendem Wasser übergossen. 5 Minuten ziehen lassen und dann abseihen.
Anwendung: 1 Tasse Tee wird ungesüßt nach den Mahlzeiten getrunken.

Anisplätzchen: Gegen Blähungen nach zu reichhaltigem Essen.
Zubereitung: 125 Gramm Honig, 125 Gramm Zucker und 4 Eier werden schaumig gerührt. Dann werden 3 gehäufte Teelöffel fein gewiegte Anisfrüchte und 300 Gramm fein gesiebtes Mehl untergerührt. Mit einem Teelöffel werden von diesem Teig kleine Portionen abgestochen und auf ein gefettetes Backblech gesetzt. Über Nacht sollten die Teighäufchen in einem warmen Raum trocknen. Am nächsten Morgen werden die Plätzchen bei mittlerer Hitze (bei maximal 150 Grad, Gasherd Stufe 1 – wie Baiser eher »trocknen« lassen) in 10–15 Minuten hellgelb gebacken.
Anwendung: Nach einem reichhaltigen Essen wird 1 Plätzchen gründlich durchgekaut und dabei möglichst lange im Mund behalten.

Kümmelschnaps: Zur Linderung von Blähungen. Man sollte keinen Kümmellikör verwenden, sondern sich den Schnaps mit hochprozentigem Alkohol selbst herstellen. Dieses Mittel mögen meine Männer natürlich besonders gern.
Zubereitung: 50 Gramm zerstoßener Kümmel werden mit ¾ Liter Kornschnaps (mindestens 35 Prozent Alkohol) übergossen, das Ganze muss 10 Tage ziehen und wird dann abgeseiht.
Anwendung: Bei Blähungen oder Völlegefühl wird 1 Likörglas des Kümmelschnapses möglichst kalt getrunken.

Windsalbe: Bei chronischen Blähungen mit teils starken Bauchkrämpfen.
Zubereitung: Im heißen Wasserbad werden 2 Esslöffel ungesalzenes Schweineschmalz so lange erwärmt, bis es flüssig ist. Dann werden je ½ Teelöffel fein gemahlene Kümmel-, Fenchel- und Anissamen zugegeben. Das Ganze wird nochmals etwa 10 Minuten im Wasserbad erwärmt, dann durch ein Mulltuch abgeseiht und muss nun abkühlen.
Anwendung: Mit der Windsalbe wird die Gegend um den Bauchnabel eingerieben. Danach wird der Bauch bis zum Abklingen der Beschwerden mit einem warmen Tuch bedeckt.

Essig-Zucker: Hilft gegen Schluckauf.
Anwendung: 1 Teelöffel Zucker wird mit 3–5 Tropfen Essig beträufelt eingenommen.

Bullrich-Salz: Hilft gegen gelegentliches Sodbrennen.
Anwendung: 1 knapper Teelöffel Bullrich-Salz wird in ½ Glas Wasser aufgelöst und dieses auf einmal ausgetrunken.
Achtung: Tritt Sodbrennen öfter auf, sollte man einen Arzt zu Rate ziehen.

Ananas: Hilft bei Verdauungsproblemen, vor allem, wenn man Eiweiß nur schwer verdauen kann.
Anwendung: Vor jeder Mahlzeit werden einige Stücke frische Ananas roh gegessen.

> Die Susi: Ananas ess ich auch gerne, weil sie gut für die Figur ist. Ananas in Stückchen in einen Hüttenkäse gemischt, das ist ein prima Abendessen. Und der Gang auf die Waage ist tags drauf eine Freude.

Chili: Ein scharfes Gewürz, das den Verdauungssaft vermehrt. Nach dem Genuss von Chili verläuft die Verdauung schneller und gründlicher.
Anwendung: Soweit es möglich ist, werden die Speisen mit Chili gewürzt oder Chilischoten werden in Gerichte gegeben.

Knoblauch: Desinfiziert den Darm bei Darminfektionen.
Anwendung: Knoblauch wird klein gehackt und bei Bedarf eine Messerspitze voll gegessen.

Durchfall gehört ebenfalls zu den akuten Magen- und Darmbeschwerden und kann durch reichliches Essen, Infektionen oder einen Klimawechsel im Urlaub hervorgerufen werden. Mir wird ja schon der Magen nervös, wenn wir nur ins Einkaufszentrum fahren.

Heidelbeer-Melissen-Tee: Bei akutem Durchfall.
Zubereitung: 20 Gramm getrocknete Heidelbeeren und je 10 Gramm Melissenblätter und Kamillenblüten werden vermischt. 2 Teelöffel der Mischung werden mit ¼ Liter kaltem Wasser in einem Topf aufgesetzt und zum Sieden gebracht. 10 Minuten ziehen lassen, dann abseihen.
Anwendung: Tritt der Durchfall auf, werden täglich 2–3 Tassen des ungesüßten Tees getrunken.

Kohlepulver: Ärztlich anerkannt gegen Durchfall.
Anwendung: Bei Bedarf werden mehrmals täglich 1–2 Esslöffel Kohlepulver in Wasser aufgelöst getrunken. Kohletabletten haben die gleiche Wirkung, sie sind Kohlepulver in komprimierter Form. Hier bitte die Anweisungen in der Packungsbeilage beachten.

Schwarzer Johannisbeersaft: Ungesüßt gegen Durchfall.
Anwendung: Zweimal täglich wird 1 kleines Glas Saft getrunken.

Zwiebel: Gegen Durchfall.
Anwendung: 1 Zwiebel wird in kleine Stücke geschnitten. Bei Bedarf wird mehrmals täglich 1 Esslöffel davon gegessen.

Wer chronisch unter **Verstopfung** leidet, darf nicht ständig zu stark wirkenden Abführtees greifen, denn das kann zu erheblichen Darmbeschwerden führen.

Dörrpflaumen und Feigen: Natürliche Mittel gegen Darmträgheit.
Zubereitung: Abends werden 3–5 Dörrpflaumen und 1 getrocknete Feige in 1 Glas mit lauwarmem Wasser eingeweicht, sodass die Früchte bedeckt sind.

Es gibt viele Lebensmittel, die bei Problemen mit der Verdauung helfen. Isst man diese regelmäßig, sollte sich das Problem bessern.

Bei Verstopfung helfen getrocknete Früchte, besonders Pflaumen. Diese in ein Müsli gemischt, geben das perfekte Frühstück.

Anwendung: Am nächsten Morgen wird die Flüssigkeit sofort auf nüchternen Magen getrunken und die Früchte werden gegessen. Spätestens nach 2–3 Stunden setzt die Wirkung ein.

Kaltes Fußbad: Regelmäßig abends gegen chronische Verstopfung.
Anwendung: Eine hohe Fußbadewanne oder ein Eimer wird so weit mit kaltem Wasser gefüllt, dass die Unterschenkel zur Hälfte bedeckt sind. Während des Bades müssen die Füße ständig bewegt werden. Nach 2 Minuten werden die Füße abgetrocknet.

Sauerkraut: Ein mildes Abführmittel, das viele Ballaststoffe enthält, die die Darmbewegung anregen.
Anwendung: Als Kur wird Sauerkraut (200–300 Gramm) etwa 3–4 Wochen täglich roh gegessen.

MENSTRUATIONSBESCHWERDEN

Töchter und Enkelinnen hab ich ja leider keine. Aber ich kann mich noch gut erinnern, wie das früher immer war, wenn ich »meine Tage« hatte. Wenn ich Unterleibsschmerzen hatte, hat meine Mutter dann immer einen Tee oder ein Bad für mich vorbereitet.

Himbeerblättertee: Lindert Periodenschmerzen.
Zubereitung: 25 Gramm Himbeerblätter werden in einem Topf mit ½ Liter Wasser zum Kochen gebracht. 10 Minuten ziehen lassen, dann abseihen.
Anwendung: Der Tee wird schon an den Tagen vor Eintreten der Periode getrunken.

Schafgarbenbad:
Zubereitung: Für ein Vollbad werden 50–75 Gramm getrocknete Schafgarbe mit 1 Liter kochendem Wasser übergossen. 10 Minuten ziehen lassen, dann abseihen und dem Badewasser zugeben. Für ein Sitzbad werden nur etwa 25 Gramm Schafgarbenkraut benötigt.
Anwendung: Man badet darin etwa 15 Minuten bei 38 °C.
Achtung: Nach der Berührung mit Pflanzenteilen der Schafgarbe sollte die Haut nicht der Sonne ausgesetzt werden; es kann sonst zu Hautschuppungen und danach zu Juckreiz kommen.

MUNDGERUCH

Gegen Mundgeruch gibt es mancherlei Kraut und einige Tricks, die schon meine Oma kannte. Bleibt der Mundgeruch über einen längeren Zeitraum, sollte man sich allerdings vom Arzt untersuchen lassen.
Es hilft zum Beispiel, vor dem Schlafengehen einen **Apfel** zu essen.
Honig kann als Mundwasser benutzt werden. Dazu wird etwas Honig in lauwarmem Wasser aufgelöst. Er ist ein natürliches Reinigungsmittel, Naturhonig ist bakterienhemmend.
Das Kauen von frischer **Petersilie** hilft auch gegen Mundgeruch.
Gegen Knoblauchgeruch hilft das Kauen von **Aniskörnern**.

Der Franz: Egal, für welches Mittel man sich entscheidet, irgendeins muss man nehmen. Weil's für die gesamte Restbevölkerung einfach eine Zumutung ist, wenn einer aus dem Mund stinkt!

Der Absud überbrühter **Erdbeerblätter** kann als Gurgelmittel gegen Mundgeruch genommen werden.
Stark abgekochtes **Zinnkraut** (Schachtelhalm) ist als Mundspülung gegen Mundgeruch ebenfalls geeignet – ebenso wie Mundwasser (siehe Seite 173).

NASENBLUTEN

Nasenbluten tritt auf, wenn kleine Adern in der Nase platzen, etwa durch einen Stoß oder Schlag. Meine Buben waren als Kinder richtige Raufbolde, der Franz und der Leopold sind so manches Mal aneinandergeraten. Zum Glück gibt es da ein paar Mittel, die schnell helfen. Tritt Nasenbluten häufig auf oder ist die Blutung nach ½ Stunde nicht gestillt, muss man in jedem Fall einen Arzt zu Rate ziehen.

Bindfaden:
Um den kleinen Finger der entgegengesetzten Hand wird ein Bindfaden zwischen dem vorderen und mittleren Gelenk gewickelt: d. h. bei Blutungen aus dem rechten Nasenloch um den kleinen Finger der linken Hand, bei Blutungen aus dem linken Nasenloch um den kleinen Finger der rechten Hand. Der Bindfaden bleibt bis zu ½ Minute am Fingergelenk. Blutet der Patient aus beiden Nasenlöchern, müssen die Gelenke beider kleinen Finger umwickelt werden. Früher hab ich ja gedacht, das sei Zauberei, aber man hat mir erklärt: Der Trick nutzt das Informations- und Regelungssystem des menschlichen Organismus wie in der Reflexmedizin üblich. Klingt für mich ungeheuer wissenschaftlich und dann muss es ja stimmen.

Kalte Kompressen:
Anwendung: Tücher werden mit kaltem Wasser befeuchtet und diese auf Nacken, Nase und Stirn gelegt. Während die nasskalten Tücher aufliegen, darf man nicht sprechen und sich nicht schnäuzen.

Zitronensaft:
Anwendung: Auf einen Wattebausch wird Zitronensaft geträufelt. Der getränkte Wattebausch wird in das blutende Nasenloch gesteckt.

NERVOSITÄT UND SCHLAFSTÖRUNGEN

Es gibt ja so Menschen, die immer nervös und zappelig zu sein scheinen. In unserer Familie sind wir Gott sei Dank eigentlich immer alle recht ausgeglichen gewesen. Trotzdem hat mir meine Oma verschiedene Tees oder Teemischungen genannt, die gegen Nervosität helfen.

Kalte Kompressen dienen als schnelle Hilfe beim Nasenbluten.

Ein Heublumenkissen kann man selbst machen und hübsch gestalten. Unter das Kopfkissen gelegt, hilft es beim Einschlafen.

Johanniskrauttee: Ausgleichend, aber nicht müde machend. Der Wirkstoffgehalt im Tee ist höher als im Johanniskrautöl, denn im Wasser entfalten sich die Heilwirkungen besser. Bei Johanniskrauttee gibt es keinerlei Suchtgefahr!

Zubereitung: 2 Teelöffel von getrocknetem und geschnittenem Johanniskraut werden mit ¼ Liter kaltem Wasser in einem Topf aufgesetzt, das Ganze wird erhitzt und nach etwa 3 Minuten abgeseiht.

Anwendung: Der Tee wird über 4–6 Wochen als Kur getrunken – täglich 2–3 Tassen ungesüßt.

Achtung: Die Teekur mit Johanniskraut macht lichtempfindlich. In dieser Zeit sollen Höhensonne, Solarium und Sonnenlicht gemieden werden! Es könnten Pigmentflecken auf der Haut entstehen!

Baldrianbad: Als zusätzliche Maßnahme neben Tees. Baldrianbäder kann man fertig in der Apotheke kaufen oder selbst herstellen.

Zubereitung: 100 Gramm Baldrianwurzeln werden mit 1 Liter kochendem Wasser übergossen. 10 Stunden ziehen lassen, dann abseihen.

Anwendung: Täglich wird zwei- bis dreimal 1 Likörglas davon getrunken.

Kräuterkissen: Gegen Einschlafstörungen. In der Apotheke bekommt man fertige Kräuterkissen, sie können auch selbst hergestellt werden. Kräuter gegen Schlaflosigkeit sind z. B. Dost, Quendel, Hopfen, Lavendel und Thymian.
Zubereitung: Es wird eine kleine Kissenhülle genäht, mit Verbandswatte ausgefüttert und mit den Duftkräutern gefüllt. Ein Teil der Kräuter sollte grob gemahlen sein, der andere Teil geschnitten.
Anwendung: Das Kräuterkissen wird abends unter das Kopfkissen gelegt oder direkt unter den Kopf.

OHRENSCHMERZEN

Ohrenschmerzen sind immer eine besonders unangenehme Sache. Treten sie auf, sollte man umgehend einen Arzt aufsuchen. Eine vorübergehende Linderung bei nur leichten Schmerzen, nachts oder am Wochenende können einige Hausmittel erzielen.

Ohrkerzen: Die hohlen, etwa 20 Zentimeter langen Kerzen bekommt man in der Apotheke. Sie werden meist aus Baumwolle oder Leinen und Bienenwachs hergestellt; es gibt auch welche mit dem Zusatz von Kräutern, Gewürzen oder ätherischen Ölen.
Anwendung: Eine Ohrkerze wird in das kranke Ohr gesteckt und angezündet. Die entstehende Wärme reguliert den Innenohrdruck auf das Trommelfell, die Schmerzen klingen ab.

Der Franz: Der Leopold hat's früher oft an den Ohren gehabt. Und was hat der sich immer gefürchtet, wenn die Oma ihm dann so eine brennende »Kerze« ins Ohr gesteckt hat. Der war halt schon immer ein Weichei.

Salz:
Zubereitung: Ein Mullsäckchen wird mit Salz gefüllt und im Backofen erhitzt.
Anwendung: Das warme Salzsäckchen wird einige Zeit an das schmerzende Ohr gehalten.

Anwendung: Der Tee wird dem Badewasser zugegeben. Badetemperatur 38 °C, Badedauer etwa 15 Minuten.

Baldrianwein: Wirkt gegen nervöse Unruhe und bei Schlafstörungen. Kann man gut selbst herstellen.
Zubereitung: 1 Liter Weißwein wird mit 30 Gramm fein geschnittener Baldrianwurzel versetzt und muss gut verschlossen etwa 2 Wochen bei Zimmertemperatur ziehen. Dann wird er durch ein Tuch oder Filterpapier abgeseiht. Gut verschlossen im Kühlschrank aufbewahrt ist der Wein 1 Monat haltbar.

NATÜRLICHE HEILMITTEL **153**

SCHNUPFEN UND NASEN-NEBENHÖHLENENTZÜNDUNG

Bei einer Erkältung ist Schnupfen besonders unangenehm, denn die Nase läuft und läuft. Oft geraten Krankheitserreger bis in die Stirn- und Kiefernebenhöhlen, was zu einer Entzündung führen kann. Ich kann dann immer gar nicht richtig schlafen, und im Sitzen zu schlafen fand ich schon immer furchtbar. Deswegen greif ich da selbst immer bei den kleinsten Anzeichen sofort auf die Hausmittel meiner Oma zurück.

Ätherische Öle: Erhitzt wirken sie gut auf die Schleimhäute der Nase und machen sie wieder frei. Zum Inhalieren eignen sich Arnika, Beifuß, Eukalyptus, Latschenkiefern, Lavendel, Melisse, Pomeranzen, Rosmarin oder Zitrone.
Zubereitung: In einer Schüssel werden 3–5 Tropfen eines ätherischen Öls mit 1 Liter heißem Wasser aufgegossen.
Anwendung: Man hält den Kopf über die Schüssel, dann werden Kopf und Schüssel mit einem Tuch bedeckt. Die Dämpfe der ätherischen Öle werden abwechselnd durch Mund und Nase eingeatmet. Die Anwendung sollte zwei- bis dreimal täglich wiederholt werden.

Bienenwaben: Gegen Nasennebenhöhlenentzündungen. Bienenwaben sind im Reformhaus oder direkt beim Imker erhältlich.
Anwendung: 1 Stückchen Bienenwabe (etwa 1 Quadratzentimeter groß), das noch Bienenhonig enthält, wird zusammen mit 4–5 Körnchen Fenchel oder Anis gekaut. Täglich etwa sechsmal jeweils für ¼ Stunde.

Emser Salz: Macht die Nase wieder frei.
Zubereitung: 1 gestrichener Teelöffel Emser Salz wird in ⅛ Liter Wasser kurz aufgekocht, dann abgekühlt.
Anwendung: 1 Pipettenfüllung der Mischung wird mehrmals täglich in die Nase geträufelt.

SONNENBRAND

Heutzutage müsste sich eigentlich niemand mehr einen Sonnenbrand holen. Es gibt ja allerlei Sonnenschutzmittel, die gut schützen. Aber mein Bub sitzt halt nun mal gern im Garten in der Sonne und hört seine Musik und da denkt er nicht an Sonnenschutz. Wenn er also einen Sonnenbrand hat, geb ich ihm immer eines diverser Hausmittel, die ich noch von meiner Oma kenn. Und dann ist er ganz schnell wieder draußen.

Labkrautbad: Wirkt schmerzlindernd.
Zubereitung: 100 Gramm getrocknetes Labkraut werden mit 2 Liter kaltem Wasser in einem Topf kalt aufgesetzt, zum Sieden gebracht, 1–2 Minuten gekocht, dann abgeseiht.
Anwendung: Der Sud wird dem Badewasser zugesetzt. Die Badetemperatur darf nicht über 35 °C liegen, Badedauer etwa 10–15 Minuten.

Quarkauflage: Wirkt kühlend und lindernd bei leichtem Sonnenbrand. Darf aber niemals auf offenen Stellen angewandt werden!
Zubereitung: 5 Esslöffel Magerquark werden mit so viel Milch vermischt, dass der Quark gut streichfähig wird.
Anwendung: Der Brei wird auf einen Leinenlappen gestrichen und dieser auf die betroffene Hautstelle gelegt. So lange die Quarkauflage kühlt, bleibt sie liegen, danach wird der Umschlag erneuert.

Honigliebhaber werden diese Medizin lieben: Das Kauen von Bienenwaben hilft gegen Nasennebenhöhlenentzündung.

Schwarzer Kaffee gegen Kater – ein altbekanntes »Rezept«.

ZUM »BITTEREN« ENDE: KATERTRUNK & CO.

Manche »Krankheit« ist selbst verschuldet, wie ich immer so schön sag. Wenn der Franz wieder mal morgens auftaucht und einen Schädel hat, dann lass ich ihn immer erst mal ein wenig zappeln, aber irgendwann tut er mir dann doch leid und dann gibt es eben eines meiner Hausmittel: Schwarzer **Kaffee mit Zitronensaft** gemischt – klingt furchtbar, schmeckt auch so und vertreibt wahrscheinlich deshalb den Kater ...

Oder ich serviere etwas **Salziges**, wie etwa Bismarckhering oder Rollmöpse. Hilfreich ist auch der Genuss einer gut gewürzten **Fleischbrühe**.
Bewährt hat sich sogar rohes **Sauerkraut**: Einfach ein paar Gabeln davon essen: Das reguliert den »schwachen Magen« und bringt einen wieder auf Vordermann.

Der Franz: Kaffee und Rollmöpse mag ich halt gerne. Und das hat gar nix mit dem Vorabend zu tun. Nicht das Geringste.

Viele Kosmetika duften zart nach Rosen. Da fühlt man sich gleich viel schöner ...

Um Schönheit oder »Beauty«, wie man heute sagt, wurde früher nicht so viel Aufheben gemacht wie heute. Und doch haben selbstverständlich auch wir uns damals schon um die Pflege des Äußeren gekümmert. Gerade bei uns auf dem Land war das wichtig, wenn bei der Arbeit im Freien die Haut und die Haare durch Wind und Wetter stark beansprucht wurden. Die Auswahl und Qualität von Pflegeprodukten in Drogerie und Parfümerie entsprach natürlich nicht heutigen Verhältnissen, daher haben wir auch in diesem Bereich jede Menge natürliche Hausmittel benutzt. Noch dazu haben selbst hergestellte Mittel für Gesichts- und Körperpflege unglaubliche Vorzüge:
Man weiß genau Bescheid über die Inhaltsstoffe.
Man kann die Reinheit der Rohstoffe kontrollieren.
Fremde oder »unnatürliche« Substanzen kann man weglassen.
Auf Konservierungsstoffe kann verzichtet werden.
Preislich liegen die eigenen Produkte sicher unter den Kosten der Mittel, die man im Laden kaufen kann.

SCHÖNHEIT UND KOSMETIK

Beim Einkauf der Zutaten sollte man auf die gute Qualität der Erzeugnisse achten. Nur so erzielt man gute Ergebnisse für die Haut. Am besten ist es natürlich, wenn das meiste aus dem eigenen Garten kommt, aber selbst bei mir wächst nicht alles vor der Tür. Wichtig bei der ganzen Sache ist das eigene Wohlbefinden, das hat schon meine Oma immer gesagt. Fühlt man sich gut mit der eigenen Kosmetikreihe, kann man eigentlich nichts falsch machen.

Und noch eine Sache ist natürlich absolut von Vorteil, wenn man eigene Cremes, Lotionen und Gesichtswässer herstellt: Mit der ganzen Hektik und dem Stress heutzutage findet man ein wenig Zeit für sich selbst, ein wenig Muße und Entspannung – und das ist oft mehr wert als alle Schönheitsmittelchen. Man sollte aber keine allzu großen Mengen herstellen: Da, anders als in Kosmetikfirmen üblich, keine Konservierungsstoffe zugefügt werden, ist die Haltbarkeit hausgemachter Schönheitsmittel begrenzt. Masken und Lotionen verwendet man am besten sofort, die Mengenangaben sind für 1 oder bestenfalls 2 Anwendungen gedacht. Selbst gemachte Öle (etwa für Bäder) und Rezepte mit Alkohol halten sich im Kühlschrank problemlos bis zu 4 Wochen.

Pflegetipps von A bis Z

Da Gesundheit und Schönheit ja quasi zusammengehören, habe ich die Pflegetipps auch alphabetisch sortiert. Und zwar nach dem jeweiligen Körperteil, das es aufzuhübschen gilt. Da finden sich dann auch meine Männer zurecht, obwohl die wahrscheinlich ja doch eher seltener in dieses Kapitel schauen werden als die Freundinnen von der Susi, die schon ganz gespannt sind.

AUGENPFLEGE

Sowohl meine Mutter als auch meine Oma haben immer besonders viel Wert auf die Pflege der Augen gelegt. Zu einem schönen und gepflegten Gesicht gehören auch strahlende und glänzende Augen – sie sind der »Spiegel der Seele«, so haben sie immer gesagt:
Kleinen **Fältchen** um die Augen rückten sie zum Beispiel mit einer Kompresse aus roh geriebenen Kartoffeln zu Leibe. Die Auflage wird etwa ¼ Stunde auf die geschlossenen Augen gelegt.
Eischnee mit etwas Kaffeesatz vermischt ist ein gutes Mittel gegen unschöne **Tränensäcke**. Nach dem Einwirken wird mit lauwarmem Wasser nachgewaschen.
Wenn man die **Wimpern** jeden Abend mit Rizinusöl bestreicht, werden sie schön lang und fest.
Dunkle Ringe unter den Augen werden mit je einer Scheibe Salatgurke auf den Augen gelindert.
Die Augen erscheinen wach und klar, wenn man Wattekompressen mit warmer Milch auflegt. Nach etwa 10 Minuten werden die Milchreste mit lauwarmem Wasser abgespült.
Und bei überanstrengten Augen helfen Kompressen mit Borwasser.

GESICHTSPFLEGE

Inzwischen habe ich natürlich ziemlich viele Falten im Gesicht, da kann man eben beim besten Willen nichts machen. Aber ich bin mir sicher, sie wären noch viel früher gekommen, hätte ich mich nicht regelmäßig mit den Hausmittelchen meiner Mutter eingecremt. Und wenn ich mir so manche Freundin anschau …

Zitronenbuttermilch: Für jeden Hauttyp.
Zubereitung: 100 Milliliter Buttermilch, 1 Esslöffel frisch gepresster Zitronensaft und 1 Esslöffel Honig werden vermischt. Die Mischung wird in eine Flasche gegeben und kräftig geschüttelt.
Anwendung: Die Lotion wird auf einen Wattebausch gegeben und damit werden Gesicht, Dekolleté und Hals gründlich gereinigt. Nach kurzem Einwirken wäscht man die Milch mit lauwarmem Wasser ab.

Weizenkeimöllotion: Für trockene, beanspruchte Haut.
Zubereitung: 1 Eigelb, 15 Milliliter Obstessig und 1 Teelöffel Traubenzucker werden verrührt. Nach und nach werden 50 Milliliter Weizenkeimöl untergerührt, bis eine etwas festere Lotion entsteht. Nach dem Abfüllen hält sich die Lotion im Kühlschrank bis zu 4 Wochen.
Anwendung: Die Haut wird mit der Lotion in leicht kreisenden Bewegungen gereinigt und anschließend mit viel lauwarmem Wasser abgewaschen.

Gesichtspflege aus der Küche: Zitronenbuttermilch pflegt und reinigt zugleich.

Eine Lotion aus Walnussblättern reinigt schonend fettende, unreine Haut.

Mandelkleiewaschpaste: Für Misch- und fettige Haut. Die mussten wir als Kinder immer nehmen gegen die Pickel. Wie wir's gehasst haben, aber geholfen hat's natürlich schon, das muss man zugeben.
Zubereitung: 125 Milliliter Vollmilch, 1 Tasse Mandelkleie und 15 Milliliter Mandelöl werden zu einer Paste verrührt.
Anwendung: Beim Auftragen spart man die Augenpartie aus. Mit leicht kreisenden Bewegungen werden besonders Nase, Stirn und Kinn massiert, dann wird die Paste mit reichlich lauwarmem Wasser abgewaschen.

Gesichtswässer

Zur Nachreinigung des Gesichtes empfiehlt sich Gesichtswasser, das man auch prima selbst herstellen und auf den eigenen Hauttyp abstimmen kann.

Honiggesichtswasser: Für empfindliche Haut.
Zubereitung: 100 Milliliter destilliertes Wasser werden erwärmt und 1 Esslöffel Honig wird darin aufgelöst. Nach dem Abkühlen werden noch 15 Milliliter Zitronensaft zugegeben. Die Mischung wird in eine Flasche abgefüllt, diese wird verschlossen und gut durchgeschüttelt. Sie hält sich im Kühlschrank ein paar Wochen.

Rosengesichtswasser: Für trockene Haut.
Zubereitung: 30 Milliliter Rosenwasser und 10 Milliliter Orangenblütenwasser werden in je 20 Milliliter Fenchel- und Lindenblütentee erwärmt, dann wird 1 Teelöffel Honig darin aufgelöst. Nach dem Abkühlen werden 5 Milliliter Obstessig zugegeben. Die Mischung wird in eine verschließbare Flasche abgefüllt und kräftig durchgeschüttelt. Sie hält sich im Kühlschrank ein paar Wochen.

Petersiliengesichtswasser: Für fettige und unreine Haut.
Zubereitung: 1 Handvoll gewaschene, fein gewiegte Petersilie wird in einem Schraubdeckelglas mit 100 Milliliter 70-prozentigem Alkohol übergossen. Das Glas wird verschlossen und etwa 1–2 Wochen stehen gelassen. Nun

wird die Mischung durch einen Papierfilter gegossen und mit 300 Milliliter destilliertem Wasser versetzt. Das Gesichtswasser hält sich im Kühlschrank ein paar Wochen.

Lotionen

Nicht jedes Gesicht verträgt den Alkohol in einem Gesichtswasser. Mir zum Beispiel bitzelt und brennt dann immer ganz schön die Haut, grad wenn ich viel an der Luft und Sonne war. Ich nehm deswegen immer eine Lotion für die Gesichtsreinigung.

Orangenblütenlotion: Für trockene Haut.
Zubereitung: Je 50 Milliliter Orangenblüten- und destilliertes Wasser sowie 20 Milliliter Glyzerin werden in eine verschließbare Flasche gegeben. Die Mischung wird vor Gebrauch kräftig durchgeschüttelt. Sie hält sich im Kühlschrank ein paar Wochen.

Walnussblätterlotion: Für fettende, unreine Haut.
Zubereitung: 1 Handvoll klein geschnittene Walnussblätter wird in 200 Milliliter destilliertem Wasser leicht gekocht. Nach dem Abfiltern werden 50 Milliliter Hamameliswasser (aus der Apotheke oder dem Reformhaus) untergerührt. Die Lotion hält sich im Kühlschrank ein paar Wochen.

Gurkenlotion: Für trockene, strapazierte Haut.
Zubereitung: ½ Salatgurke wird geschält und gerieben. Diese Masse wird durch ein feines Sieb gestrichen, dann gefiltert. Die verbleibende Flüssigkeit wird mit 60 Milliliter Karottensaft und 30 Milliliter Mandelöl vermischt und in eine verschließbare Flasche gegeben. Die Mischung wird vor Gebrauch kräftig durchgeschüttelt. Sie hält sich im Kühlschrank ein paar Wochen.

Masken, Packungen und Kompressen

Nun sollte man ja nicht meinen, nur Frauen würden sich für Kosmetik interessieren. Mein Großvater oder auch mein Vater haben daran natürlich keinen Gedanken verschwendet, aber ich merke schon, wie heutzutage auch die Männer immer eitler werden. Da kommt's schon auch bei uns zu Hause vor, dass plötzlich einer meiner Männer mit einer Maske im Badezimmer verschwindet. Zugeben würden sie's aber natürlich nie. Masken, Packungen und Kompressen sind eine Wohltat für die Haut. Man unterscheidet: Packungen wirken beruhigend und pflegend. Masken werden auf der Haut fest, sie haben eine straffende und durchblutende Wirkung. Gesichtsbäder und Kompressen erfrischen, reinigen und pflegen.

Vor der Anwendung dieser Mittel muss die Haut auf jeden Fall immer frisch gereinigt werden. Zum Abwaschen der Masken und Kompressen verwendet man in der Regel lauwarmes Wasser.

Gesichtspflege – nicht nur etwas für Frauen! Immer mehr Männer achten stark auf ihr Äußeres und nutzen allerlei Kosmetika.

Blaue Maske: Hilft vor allem bei fettiger, unreiner und schlecht durchbluteter Haut.
Zubereitung: 1 gehäufter Esslöffel getrocknete Kornblumenblüten (Korbblütlerallergiker aufpassen!) wird in einer Tasse mit kochendem Wasser überbrüht. Sobald das Wasser auf Handwärme abgekühlt ist, wird so viel weißer Ton zugegeben, dass eine streichfähige Paste entsteht.
Anwendung: Die Paste wird auf die Haut gestrichen, dann lässt man sie etwa 10–15 Minuten antrocknen.

Grüne Maske: Hilft bei müder Haut.
Zubereitung: Gehackte Minze und gehackte Petersilie werden zu gleichen Teilen in einer Tasse gemischt. Bei getrockneten Zutaten jeweils 1 Esslöffel, bei frischen sollte die Tasse etwa ¾ voll sein. Die Kräuter werden mit kochendem Wasser überbrüht und nach dem Abkühlen mit so viel weißem Ton vermischt, dass eine streichfähige Paste entsteht.
Anwendung: Nach dem Auftragen sollte die Paste etwa 10–15 Minuten einwirken.

Sahne-Honig-Maske: Für normale bis trockene Haut.
Zubereitung: 2 Esslöffel saure Sahne werden mit 1 Esslöffel Honig vermischt. Nun werden so viel Weizenkeimflocken untergerührt, dass ein dicker Brei entsteht.
Anwendung: Der Brei wird aufgetragen und nach 15 Minuten Einwirkzeit abgewaschen.

Apfelmaske: Bei unreiner, fettender und grobporiger Haut.
Zubereitung: Ein geschälter Apfel wird gerieben und mit 1 Esslöffel flüssigem Honig verrührt.
Anwendung: Die Maske wird aufgetragen und nach 20 Minuten Einwirkzeit abgewaschen.

Gurkenmaske mit Aloe vera: Bei müder, faltiger und reifer Haut.
Zubereitung: ½ Salatgurke wird gerieben und mit 2–3 Esslöffeln Sahne und 2 Esslöffeln Aloe-vera-Gel vermischt.
Anwendung: Die Maske wird aufgetragen und nach 15 Minuten Einwirkzeit mit klarem kaltem Wasser abgewaschen.

Gurkenpackung: Zur Erfrischung.
Zubereitung: ¼ Salatgurke wird samt der Schale püriert, dann werden 2 gestrichene Esslöffel Quark dazugemischt.
Anwendung: Die Gurkenpackung wird aufgetragen und nach 20 Minuten mit kaltem Wasser abgewaschen.

Akne

Akne ist keine moderne Hauterkrankung, von Akne wurden Jugendliche zu allen Zeiten geplagt. Wir früher hatten das Problem schon, und ich erinnere mich auch noch besonders gut, wie meine Buben immer leiden mussten. Denn bei den Madeln kommt so ein pickliges Gesicht natürlich nicht gut an. Aber zum Glück hatte ich dann was parat, wie man den unschönen Pusteln mit natürlichen Mitteln begegnen konnte.

Lavendel-Arnika-Essig:
Zubereitung: 20 Gramm Lavendel- und 10 Gramm Arnikablüten werden vermischt und in eine verschließbare Flasche mit 1 Liter Apfelessig gegeben. Die Flasche wird 2 Wochen in der Sonne stehen gelassen und dabei täglich morgens und abends gut geschüttelt. Dann wird die Mischung abgeseiht und wieder in die gut verschließbare Flasche gefüllt.
Anwendung: Ein Schuss des Essigs wird ins Waschwasser gegeben oder die Aknestellen werden direkt mit einem im Essig getränkten Wattebausch betupft.

Honig und Milch: Gegen Hautunreinheiten, besonders bei Pickeln und Pusteln.
Zubereitung: Honig und Milch zu gleichen Teilen werden in eine verschließbare Flasche gegeben und gut durchgeschüttelt, dann wird der Saft ½ Zitrone zugefügt und die Mischung wiederum geschüttelt.
Anwendung: Täglich abends wird das Gesicht damit eingerieben und erst am nächsten Morgen mit lauwarmem Wasser abgewaschen.

Der Simmerl: Seitdem unser Max die Milch von der Oma nimmt, hat er fast keine Pickel mehr. Und das schaut einfach besser aus. Und wenn er da so drin sitzt in seinem nagelneuen Auto, dann soll er doch auch gut ausschauen, der Bub, oder?

Ob selbst gemacht oder gekauft: Regelmäßig angewandt, kann Karottensaft bei Akne helfen.

Karottensaft: Gegen Akne und Pickel. Er reinigt den Körper von innen, vor allem die Leber.
Anwendung: Täglich ein- bis zweimal wird ½ Glas frisch gepresster Karottensaft getrunken.

Schafgarbentee: Innerlich gegen Akne.
Zubereitung: 4 Teelöffel Schafgarbenkraut oder -blüten werden mit 1 Tasse kochendem Wasser übergossen. 10 Minuten ziehen lassen, dann abseihen.
Anwendung: Morgens und abends wird je 1 Tasse Tee schluckweise getrunken.

HAARE

Gerade bei den Frauen sind die Haare das A und O. Schon bei meiner Oma war kräftiges, volles Haar der ganze Stolz. Und das, obwohl sie nicht regelmäßig zum Friseur gehen konnte. Sie hat sich eben selbst beholfen und das hat ganz genauso gut geklappt.

Haarshampoo

Das Grundrezept für selbst gemachtes Haarshampoo ist denkbar einfach.
Zubereitung Grundrezept: 50 Gramm feste Seife (Kernseife) werden in 750 Milliliter siedendem destilliertem Wasser aufgelöst. Nun werden 10 Gramm Pottasche zugegeben und alles wird etwa ½ Stunde leise gekocht. Nach dem Abkühlen ist das Shampoo gebrauchsfertig.

Nun kann das Shampoo noch mit ätherischem Öl aromatisiert werden. Oder man gibt der Haarfarbe entsprechend Pflanzenauszüge zu:
Rhabarberwurzelauszug, Zitronensaft oder Kamillenblütenauszug eignet sich für **blondes** Haar.
Für **dunkles** Haar nimmt man Birkenblätter- oder Rosmarintee.
Obstessig oder Kornblumenblütentee empfiehlt sich für **graues** Haar.

Für **trockenes** oder **fettiges** Haar gibt es ebenfalls geeignete Shampoos aus natürlichen Substanzen:

Eishampoo: Für besonders trockenes Haar.
Zubereitung: 2 Eigelb, 1 Eiweiß, 1 Teelöffel Honig, der Saft von 1 Zitrone und 5–10 Milliliter Pflanzenöl werden miteinander vermischt.
Anwendung: Haare und Kopfhaut werden damit einmassiert und danach gründlich gespült.

Kräutershampoo: Für besonders fettiges Haar.
Zubereitung: Je eine Handvoll Salbei, Rosmarin und Pfefferminze werden mit 1 Liter kochendem Wasser übergossen. 30 Minuten ziehen lassen. Danach wird das Kräuterwasser abgeseiht und mit 150 Milliliter Neutralshampoo (siehe Grundrezept) vermischt.
Anwendung: Haare und Kopfhaut werden damit einmassiert und danach gründlich gespült.

Haare farblich auffrischen

Wie ich jung war, waren meine Freundinnen und ich auch nie zufrieden mit unserem Aussehen und wir haben schon mit allerlei Mitteln experimentiert, um den Farbton der Haare leicht zu verändern oder aufzufrischen. Meine Mutter hat uns natürliche Mittel aus Pflanzen empfohlen, um

Auch Haarpflege kann man selbst herstellen: vom Shampoo über die Spülung bis zum Farbauffrischer.

die natürliche Haarfarbe intensiver werden zu lassen, denn die Haare zu färben, hat sie uns natürlich nicht erlaubt.

Zitronenwasser verhilft **blonden Haaren** zu besonderem Glanz. Dazu werden 5–6 Teelöffel Zitronensaft auf ½ Liter Wasser gegeben.
Braunes Haar lässt sich mit einer Spülung aus schwarzem Tee farblich auffrischen.
Reiner Apfelessig eignet sich gut bei **Brünetten** und **Rothaarigen**.
Wenn **graue** Haare gelbstichig werden, dann gibt man der letzten Spülung etwas Waschblau hinzu.

Kräftigungsspülung

Hin und wieder braucht das Haar besondere Pflege, denn nicht nur Wind und Wetter, auch das Färben, Tönen oder häufiges Haarewaschen laugen das Haar aus. Immer wenn mein Haar nur noch matt und schlapp war, hat mir meine Mutter eine besondere, selbst gemachte Spülung ins Haar gerieben – das wirkte Wunder und das Haar sah danach wieder voller und gesünder aus.

Birken-Lavendel-Essig: Wirkt besonders belebend und kräftigend und ist geeignet für alle Haartypen.
Zubereitung: Je 1 Teelöffel getrocknete Birkenblätter und Lavendelblüten und 1 Liter Obstessig werden in eine Flasche gefüllt. Die Mischung muss nun in der verschlossenen Flasche 1 Woche ziehen. Dann wird abgefiltert und ätherisches Lavendelöl (einige Tropfen) zugegeben.
Anwendung: Pro Anwendung wird 1 Teil des Birken-Lavendel-Essigs mit 2 Teilen Wasser vermischt. Damit werden Haare und Kopfhaut massiert. Die Spülung wird nicht ausgewaschen. Die Haare werden danach wie gewohnt getrocknet.

Kräuterspülung: Wirkt kräftigend für besonders feines blondes Haar.
Zubereitung: Je 1 gehäufter Teelöffel Brennnesselblätter und Rosmarin sowie 1 Teelöffel Kamillenblüten werden mit 100 Milliliter kochendem Wasser übergossen. 10 Minuten ziehen lassen, dann abfiltern. Zuletzt werden 60 Milliliter Zitronensaft oder Obstessig zugemischt.
Anwendung: Diese Spülung wird nach der Wäsche in das Haar gerieben und danach nicht mehr ausgewaschen.

Haarkur und -packung

Auch eine Haarkur oder -packung sollte man seinem Haar dann und wann – wenn man die Zeit hat, am besten einmal pro Woche – gönnen. Dabei sollte man die Kur immer auf den Haartyp abstimmen. Das Haar wird fülliger und erhält einen natürlichen Glanz.

Ölpackung: Für sprödes Haar.
Zubereitung und Anwendung: 1–2 Esslöffel Öl (Oliven-, Rizinus-, Karotin- oder Mandelöl) werden erwärmt und im nassen Haar gleichmäßig verteilt. Nach 1 Stunde Einwirkzeit wird die Ölpackung gründlich ausgewaschen.

Kräuter-Öl-Packung: Für strapaziertes Haar.
Zubereitung: 60 Milliliter Olivenöl werden im Wasserbad erwärmt, dann wird je 1 Teelöffel getrocknete Kamillenblüten, Brennnessel- und Birkenblätter zugegeben. Nach ½ Stunde wird abgefiltert. Wenn das Olivenöl fast abgekühlt ist, werden 1 Eigelb, 1 Esslöffel Honig und 2–3 Tropfen ätherisches Rosmarinöl untergerührt.
Anwendung: Diese Packung wird im nassen Haar verteilt. Nach einer Einwirkzeit von etwa 1 Stunde muss sie gut ausgewaschen werden.

Extratipps zur Haarpflege

Zum Haarewaschen darf nie zu heißes Wasser verwendet werden. Es würde das Haar auslaugen.
Zu kaltes Wasser dagegen regt die Talgdrüsen noch mehr an, dadurch fettet das Haar noch schneller.
Einfaches Tafelsalz kann gegen Schuppen helfen. Vor dem

Die Zutaten für eine kräftigende Kräuterspülung sind allesamt in der Natur zu finden.

Waschen wird Salz ins trockene Haar gestreut und die Kopfhaut damit einmassiert. Anschließend werden die Haare wie gewohnt gewaschen.

Das Shampoo sollte regelmäßig gewechselt werden, damit das Haar nicht immer nur die gleichen Wirkstoffe erhält. Die Haare sollten nicht mit dem Badewasser gewaschen werden. Schmutz und Fetteilchen, die sich im Wasser befinden, lassen das Haar nicht sauber werden.

Die Haare dürfen nicht zu heiß geföhnt werden. Die Heißluft macht sie spröde und die Haarspitzen brechen ab.

Schon unsere Großmütter wussten: Besonderen Glanz bringt regelmäßiges Bürsten. Am Morgen und Abend 5–10 Minuten mit einer Naturhaarbürste – möglichst nur die Haare, nicht die Kopfhaut.

HÄNDE, FINGERNÄGEL UND FÜSSE

Früher, als die Arbeit in Haus und Hof noch reine Handarbeit war, wurden die Hände besonders beansprucht, doch auch heute sollte die Pflege der Hände nicht vernachlässigt werden. Wer viel mit Wasser zu tun hat oder sich sehr häufig die Hände wäscht, sollte zur Handreinigung stets eine milde und schonende Seife benutzen und nach dem Waschen das Eincremen nicht vergessen.

Eine **pflegende Maske** schätzen auch unsere **Hände** einmal pro Woche.
Zubereitung und Anwendung: Baumwollhandschuhe werden mit einer Mischung aus gleichen Teilen Weizenkeim-, Avocado- und Maiskeimöl getränkt. Die Handschuhe werden angezogen und 20 Minuten lang getragen.

Milchbad: Bei rissigen Händen.
Zubereitung und Anwendung: Warmer Milch werden 3 Tropfen Olivenöl zugegeben und die Hände darin gebadet. Bei regelmäßiger Anwendung gehen die Rötungen zurück, die Hände werden wieder schön und glatt.

Auch für die Pflege der **Fingernägel** sollte man sich etwas Zeit nehmen, denn brüchige Nägel sind nicht nur unschön anzusehen, sondern im Alltag auch ausgesprochen lästig, da man immer Gefahr läuft, hängenzubleiben und die Nägel einzureißen.

Im Sommer werden die Füße durch das viele Barfußgehen strapaziert. Die richtige Pflege mit Bimsstein und Vaseline lässt die Haut trotzdem zart aussehen.

Gelatine: Hilft gegen brüchige Fingernägel.
Zubereitung und Anwendung: 3–4 Esslöffel Gelatinepulver werden in 1 Glas Wasser aufgelöst. Davon trinkt man täglich 1 Glas. Schon nach nur 1 Monat wird man den Erfolg bemerken.

Zitronensaft hilft gegen weiche und auch **brüchige Fingernägel**, wenn der Saft 1 Woche lang morgens und abends aufgetragen wird.

Ein Bad in Eichenrindentee wirkt ebenfalls gut bei brüchigen Nägeln.

Meine Oma hat ihre Nägel hin und wieder mit einer aufgeschnittenen Zwiebel eingerieben, um sie wieder fest und schön zu bekommen.

Darüber hinaus hilft ein Bad in lauwarmem Wasser, versetzt mit Mandelkleie, bei spröden und brüchigen Fingernägeln. Nach dem Abtrocknen sollten die Nägel mit einer lanolinhaltigen Hautcreme eingecremt werden.

Ringelblumensalbe hilft strapazierten und rissigen Händen. Wer beispielsweise viel im Garten arbeitet, weiß sie sehr zu schätzen.

Nach der Gartenarbeit sind die Fingernägel oft sehr schmutzig. Wenn man sich vor der Arbeit kräftig in Seife einkrallt, werden die Nägel anschließend wesentlich leichter sauber. Kleinere **Verletzungen an den Händen**, die von der Garten- oder Hausarbeit herrühren, können mit einer selbst gemachten Salbe behandelt werden:

Ringelblumencreme:
Zubereitung: 1 Handvoll getrocknete Ringelblumen wird in 100 Milliliter Olivenöl gekocht. Nach dem Abfiltern werden 20 Gramm Bienenwachs unter vorsichtigem Rühren in dem Öl geschmolzen. Nach dem Kaltrühren können noch 3–4 Tropfen ätherisches Öl zugegeben werden. Die Creme lässt sich kühl gelagert etwa ½ Jahr aufbewahren.

Besonders beim Putzen von Rotkohl, Schwarzwurzeln oder Obst setzen sich Farbstoffe in den Fingernägeln und den Handrillen fest. Deswegen reib ich mir die Hände vor dem Putzen immer mit Zitrone ein, dann passiert da nichts. Unangenehmer Knoblauchgeruch verschwindet übrigens von den Händen, wenn sie mit Speisesalz gewaschen werden.

Sehr unangenehm und unansehnlich ist **rissige Nagelhaut**. Dagegen werden die Fingerspitzen 10 Minuten lang in warmem Mandel- oder Olivenöl gebadet und das Öl wird danach gut einmassiert.

Nagelhaut sollte im Grunde nicht geschnitten werden. Wenn sie sorgfältig mit einem Holzstab zurückgeschoben wird, ist das auch nicht nötig. Steht die Nagelhaut jedoch bereits ab, wird sie vorsichtig mit einer spitzen und scharfen Schere abgeschnitten, da abstehende Nagelhaut gern einreißt und eine Nagelhautentzündung entstehen kann. Darauf achten, dass die Haut weich ist – also am besten nach einem Handbad.

Auch die **Ellenbogen** sollte man bei der Körperpflege nicht vergessen. Sie sind oft rau und wirken dann überbeansprucht.

Ein Ölbad kann Abhilfe schaffen: In einem Wasserbad werden 2 Schüsselchen Olivenöl erwärmt. Die Ellenbogen werden hineingetaucht und nach etwa 15 Minuten wieder herausgenommen. Der Erfolg ist bei täglicher Behandlung bereits nach 1 Woche sichtbar.

Ein Brei aus Salz und Milch zu gleichen Teilen macht die Ellenbogen ebenfalls wieder weich und zart. 1–2 Esslöffel davon werden auf die Ellenbogen gestrichen und nach kurzer Einwirkzeit mit lauwarmem Wasser abgewaschen.

Unsere **Füße** werden leider oft stiefmütterlich behandelt. Ich hab ja sowieso Probleme mit meinen elenden Hühneraugen, deswegen achte ich besonders auf meine Füße. Aber im Grunde sollte jeder seine Füße gut pflegen, denn schließlich tragen sie uns durchs ganze Leben – und das sollten wir ihnen besser danken, zum Beispiel durch folgende Maßnahmen:

Hornhaut entfernt man idealerweise regelmäßig: Dafür muss die Hornhaut erst durch einen Umschlag mit einer fettenden Creme »aufgeweicht« werden – am besten über Nacht. Am nächsten Morgen lässt sich die Hornhaut dann gut mit einem Bimsstein entfernen.

Unangenehm kann auch **Fußschweiß** sein. Wenn mein Opa den ganzen Tag in den Gummistiefeln gesteckt hat, hat meine Oma ihm am Abend vor dem Zubettgehen immer folgendes Fußbad gemacht:

Johanniskrautfußbad: Gegen Schweißfüße.
Zubereitung: 3 Esslöffel Johanniskraut werden mit 2 Tassen kochendem Wasser überbrüht. Nach 10 Minuten Ziehen wird durch ein Sieb in eine Schüssel abgeseiht.

Heublumenfußbad: Bei müden Füßen.
Zubereitung: 2 Handvoll Heublumen werden mit 1 Liter kochendem Wasser übergossen, müssen 10 Minuten ziehen und werden dann abgeseiht.
Anwendung: Eine Fußbadewanne oder ein Eimer wird mit warmem Wasser gefüllt und der Heublumenaufguss un-

Ein heißes Fußbad mit Heublumen wirkt Wunder nach einem anstrengenden Tag auf den Beinen.

tergemischt. Es wird so viel kaltes Wasser zugegeben, bis eine Temperatur von 30 °C erreicht ist. Die Füße werden darin etwa ¼ Stunde lang gebadet.

Und ein kühles Essigbad erfrischt die Füße in der wärmeren Jahreszeit.

HAUTREINIGUNG

Man sollte seine Haut immer abends vor dem Schlafengehen reinigen. Meine Mutter hat daraus immer ein richtiges Ritual gemacht und das ist mir so in Erinnerung geblieben, dass ich es genauso übernommen habe.

Kosmetische Savon noir:
Ich hab's ja zuerst nicht geglaubt, wie meine Freundin aus Frankreich diese Seife mitgebracht hat und meinte, dass man sie zum Putzen (siehe Seite 111) genauso wie für die eigene Haut nehmen kann. Aber in der Tat – wenn man ein wenig den Ablauf der Herstellung ändert, hat man plötzlich ein wunderbares Kosmetikprodukt.

 **Savon noir**

152 g Pottasche für einen Fettgehalt von 6 Prozent
200 ml kaltes Wasser
350 g Olivenöl
300 g Kokosöl
50 g Arganöl
50 g Sheabutter
50 Tropfen Antiranz

Achtung: Bei der Arbeit Schutzbrille und Gummihandschuhe tragen und nur in gut belüfteter Umgebung arbeiten!

1. Ein paar Stunden vor der Zubereitung muss die Lauge gemischt werden: Die Pottasche wird im kalten Wasser mit einem Spatel so lange vorsichtig gerührt, bis sie sich aufgelöst hat.
2. Öle und Butter werden mit Antiranz im Wasserbad geschmolzen (Antiranz verhindert, dass die Fette beim Erhitzen oxidieren).
3. Vorsichtig wird nun die Pottaschenlauge in die erkaltete Öl-Butter-Mischung gegeben und mit dem Pürierstab für einige Minuten untergemixt. Dabei muss man unbedingt jede Minute ein paar Sekunden aussetzen, um zu verhindern, dass die Paste sich zu schnell erwärmt (und der Pürierstab Schaden nimmt!). Es wird so lange gemixt, bis die einzelnen Bestandteile einwandfrei vermischt sind.
4. Nun muss die Mixtur – unter gelegentlichem Umrühren mit einem Spatel – im Wasserbad sieden. Die Paste wird mehrere Phasen durchlaufen: körnig, flüssig, sämig, breiig und schließlich durchsichtig. Dann ist die Savon noir fertig. Je nachdem, welches Öl von welcher Qualität gewählt wurde, kann dieser Prozess 1–2 Stunden dauern.
5. Die Paste muss nun 1 Woche bis 1 Monat »durchziehen«, bevor sie auf die Haut aufgetragen werden kann. Nach ungefähr 1 Woche ist die Paste noch durchsichtiger und weicher geworden. Nun kann der pH-Wert getestet werden, er sollte zwischen 7 und 8 liegen.
6. Dann wird die Savon noir nach Bedarf mit 20–40 Prozent Flüssigkeit verdünnt – für Flüssigseife sogar mit mehr. Beliebt sind Hydrolate (Pflanzen- oder Blütenwasser), genauso gut kann man aber auch destilliertes Wasser oder stilles Mineralwasser verwenden. Erwärmtes Wasser beschleunigt die Verdünnung.

Duftseife

Aber natürlich haben nicht nur die Franzosen gute Seifen. Meine Oma hat zwar Seife nie von Grund auf selber gemacht – sie hat immer gesagt, diese ganzen gefährlichen Stoffe will sie nicht im Haus haben – aber sie hat einfache Kernseife wunderbar aufgepeppt. So hat sie immer fein duftende Toilettenseife gehabt, die sonst keiner so hatte.

Zubereitung: 7 Gramm Bienenwachs werden in einem Kochtopf geschmolzen, 350 Milliliter warmes destilliertes Wasser werden untergerührt und alles zum Sieden gebracht. Nach und nach werden 300 Gramm geraspelte duftneutrale Kernseife (heutzutage bekommt man so was in sogenannten Bioläden oder im Reformhaus) dazugerührt und darin aufgelöst. Zuletzt werden 100 Milliliter öliger Auszug aus Lavendelblüten oder Rosenblütenblättern (Herstellung siehe Seite 173 »Lavendelbad«) untergerührt, bis eine homogene Masse entstanden ist. Die fertige Masse wird mit einem Teiglöffel in eine Form gestrichen.

Ein heißes Bad ist wohltuend und entspannend. Verschiedene Kräuter wirken entweder belebend oder beruhigend.

Nach ein paar Stunden wird die Seife aus der Form genommen und kann nach Belieben mit einem Zwirnsfaden in kleinere Stücke zerteilt werden. Die Seife sollte noch ca. 2 Wochen an der Luft trocknen.

Kräuter- und Blütenbäder

Gepflegt von Kopf bis Fuß, das war natürlich schon bei uns früher das Ziel! Dabei ist die Haut – immerhin unser größtes Organ – natürlich entscheidend. Dass man auf Sauberkeit achtet, ist wohl selbstverständlich, aber heutzutage sind viele Leute ja wahre »Reinlichkeitsfanatiker«, und zu viel ist da halt auch wieder nicht gut, denn ein Zuviel an Sauberkeit kann die Haut irritieren. Mit einem Vollbad lässt sich neben der Reinigung zweierlei erreichen: die Pflege der Haut und die Entspannung für Körper und Geist. Ich weiß noch, wie es bei meiner Oma immer gut geduftet hat, wenn sie in der Küche ein Bad im Zuber vorbereitet hatte. Ein wahrer Luxus war das damals, besonders Kräuter- und Blütenbäder. Aber ab und zu hat sie sich das gegönnt, denn sie tun unserer Haut einfach gut. Wenn man dem Bad noch zusätzlich ein paar Tropfen des entsprechenden ätherischen Öles zugibt, wird es noch intensiver.

Folgende Pflanzen eignen sich gut für ein **Kräuter-** oder **Blütenbad**. Dabei werden jeweils etwa 150–200 Gramm Kräuter oder Blüten verwendet: Heublumen, Hopfen, Lavendel, Melisse, Pfefferminze, Rose, Rosmarin und Salbei. Das sind alles Pflanzen, die man gut selbst anbauen kann, im eigenen Garten, auf dem Balkon oder der Terrasse.
Zubereitung: Zuerst wird ein starker Sud aus den Pflanzen gekocht. Man lässt ihn etwa 20 Minuten leicht kochen, seiht ihn ab, dann wird der Absud unter das Badewasser gemischt. Zusätzlich wird die Haut besonders zart, wenn dem Bad noch etwas Honig zugegeben wird.

Badetipps

Für trockene Haut empfehlen sich **Ölbäder**.
Für fettende Haut eignen sich **Kräuterbäder**. Die Wirkstoffe der Kräuter reinigen die fettende Haut schonend. Extrem trockene Haut kann vor dem Bad mit etwas **Kräuteröl** eingerieben werden. Die Haut bleibt weich, auch während des Badens.
Ein **Tomatensaftbad** zweimal pro Woche lässt Körpergeruch verschwinden: Für ein Vollbad genügt 1 Liter Tomatensaft. Selbst starker Körpergeruch verschwindet bei regelmäßiger Anwendung.
Ein **Zitronenbad** beruhigt die Nerven. Für ein Vollbad werden 6 Zitronen samt der Schale in Scheiben geschnitten. Diese werden für ein paar Stunden in kaltes Wasser gelegt. Die Zitronenlauge wird anschließend durch ein Sieb in das Badewasser gegossen.
Bei nervöser Haut empfiehlt sich ein **Baldrianbad** zur Beruhigung. Etwa 3 Esslöffel Baldriantinktur werden auf ein Vollbad gegeben.
Ein **Lavendelbad** wirkt besonders beruhigend. 40 Gramm getrocknete Blüten werden in 1 Liter Jojobaöl etwa 2 Wochen lang eingeweicht. Danach wird die Flüssigkeit durch ein Sieb gefiltert und am besten in ein luftdicht zu verschließendes Gefäß abgefüllt. Dem Bad werden jeweils 3–4 Esslöffel des Lavendelöls zugesetzt.
Um die Haut wieder geschmeidig zu bekommen, eignet sich ein **Olivenölbad**. Dazu wird die Schale von 1 Zitrone mit ½ Liter Olivenöl angesetzt, etwas Wasser zugegeben und die Mischung ein paar Tage stehen gelassen. In das Badewasser werden nur ein paar Tropfen davon gegeben, das genügt. Nach dem Bad sollte man auf keinen Fall das Einfetten oder Eincremen der Haut vergessen.

Cellulite

Meist sind ja leider wir Frauen betroffen von diesen unschönen Dellen, die man auch »Orangenhaut« nennt, und die Oberschenkel, Hüften und Bauch unansehnlich machen. In meinem Alter hat man da natürlich den Kampf schon aufgegeben, aber die Susi kommt manchmal zu mir und bittet mich um eines meiner Mittel. Denn – das muss man auch sagen – ich hab ja schon lang meine Beine zeigen können.

Die Susi: Gott sei Dank versorgt mich die Oma nicht nur blasentechnisch, sondern auch kosmetisch. Es gibt kaum eine Creme oder Maske, die ich noch nicht ausprobiert hab. Und freilich hab ich eine schöne Haut und ein tolles Dekolleté. Das schätzt mein Franz schon sehr. Was er aber noch viel mehr schätzt, ist, dass ich keine Cellulite hab. Das weiß er genau. Und nur wenn er auf mich sauer ist, nur dann behauptet er genau das Gegenteil.

Schachtelhalmwickel:
Zubereitung: 1 Handvoll getrockneter Schachtelhalme wird mit ¼ Liter kochendem Wasser übergossen und muss 10 Minuten ziehen. Dann wird ½ Päckchen Agar-Agar eingerührt und alles noch einmal aufgekocht.
Anwendung: Die abgekühlte Masse wird an den Cellulite-Stellen aufgetragen und mit einer Plastikfolie abgedeckt. Nach 10 Minuten Einwirkzeit wird sie abgeduscht.

Meersalzpeeling:
Zubereitung: 1 Handvoll grobes Meersalz wird in ein Fläschchen Olivenöl oder in eine normale (am besten unparfümierte) Bodylotion gegeben und gut durchgeschüttelt, damit sich alles vermischt.
Anwendung: Mehrmals wöchentlich wird die Peeling-Lotion unter der Dusche auf den Körperstellen mit Orangenhaut »verrubbelt«, danach gründlich mit lauwarmem Wasser abgespült.

Ein selbst gemachtes Peeling mit Meersalz vermindert bei regelmäßiger Anwendung die hässlichen Dellen der Cellulite (siehe Seite 173).

Kartoffelauflage:
Zubereitung: 1–2 rohe Kartoffeln werden geschält und in dünne Scheiben geschnitten.
Anwendung: Die Scheiben werden auf die betroffenen Körperstellen gelegt und mit einem Baumwolltuch umwickelt. Nach 15 Minuten wird die Auflage abgenommen.

Efeukompresse:
Zubereitung: 3 Esslöffel Efeublätter (aus der Apotheke) werden mit 2 Liter Wasser in einen Topf gegeben, 2 Minuten gekocht und dann abgeseiht.

Anwendung: Mit dem Sud angefeuchtete Kompressen werden täglich für etwa 20 Minuten auf die betroffenen Stellen gelegt.

MUND- UND ZAHNPFLEGE

Neben den Augen waren meiner Mutter immer Mund und Zähne besonders wichtig. Sie hat sich immer furchtbar aufgeregt, wenn wir ins Bett wollten, ohne uns die Zähne zu putzen. In einem gepflegten Gesicht spielen Mund und

Zähne eben eine wichtige Rolle, auch wenn man das als Kind noch nicht so ganz einsieht. Zarte Lippen sehen hübscher aus als rissige und ein strahlendes Lächeln wirkt mit gepflegten weißen Zähnen doch auch viel ansprechender! Doch wer spart sich nicht gerne den Weg zum Zahnarzt, wenn die Zahnpflege auch mittels altbewährter Hausmittel zu bewerkstelligen ist.

Natürlich kann man sich heute die **Zähne** bleichen lassen. So was würde mir aber nie in den Sinn kommen. Natürliche Substanzen entfernen Beläge doch genauso gut und sind dabei noch schonender für die Zähne. Zerdrückte Erdbeeren helfen gegen Beläge oder Flecken auf den Zähnen. Die Zahnbürste wird vor dem Putzen einfach in eine zerdrückte Erdbeere gestippt. Danach muss der Mund gut ausgespült werden, um Fruchtzucker und -reste zu entfernen.

Gelegentliches Putzen mit Kochsalz macht die Zähne strahlend weiß. Sehr alte Hausmittel sind auch das Putzen mit Zitronensaft, Soda oder Backpulver bzw. Natron. Natron sollte nur etwa alle 10 Tage angewendet werden, Zitronensaft – am besten mit Olivenöl vermischt – zwei- bis dreimal wöchentlich. Vorher müssen die Zähne immer gut geputzt werden. Das Putzen mit Salbeitee festigt zugleich das Zahnfleisch.

Aufgesprungene **Lippen** werden am besten mit Sahne oder ungesalzener Butter bestrichen. Auch Kakaobutter hilft hervorragend bei rissigen und rauen Lippen. Und spröde Lippen sollten täglich abends mit Honig eingestrichen werden.

Der Franz: Rissige Lippen mag ich überhaupt nicht. Die stören unglaublich. Beim Essen, beim Trinken, beim Reden und erst recht beim Schmusen.

Gut wirkende Mundwässer kann man auch gut aus Kräutern selbst herstellen. Sie unterstützen den frischen Atem und lindern zum Teil auch Entzündungen.

Rosmarin-Minze-Mundwasser:
Zubereitung: 2 Teelöffel Rosmarin und 2 Teelöffel Minze werden mit 570 Milliliter kochendem Wasser übergossen. 10 Minuten ziehen lassen, dann abseihen. Nach dem Erkalten wird 1 Teelöffel Myrrhentinktur zugegeben. Die Mischung wird in eine Flasche abgefüllt und vor jedem Gebrauch gut geschüttelt.

Quittenmundwasser:
Zubereitung: 2 Esslöffel Quittensamen werden in gut 1 Liter Wasser etwa 10 Minuten lang gekocht. Nach dem Erkalten wird 1 Esslöffel Sherry zugegeben, dann wird das Mundwasser in eine Flasche abgefüllt.

Regelmäßiges Zähneputzen ist äußerst wichtig, wenn man seine Beißerchen lange behalten möchte. Nicht umsonst lernen wir das schon als Kind.

... UND WENN DIE SCHÖNHEIT NOCH NICHT REICHT ...

Äußere Schönheit und innere Werte – das sollte doch ausreichen, sollte man meinen, um jeden Mann zu bezirzen? Aber ich weiß ja selber noch, wie das damals war, wenn man sich verguckt hat und die Aufmerksamkeit eines gewissen Herrn auf sich ziehen wollte.

So manches Gewürz, so manche Speise ist seit alters her als »liebesfördernd« bekannt. Man serviert seinem Liebsten Austern und Kaviar, Erdbeeren und Granatapfel. Würzt mit Zimt, Vanille, Safran und Ingwer und vergisst dabei auch nicht Muskatnuss und Koriander. Man kann ihm Kakao kredenzen oder es einmal mit diesem uralten Hausmittel versuchen:

Männerwein:

Zubereitung: 80 Gramm Damianablätter, 40 Gramm Walnussblätter, 50 Gramm Weidenröschenkraut und 30 Gramm Brennnesselblätter werden vermischt. 3 gehäufte Esslöffel dieser getrockneten Zutaten gibt man zu ¾ Liter naturreinem, trockenem Weißwein, lässt alles 12 Minuten kochen und seiht dann ab.

Anwendung: Frisch und warm wird mehrmals täglich 1 Likörglas voll getrunken; oder dieselbe Menge gut gekühlt.

Der Franz: Ja, das ist ja direkt unglaublich. Jetzt weiß ich endlich, warum ich immer einen Schnaps trinken soll, kaum dass ich bei der Susi in der Wohnung bin!

Selbstverständlich kann man auch versuchen, jemanden mit Absinth zu »bezirzen«. Ich würde allerdings raten, ihn – mit Wasser verdünnt – nur als Mittel gegen Husten oder Halsschmerzen zu verwenden.

REGISTER

A

Akne 161 f.
Alkoholflecken 100
Alkoholreiniger 112
Allzweckreiniger 112
Altersbeschwerden 129 ff.
Ameisen 124
Anislikör 27
Anisplätzchen 148
Anzüge 92 f.
Äpfel 40, 48 f., 51, 61, 69, 144, 161
Apfelkraut 48
Apfelmaske 161
Apfelmus 51
Apfelringe 61
Aphrodisiakum 177
Appetitlosigkeit 131, 147
Aprikosen 39, 49, 61
Aprikosen-Chutney 49
Aprikosen, getrocknete 61
Armaturen 113
Armbad, kaltes 146
Arme Ritter 76
Arterienverkalkung 130
Ätherische Öle 146, 154
Aufkleber entfernen 111
Aufläufe 78
Augenpflege 157
Augentrosttee 138

B

Backpannen 79
Bad und WC 113 f.
Badetipps 173
Badewanne 113
Baldrianbad 152, 173
Baldrianwein 153
Bauchkrämpfe 148
Baumwollbezüge 107

Baumwolle 91 f., 98 f.
Béchamelsoße 34
Benediktenkrauttee 148
Besteck 81, 108
Bettwäsche 99
Bienenwaben 154
Bilderrahmen 108
Birken-Lavendel-Essig 163
Birnen 69
Blähungen 147 ff.
Blanchieren 39
Blasenbeschwerden 132 f.
Blasentee-Mischung 133
Blaue Maske 161
Blaukraut 55
Blumenschmuck 82
Blütenbad 172
Blutflecken 100, 121
Bluthochdruck 130
Bohnen 52, 57, 62
Bohnerwachs 118
Brandflecken 100, 107, 121
Brombeeren 53, 75
Brombeeren, eingelegte 53
Bronchitis 138 ff.
Brot 20 ff., 66, 70, 74 ff.
Brotauflauf 75
Bügeleisen 99
Bügeln 98 f.
Bullrich-Salz 113 f., 116, 149
Buntwäsche 90, 96
Burgundersoße 20
Bürsten 167
Butter 36, 70
Buttercreme 79
Buttermilch 37, 157

C

Cellulite 173 f.
Champignonessenz 33

Champignons in Öl 56
Chutney, herbstliches 49
Clotted Cream 35
Croûtons 75

D

Dampfbügeleisen 99
Diabetiker 129
Dillsoße 18
Dörrobst 149
Duftseife 168
Dunkle Grundsoße 20
Durchblutungsstörung 130
Durchfall 147 ff.
Duschkopf 113

E

Efeukompresse 174
Eichenmöbel 107
Eier 15, 29, 34, 66, 70, 78, 162
Eierstich 18
Eiflecken 100
Einfrieren 62 ff.
Eingelegtes, süßsauer 53
Einkellern 69
Einkochen 39
Einlegen 52 ff.
Einschlafstörungen 133 ff., 153
Eisenmangel 133
Eishampoo 162
Eiswürfel 66
Ekzem 138, 143
Elastische Stoffe 91, 96, 98
Elektrogeräte 115 f.
Ellenbogen 168
Emser Salz 154
Entsaften, heiß 24
Entsaften mit Säure 25
Entsaften mit Zucker 25
Entspannung 133 ff.

Entsteinen 39
Erdbeeren 39, 42
Erdbeerkonitüre 42
Erdbeertee 133
Erkältung 135 f., 140, 144
Essig 29, 111, 113 ff.
Essig-Zucker 148
Essigstrumpf 135

F
Fenchel-Honig-Milch 134
Fenster putzen 116 f.
Fettflecken 100 f., 121
Feuerzangenbowle 28
Fieber 135 f., 145
Fingernägel 167 f.
Fisch einfrieren 63
Fischfond 17
Fischsalat 73 f.
Flecken-ABC 100 ff., 120 ff.
Flecken auf Bodenbelägen 118, 120
Flecken auf Teppichen 120 ff.
Fleckentfernung beim Mobiliar 106 f.
Fleisch einfrieren 63
Fleischsalat 73
Fleischsülze 73
Fliesen putzen 118
Föhnen 167
Früchte siehe auch Obst
Früchte-Elixier 139
Früchte häuten 39
Früchte vorbereiten 39
Fußbad, kaltes 150
Fußböden putzen 118
Füße 167 ff.
Fußpilz 137
Fußschweiß 169

G
Galgantwurzel-Mus 131
Gardinen 95 f.
Gedeck 81
Gefrierschrank 116
Gelee 44, 48
Gemüse 17, 24, 39, 52 f., 55, 61 f., 63, 69
Gemüse einfrieren 63
Gemüse einkellern 69
Gemüsebrühe 17
Gemüseflecken 101
Gesichtsguss, kalter 138
Gesichtspflege 157 ff.
Gesichtswasser 158
Getränke 24 ff.
Gewürze 70
Glyzerin 92, 94, 111, 116
Grasflecken 101, 121
Grüne Maske 161
Grünspan 109
Gurgeln 136 f.
Gurkenlotion 159
Gurkenmaske mit Aloe vera 161
Gurkenpackung 161

H
Haare 162 f., 166 f.
Haarfarbe 162 f.
Haarkur 166
Haarpackung 166
Haarpflege 166 f.
Haarshampoo 162
Haarspülung 163, 166
Hagebutten 45, 139, 144
Hagebuttenmark 45
Halsbeschwerden 136
Halswickel 136
Haltbar machen 38 ff.
Hände 167 ff.
Handspülmittel 112
Handwäsche 89
Hausapotheke 129
Hauswurz-Saft 137
Hautausschlag 138
Hautentzündungen 137
Hautprobleme 137 f.
Hautreinigung 170, 171 ff.
Hefezopf 22
Heidelbeer-Melissen-Teemischung 149
Heilmittel, natürliche 128 ff.
Heiserkeit 136
Heiße Milch mit Honig 139
Helle Grundsoße 18
Herd 114
Heringe, eingelegte 60
Heublumenfußbad 169
Heublumenhemd 136
Heuschnupfen 138
Himbeerblättertee 150
Himbeeren 31
Himbeeressig 31
Hirschtalg 137
Holunder 25, 29, 61, 133
Holunderbeeren, getrocknete 61
Holunderblütensaft 25
Holunderwein 29
Holz, unbehandeltes 105
Holzmöbel 105, 107
Holztreppen 105
Honiggesichtswasser 158
Honig-Petersilien-Wein 131
Hühneraugen 137 f.
Hühnerbrühe 15
Hühnersalat 73
Hülsenfrüchte 62 f.
Husten 138 ff., 145

I
Ingwer, kandierter 131
Inhalieren 136, 154
Insektenstiche 141

J
Joghurt 35
Joghurtflecken 101
Johannisbeeren 26, 44, 48
Johannisbeergelee 44
Johannisbeerlikör 26

Johanniskrautfußbad 169
Johanniskrauttee 152

K
Kaffeeflecken 101, 121
Kaffeemaschine 116
Kalk 113, 115
Kapernsoße 18
Karotten 40 f., 69
Karotten, eingemacht 40
Kartoffelauflage 174
Kartoffelbrei 15
Kartoffeln 15, 69, 174
Käse einfrieren 66
Katertrunk 155
Kaugummiflecken 101
Kerzen 82, 125
Kinderkrankheiten 143 ff.
    Bauchschmerzen 144
    Blähungen 143
    Dilltee 143
    Erkältung 144
    Fenchelhonig 143, 145
    Fencheltee 143
    Fieber 145
    Fußbad, heißes 144
    Ganzkörperwaschung 145
    Hagebutten-Kamillen-Tee 144
    Heidelbeertee 144
    Husten 145
    Hustenbalsam 145
    Kamillen-Inhalation 143
    Kamillentee 144
    Lindenblütentee 145
    Majoransalbe 143
    Milchschorf 143
    Rettichhonig 146
    Stiefmütterchentee 143
    Wärmflasche 144
    Wundstellen am Babypopo 143
    Zahndurchfall 143 f.
    Zwiebelmilch 146
Kirschen 39, 52

Kirschkompott 52
Kleber 121
Knoblauch 69, 130, 136 f., 149
Knoblauch mit Zitrone 136
Kochgeschirr 115
Kochpannen 78
Kohlepulver 149
Konfitüre 42 f.
Königskerzentee 141
Kopfschmerzen 146 f.
Korbmöbel 107
Koriandertee 148
Kosmetik 156 ff.
Krabbenbutter 37
Kräftigungsspülung 163
Kräuter 29, 31, 60, 62 f., 66
Kräuter, getrocknete 62
Kräuterbad 172
Kräuterbutter 37
Kräuteressig 29
Kräuterkissen 153
Kräuteröl 31
Kräuter-Öl-Packung 166
Kräuterpaste 31
Kräutershampoo 162
Kräutersoße 18
Kräuterspülung 166
Kräutertee 147
Küche 114 ff.
Küchentipps 77 ff.
Kühlschrank 70, 116
Kümmelschnaps 148
Kupfer 108

L
Labkrautbad 154
Lagerung von Lebensmitteln 69 f.
Lärchensalbe 138
Lavendelbad 134, 173
Leder 93 f., 106
Leimreste 107
Leinenbezüge 107
Leinsamentee 136

Likör 24, 26 f.
Limonadensirup 26
Lippenpflege 175
Lotionen 159
Löwenzahn-Saft 137

M
Magenbeschwerden 147 ff.
Malerfarben 101
Malzessig 136, 147
Mandelkleiewaschpaste 158
Mandeln 39
Männerwein 177
Marmelade 42, 45
Marmor 107
Masken 159, 161
Mayonnaise 29, 34, 73, 78, 102
Meerrettichbutter 37
Meersalzpeeling 173
Mehlmotten 70
Melissenbad 134
Melissen-Orangenblüten-
    Teemischung 134
Menstruationsbeschwerden 150
Menükarten 82
Metallreinigung 108 f.
Mikrowelle 115
Milch 35 ff., 78, 102, 121, 167
Milchbad 167
Milchprodukte 35 ff.
Milchsaure Bohnen 57
Möbelpflege 104 ff.
Motten 99 f.
Mottenkugeln 99
Mundgeruch 150 f.
Mund- und Zahnpflege 174 f.
Mundwasser 175
Mürbeteig 79
Muskatwickel 140

N
Nagelhaut 168
Nasenbluten 151

Nasennebenhöhlenentzündung 154
Nektarinen 39
Nervöse Unruhe 134, 153
Nervosität 151 ff.
Nierenbeschwerden 132 f.
Nussbaummöbel 107
Nussbutter 37

O
Obst 24 f., 39, 52 ff., 60 f., 63, 69, 102, 111, 121
Obstflecken 102
Ofen 114
Ohrenschmerzen 153
Ohrkerzen 153
Öl 111, 120 f.
Ölbad 169, 173
Ölfarbflecken 102, 121
Ölflecken 122
Oliven 39
Oliventee 134
Ölpackung 166
Orangen 45
Orangenblütenlotion 159
Orangenmarmelade 45
Ostereier färben 83

P
Packungen 159, 161
Paniermehl 75
Paprika 39, 52, 55
Paprika in Öl 55
Parfümflecken 102
Parkett 118
Passionsblumentee 134
Petersiliengesichtswasser 158
Pfirsiche 39, 61
Pflaumen 40, 49, 61
Pflegetipps 157 ff.
Pilze 32, 39, 56, 60, 62 f.
Plätzchen 79
Platzkarten 82
Polstermöbel 105

Pommes frites 15
Preiselbeermus 132
Punsch 24, 28
Punschextrakt 28
Putzen 110 ff.
Putzmittel 112
Putzmittel, natürliche 111 f.

Q
Quark 36
Quarkauflage 154
Queckentee 133
Quitten 44, 136, 175
Quittengelee 44
Quittenmundwasser 175
Quittenwein 136

R
Rachenbeschwerden 136
Raumdüfte 124 f.
Reizhusten 140
Remoulade 34
Reste verwerten 71 ff.
Rettich 140, 145 f.
Rhabarberkompott 51
Rinderbrühe 16
Ringelblumencreme 168
Rizinusöl 137
Rollmöpse 60
Rosengesichtswasser 158
Rosmarin-Beinwell-Balsam 137
Rosmarin-Minze-Mundwasser 175
Rosmarin-Salbei-Elixier 130
Rostflecken 102, 122
Rote Bete 54
Rotkohl 52, 55 f.
Rotwein mit Zusätzen 135
Rotweinflecken 102, 122
Rührkuchen 79
Rumtopf 27

S
Saft 24 f.

Sahne-Honig-Maske 161
Salz 41, 78, 90 f., 93 f., 98, 100 f., 102 ff., 107 ff., 111, 113 ff.
Samt 91
Sanitärreiniger 112
Sardellenbutter 37
Sauerkraut 52, 56, 150
Sauerteig 20 f.
Sauerteigbrot 20
Saure Knödel 74
Savon noir 111 f., 168
Schachtelhalmbad 133
Schachtelhalmwickel 173
Schafgarbenbad 150
Schafgarbentee 138, 162
Scheuermittel 112
Schimmel 122
Schlafstörungen 151 ff.
Schleudern 96
Schluckauf 148
Schlummertrunk 135
Schlüsselblumentee 139
Schmalzfleisch 72
Schnitzereien 107
Schnupfen 143, 154
Schokoladenflecken 102, 122
Schönheit 156 ff.
Schubladen 105
Schwarze Nüsse 57
Schwarzer Johannisbeersaft 149
Schweißflecken 102
Seide 90 f., 98 f.
Semmelbrösel 75
Semmelknödel 74
Senf 29, 32 f.
Senfbutter 37
Senfsoße 18
Servietten 81 ff.
Silber 108
Silberfischchen 124
Sodbrennen 149
Sonnenbrand 154
Soßen 18, 20, 78

Speiseeisflecken 103
Spitze 90 f.
Spitzwegerichsirup 140 f.
Spüle 114
Sterilisieren 39 f.
Stockflecken 103
Suppe 15 ff., 78
Süßer Senf 33

T
Tapete putzen 117
Teeflecken 101, 121
Teigwaren einfrieren 66
Terpentin 88 f., 118 ff., 93 f., 101 f., 105, 109, 111
Textilpflege 86 ff.
Thymian-Salbei-Teemischung 140
Tisch decken 80 ff.
Tischdekoration 82
Tischtextilien 81
Toilette 114
Tomaten 32, 39, 41, 49, 69
Tomaten-Apfel-Chutney 49
Tomaten in Salzlake 41
Tomatenketchup 32
Tomatensaftbad 173
Trockenbügeleisen 99
Trockengut aufbewahren 62
Trockenvorräte 70
Trocknen 60 ff.
Trockner 96
Türen putzen 117

U
Ungezieferbekämpfung 70, 99 f., 122, 124
Urinflecken 103

V
Vanillezucker 70
Verbrennungen 77
Verpackung 66
Vogelbeerenmarmelade 147
Vogelschmutz 103
Vollkornbrot 21
Vorhänge 95 f.
Vorratskammer 68 ff.

W
Wachsflecken 103, 107, 122
Wadenwickel 135
Walnussblätterlotion 159
Walnüsse, grüne 27, 52, 57
Walnusslikör 27
Wände putzen 117
Warzen 137
Waschbecken 113
Wäsche 86 ff.
Wäsche trocknen 96
Wäschevorbereitung 87 ff.
Wasserkocher 116
Wasserringe auf Holz 107
Weißbrot 22
Weißdorntee 131
Weißwäsche 89, 98
Weizenkeimöllotion 157
Wildleder 94, 107
Windsalbe 148
Wohnaccessoires 107 ff.
Wolle 91 f., 96, 98
Würzen 29, 31 ff.

Y
Ysop 141

Z
Zahnbelag 175
Zitrone mit Olivenöl 140
Zitronen 26, 28, 69, 136 ff., 140, 151, 157, 167 f., 173
Zitronenbad 173
Zitronenbutter 37
Zitronenbuttermilch 157
Zitronenpunsch 28
Zitronensaft 136
Zitronen-Salz-Mischung 137
Zwiebeln 62, 69, 138, 141, 146 f., 149
Zwiebelpackung 147
Zwiebelsoße 20

Eine Behandlung mit Kräutern und anderen natürlichen Heilmitteln kann bei ernsten oder chronischen gesundheitlichen Beschwerden ohne Beratung durch einen Fachmann gefährlich sein. Pflanzliche Mittel können außerdem allergische Reaktionen hervorrufen und sollten daher mit besonderer Vorsicht eingenommen werden. Der Verlag empfiehlt, sich bei Krankheitssymptomen an einen Arzt zu wenden. Es kann keinerlei Haftung übernommen werden.